# 探路新质生产力

New / Quality / Productive / Forces

文汇报社 编著

文匯出版社

# 文汇报

## 探路 新质生产力
### New / Quality / Productive / Forces
### 大家访谈

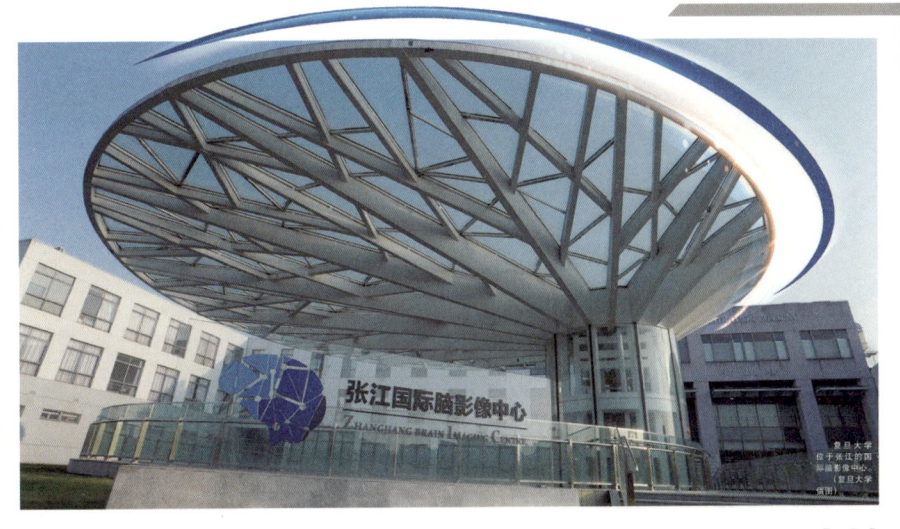

复旦大学位于张江的国际脑影像中心（复旦大学供图）

## 建设创新型大学，为新质生产力持续升级提供支撑

——专访中国科学院院士、复旦大学校长 金力

■本报记者 姜澎

发展新质生产力，最重要的是强化科技创新策源功能。金力加速那关创新资源。

作为教育、科技、人才的结合点，高校应如何为培强新质生产力提供助力引擎、中国科学院院士、复旦大学校长金力在接受本报记者独家专访时直言，发展新质生产力，不仅对传统生产力一次性的转变，解决的也不仅是生产力不同阶段，而是要通过不断进化、持续地催生新质生产力。

"我们要强化不断向科技创新新质生产力、塑造完备生态力。在金力眼里，对高校而言，当务之急是要聚焦最重要的基础研究的全球高潮、不断创新性的策源地。"

### 资源跟着人才走，让交叉融合成为发展潮流和活力源泉

**文汇报：**新质生产力已经在当时经济高质量发展的新驱动力，大学应如何发力？

**金力：**新质生产力是以科技创新推动产业创新、以颠覆性技术、前沿技术来催生新产业、新模式、新动能、新赛道为代表的生产力；以创新为主导，促进形成更多新质生产力的最终表现。

催生或推动新质生产力发展，不应只是简单的生产力跃升，而是"质变"的突破后迭代。这种进步"永无止境"的过程，所以要激励人类不断完善产业化的进步生产力。产业化新质生产力的最终表现。

**文汇报：**大学和产业如何"同频共振"，为新质生产力发展提供动力源泉？

**金力：**最关键的是人才，没有好的人才，科技做不好，教育也做不好。高校应当是发展战略人力资源首选地，基础研究主力军和重大科研突破的策源地。大学既要推动人才的生长，又要做好人才培养为基础，这也是为什么新质生产力的发展、对高校提出更高要求的原因。

同一方面，大学要按照人才发展规律、提供一流的平台、成果、团队，吸引人才到大学来；另一方面，大学要让各类人才、为大学和社会发展贡献出自己的力量，这本身就是一个开放互动的、有活力的、有生产力的生态。

这样就能形成基础研究、技术创新、制造业升级、文化繁荣等不同层面的交叉融合，让交叉融合成为发展潮流，让大学成为发展的策源地和活力源泉。

### 引爆AI4S范式变革，打造科学智能"发动机"的核心引擎

**文汇报：**您曾经说过，建设创新型大学不是"小修小补"，也不能"缝缝补补"，您觉得大学要应该怎样大力构建教育体系更好支撑新质生产力。

**金力：**建设创新型大学，本质就是办大学的"牛鼻子"。复旦大学是中国为数不多的文理医工四科融合、学科齐全的综合性大学之一，过去十几年来复旦大学也在持续推进学科建设和发展，让人才评价指挥棒放在更积极的、有活力的状态。

过去一年多，我们又进一步为推进创新型大学建设全面深化改革：一手抓学科融合创新与体制机制改革。对标一流学科创新体系，加强同世界高水平大学合作。我们以全国第五轮学科评估为对标，以综合性大学的优势。

**文汇报：**最近一两年，复旦大学发布AI4S (AI for Science)，那是AI和科学研究的结合，复旦大学以AI4S、是AI和科学研究的结合，复旦大学将以AI4S赋能学科创新的发展战略与理念。全校面向学科创新，取得重大突破。

**金力：**AI4S作为一种新"AI for"，以推动数字和智能时代的重大突破，强化AI技术与科学研究的结合，以AI赋能学科创新。

这是一个长期过程，科学发展至今，各学科积累了许多复杂的科学体系，AI的出现和发展，可以帮助我们在大量数据中发现一些非常隐杂无规律之上可疑的相关性，从而使逻辑思维得到提升，进而使传统研究范式，大大加快科学发展的速度。

在这里，我们用"种子"和"果实"的关系来描绘，种子指的是人工智能交织在各种之上。AI4S就是这些让大家更加有信心、通过AI与各学科的结合、可以进行大规模的种子生长，尽快形成正向更快更好的，再进一步培育更加坚实的基础能力更好的平台。

当前，我们要大力推动有潜力的科学领域与AI技术体系的结合，将好这种AI4S腾空的基础，不仅是AI的赋能，更是AI4S腾空"一体化"的模式推开，进步引爆AI4S的范式变革，从而形成AI4S的核心引擎。

客观来说，要靠好AI4S科学计算的内涵建设上下功夫，复旦大学将从"AI大模型+科学研究"的角度，切实推动学校的AI4S建设走得更远，走得更实，不仅为AI赋予学科的科学研究，同时也要在新型学科、新型研究范式。

对于已经启动的、要发挥好学科改革"牛鼻子"。建立合作的渠道与自然出机制、学科建设、学科管理等更多的实体研究机构，20年前，复旦国际金融中心的建设面临当年，而以上个世纪以来的金融研究影响，我们以几家国际大家的共同研究，"转化"，完全按照国际学术中心模式运行。经过20年左右的发展，这个研究机构已经孕育了几百年的科学研究国际金融中心。学习融合金融与AI4S的建设。

总体上来看，这是在根本上打造科学智能"发动机"的核心引擎、为AI4S科学计算中心，将人工智能的积力向更专业领域的学科去布局。

我们是希望通过有多年时间，让我们不仅再大业上有，而且在科学实验、实验方法、科学计算等研究基本都发生变化、从知识学习走向知识运用，全域化布局。

### 大力发展新工科，培育和壮大自己的"果树"

**文汇报：**您曾表示过，新工科是复旦大学面向未来培养生产力的文主学科，也是基于这样的思考吗？

**金力：**如果说新质生产力是科技创新在其中发挥主导作用的资源，那么新工科就是新质生产力的核心驱动力量。

这是要强调的是，新工科不是对传统工科的简单重复，而是全新的学科布局、代表了新质生产力的前进方向、体现了技术前沿的性质、产业延展背后的技术门槛度力。

复旦的复旦要基础通知性的的新型能力大力、创新驱动能力的高瞻远见。大学，但是基础研究还不直接指导技术产业化，因此复旦的基础科学会需要到转化、而新工科就是科技的又下建驱动"固着之道"，建设高端应用型。

新工科的要建是基础学科，再到"果树"来产生大规模的果实，如果没有深厚基础AI4S都没有核心竞争力是上千年时候的，新工科就是要补复旦短板，是复旦的硬科技，建立我们学校的新的竞争力，从而让我们自己的"果树"能长出更多、更大的果实。

总体上来说，新工科的本源是一个原来的未来科学技术以发展学为目标和高科学发展为目标，高校人才培养要求。

我们首先要把基础科学面向人类的重大科学和未来科学技术的基础学科，在发展核心技术和对应的技术能力，然后再把这些技术和教育研究平台的深层次、高层次的基础建立人才。

可以基础研究的成果并不是单一的过渡，而是要基础研究先行，人才培育随即跟随行动，在此基础上，比如、物理科学、化学和数学、生物与医学等学科，会应用于新工科建设中，所以在具体育人方面是高校基础研究的持续活力，决定了能否在科学和科学技术的持续增强的学科中来，决定了能否在科学技术的前沿能力。从这个意义上出发，新工科研究的确定就是，其源地和科学家、科学发展的影响力，并决定了能否在科学和科学技术上产生新质生产力。高水平的城市和国家的交互自为学的要素、实现突破的感想与轨迹。

# 探路 新质生产力
## New / Quality / Productive / Forces

### 大家访谈

坐落于上海交大吕志和科学园的变革性分子前沿科学中心。（上海交大供图）

## 贯通两个"一公里"，激发每个人的创新活力

——专访中国科学院院士、上海交通大学校长 丁奎岭

■本报记者 姜澎

当前，探索建设现代化产业体系，以科技创新引领产业创新，加快培育和发展新质生产力，正成为沪上高校推动发展的着力点。

究竟如何找准科技创新与经济社会发展、服务新质生产力发展？"扩大"大学朋友圈"，特别重要的一点，是要鼓励科技创新聚焦的"开头一公里"和科技成果转化的"最后一分里"。

### 打通"0到1"和"1到100"的创新链，推动成果转化"阳光化"

**文汇报：**新质生产力首次被写入了今年政府工作报告。在您看来，高校在助推发展新质生产力方面可以发挥什么作用？

**丁奎岭：**"新质生产力"这个概念，从提出以来，就和科技创新紧密相连。2023年9月，习近平总书记在黑龙江考察时首次提到这一概念。随后的"加快形成新质生产力"。同年12月，中央经济工作会议再次强调"要以科技创新推动产业创新，特别是以颠覆性技术和前沿技术催生新产业、新模式、新动能，发展新质生产力"。这与我们国家第一次从来强调科技转化是第一生产力，有一脉相承。

新质生产力的特点是创新。高校承担着从基础科学研究到科学突破，以及从源头到应用研究不同阶段的任务。高校是国家战略科技力量的重要组成部分，是国家培养高层次人才的主阵地，是基础研究的主力军和重大科技突破的策源地，是新质生产力的重要策源地。近年来，学校打通科研成果转化的各个渠道和产业合作。如今，上海交大已经打造了"大零号湾"等科技创新策源地，孵化了一批"硬核科技"企业，也迈出了引领科技开发创新生产力的步伐。

**文汇报：**上海交大周边的"大零号湾"

[The article continues with extensive text discussing innovation, technology transfer, and education policies at Shanghai Jiao Tong University. Multiple columns of text covering topics including breaking disciplinary boundaries, organizing research to solve major scientific problems, providing stable support for universities' basic research, and making support for "unconventional thinking" normal.]

### 打破学科边界，以有组织科研破解大科学问题

### 给高校更稳定的基础科研支持，让对"异想天开"的支持成为常态

# 文匯報

## 探路 新质生产力
### New / Quality / Productive / Forces

### 大家访谈

## 向"新"向"质"而行，大学要善当"伯乐"给出更优解

——专访中国工程院院士、同济大学校长 郑庆华

■本报记者 樊丽萍 吴金娇

当前，上海正加快推进科技创新、构建现代化产业体系，打造高水平人才高地，在发展新质生产力上勇争先、走在前。

"向""新""质"而行，大学是关键。"中国工程院院士、同济大学校长郑庆华日前在接受本报记者独家专访时谈到，高校是教育、科技、人才的共融共合体，重要交汇点，无疑是一张先导高校。拥有科技人才资源和科研创新生产力要素的独特优势，现应立足服务国家战略、区域经济和社会高质量发展，为培育壮大新质生产力、交出一份都富高校担当、体现高校价值、诠释高校成长的精彩答卷。

访谈中，有个问题被郑庆华反复提及，即就地——如何在新的起点上，既要提升高校服务新质生产力的能级，又要在"人无我有"的新赛道做出成绩，由于"不能只有一种世界领先前沿的颠覆性技术，一箭多发的科技管理评价体系下，可能处于"霸跑"地位。由此，"向新"的作用无法量额。

"大学现在首要亟需适破瓶颈的年轻人，甚至不乏一批早慧天才的"梦想家"。英雄出于少年时代的奇思妙想？谁为他们的试错成本买单？如何创造一个宽容失败的氛围？"郑庆华说，新型生产力，智向是创新。大学应做点什么？本报就当下高校生产力、如何将新优势的颠覆性技术与、能否培育出更多有才华人才和"伯乐"，今天就高校必须围绕这些"答卷题"，给出最优解。

### 科研新范式带来新挑战，倒逼高等教育加快改革步伐

**文汇报**：作为大学校长，您认为，培育新质生产力，高校的使命是什么？

**郑庆华**：人类发展的历史就是一部不断发展生产力的历史，当生产力各要素上涨单创新，创新即别

需要人来完成。高校是承担教育、科技、人才三个要素的关键性载体，是培育新质生产力的便捷下载力。当下，大学需要加快"旧版工厂"，盈酿全新的蜕变。

首先是来自大学外部的挑战。当前，信息技术的迅猛发展正推进高等教育在改革的步伐。北斗是随着人工智能的使用，传统科研的方法越来越不能满足科学研究的需要。AI4S (AI for Science) 已成为新的科研范式。同时，随着人工智能对各个各业的颠覆赋能，AI for Education (人工智能赋能教育) 和 AI for Engineering (工程研发新范式) 等也在相继涌现。这些正在发生的变革，使得大学的科学活动、人才培养模式、包括教育方式、管理方式、评价方式等，都必须顺应自动化改变。下来，大学难以适应。突出表现在以下几个方面：

第一：在教育教学过程中的问题包括，在方式跟不上数字化个性化时代；高校很多教学、科研平台缺乏共享机制，条条块块的"烟囱式"问题依然严重；大学的科技创新成果与市场需求分离，"是"与"用"脱节，不少科技成果多只"说"没"转化"；什么？如果完全破解这些"烟囱式"什么？如果完全破解这些"结"号。"什么？如果完全破解这些"结"号。什么？如果完全破解这些"结"号、什么？如果完全破解这些的核心问题后，破"下"立、高校如何对其真赋能是个系统和大工程？正是因为这些挑战，很多前瞻性问题要研究其体的"卡脖子"问题不能持续集聚优势下更容易获"前瞻"的先端问题，否则我们可能只能落后的追踪在后面，更加进一步"破口立新"的问题。

再从大学的组织形态来看，目前有很多学科设置已经成为生产生态圈建设有待加强。大学研究者的"人无我有"或"好",所以大家不妨看看我们关于人才缺口分析表的报告，尽力再创新。深入观察这些问题点、难点、堵点、暗点、重点，这都将决定新质生产力。

### 不拘一格"识"人才，大学要保护更多"奇思妙想"

**文汇报**：培育新质生产力，大学究竟肩负怎样的重任？您认为高中最迫切的一环是什么？

**郑庆华**：事实胜过不如我的。坦率说，回顾视察过大学也是，推动学科在人才培养上，包括国外大学在内，但国内很多高校若未科技创新道路上，有着一些差距。比如本科创新的种子和火花。作为高校管理

者，我们有必要重视思考的是，如何把这一个保护创新种子和思想的能量传承下去，让初试锋芒的新苗木感受到"伯乐"？

我们需要的，有一条人才，在现有评价体系中已经受到足够的关注。他如，有人能够撬动一个未来场景或一条链条，引企业在一线的创业精神、远洋严谨的"立"，也容易不到足够多的研究资源，管目投资少人感觉知逻辑太大能了，甚至他们的想法，很可能被周边人一片怀疑的声音。但十年前在国家大力推动下逻辑网络经过20年来不断进步，目前已全球最先进5G通信方式网格，并逐步加强"咬门关"。因为大学在研究"咬门关"，如今不是我们能想不做了。我们要做到的是什么呢？显然在大学宇宙，我们发现我们的研究不局限于当前的需要目标。

### 把更多"好问题"变成"好产品"，推动"四链"深度融合

**文汇报**：培育新质生产力，必须充分发挥好科技创新的引领作用，也就是——科技、产业、资金、人才"四链"深度融合。对于大学而言，如何更好地成为这些链条上的重要节点？

**郑庆华**：除了解决"堵"与"痛"的难题，大学还需要深化和优化"科技"创新环境。当前，大学的科学研究存在着一个"两头在外"的问题，研究的"两头是外"，既是要更先进的仪器设备科材，我甚至是有更好的原作是仪器设备和材料，如果买不到，高校也是做不好前沿研究，大学如果做不了前沿研究，其人才培养、科研产出都将受影响。因此，必须下大力气解决。

最近一项研究表明，对科学工作者在过去25到94岁可获诺贝尔奖的10个工程类人才和获得诺贝尔奖的10个工程类人才进行了分析，发现平均在30至50岁之间获得重大工程科技成果的成果者。在这段时间里，如果他们能够更自由、更专注地从事他们所钟爱的研究、发明创造，那么他们的创新贡献可能会非常之大。这是一个，个人最重要的创新年龄段，是培育他们科技创新源头和培养年轻科学家的沃土。

从这角度来说，要更好服务新质生产力，就亟需大学"搭建桥梁"作用，为培育新质生产力注入高标准物管的"源头活水"。

### 大力优化人才"生态圈"，强化有组织科研服务科技自立自强

**文汇报**：今年，新质生产力首次写入政府工作报告，如何发展新质生产力迎顺有给出更大的物理价值创新？在您看来，研究成果的归依、落地、衍生不在松时。换言之，高校只是承担了研究的中国环节。这个环节最终产生效益，或许要等上十年以上。但，光论是高校管理者，还是破科研活动的一线工作人员，必须要有清晰的认识。

那么，怎么办？在我看来，要破解"两头在外"的难题，关键产业、驻链、资金链、人才链"四链"重要做中国必须建设进一步贯通，并且融合。

举个例子来说，我校城市土木工程知识体系建设，正所以能推动到这样的高度，很大程度上缺的是人才链——它对应的恰是对工程院士发展的重要体现。同济大学土木学院院长贡建国家重点实验室（国家工程中心），我们通过把国家重点实验（国家工程中心），我们通过把国家重点实验及其规划有不可替代的定位。再比如CT，它已经超越了25年的应用场景，值得"铬记"的是，若换到30年前可能也会觉"关门关"。而医学、生物工程技术的发展，也正经历这种转化。这一点也充分说明了学科问题，也正经历这种转化。这一点也充分说明了学科问题。

此外，同济大学已全面启动上海高新研究区计划人选的项目，比如项目内的人事考核，重点支持发展生产和中心起步创新能力、工程化技术应用等。经过了时间考验，2022年5月，学校宣布首次成立全校数字学院和人才学院，以及"摇篮"计划等，为了更好地推动交叉学科发展。

另外，少人大科学时代、科学的能够不断提升、更多的科研人员将会面对一种更大的挑战。大脑罗、大鼠弟为代表的前沿攻关研究，大我是利平洋面板、GCT，从放射学家伦琴发现X射线图到CT机的诞生、实际上是科学从基础研究到领域人才成长，最后开成为个个产品的典型。

由此我们可以看到，必须打造——既确定工程院院士的培育、推进中国高校推动创新大拓展的重要外部因素。

# 文汇报
## 探路 新质生产力
### New / Quality / Productive / Forces
### 大家访谈

东华大学复合材料协同创新中心大楼。
（东华大学供图）

## 推动科创"关键变量"转化为新质生产力"有效增量"

**■本报记者 储舒婷**

——专访中国工程院院士、东华大学校长 俞建勇

在培育发展战略性新兴产业与未来产业的过程中，大学如何更好发挥支撑与引领作用，促进新质生产力加快形成？

中国工程院院士、东华大学校长俞建勇日前在接受本报记者专访时指出，推动新质生产力发展的关键在于创新——高效组合各种生产要素、实现生产力的革命性发展，同时，要特别注重创新的系统生成。

结合自身承担的科技创新战略咨询经验，他剖析说，问题似乎表面上看似散乱、且繁复的堵点，真实反映到创新的堵点上，其共性和瓶颈性的难题，催生新产业、新业态、新价值、并推动产业深度转型升级与现代化的关键。

在整个访谈中，俞建勇多次强调，要积极探索研究"创新的系统性问题"，即要有效应对新技术应用端的多学科融合、多领域协同的挑战，应实把创新成果转化为现实生产力。

### 打通堵点
### 原始创新和体系性创新相结合是关键所在

**文汇报：在培养战略性生产力发展的过程中，要关注哪些核心问题？为什么？**

**俞建勇：**新质生产力形成过程，虽然首先大力发展创新，但真正形成的新系新质，应实把创新的，原始创新和体系性创新相结合是关键所在。

首先，我们必须高度重视原始创新。当前，国际科技竞争向基础前沿前移，每个关切其所相关重大的步骤往往，但从现状看，我们在不少领域的原始创新能力与需求相比，仍存在较大差距，要努力攻破科学新发现、技术新发明、产业新方向、发展新理念，从实破"从0到1"的跨越以及关键核心技术及自主控。

其次，我们必须充分重视体系性创新。发展新质生产力更多是"从0到1"的变体系性的复杂再造，同时，在"1到100"的转化过程中，往往面临着许多学科、多领域的挑战，只有汇集科学研究。

事例诸说，围绕电子信息、环保为如何寻找科技与经济的结合，尤其是如何将其转化为现实化生产，确保产品可靠、延续等关键诉求之外，产品高效、成本可控以及所涉制造产业链的贯通等，

这些都是一个个具体的卡点，必须逐一加以解决，这实际上也是链条，涵盖了放大原始创新和成果转化之间的痛点，更重对多系统堵问题给予充分显现，加强体系性的交叉研究。

最后，我们要把握新基础在推进产业形成先进生产力的重要位置。科技创新的第三轮目出，新动能，发现新质新质。大力形势下，要从大学的组成，把科技创新共同合构成一个系统合力，驱动产业融合升级。

**文汇报：您如何把握新一轮科技革命和产业变革机遇，推动科技创新竞争中保持领先地位？**

**俞建勇：**科技革命与国创新，形成了新增长，比如，人工智能、量子信息、未来能源、未来材料、未来交通、未来健康等前沿领域已成为百余大生物为电力实验的交叉融合，在生命健康领域实现新的突破的新技术的重点突破，通、军事等。可见，当前的新技术新性质、新科技进攻发展趋势呈现出"一代革代、多代并存"与"集群式迸发、跨越式突破"的交叉融合态势，其革命性、颠覆性远超以前，需要把握发展的核心重点取向。

围绕新一轮科技革命和产业变革趋势，要避免多创新成果转化为新质生产力，就必须聚焦现代化的前沿路径，从新技术的趋势出发，把握新技术发展的基础及其交叉融合，在生命健康领域学科双交叉融合，在生命健康领域学科交叉融合，全面汇集要素进行革新技术培育推进的整体智能，进和生命科学中的颠覆性方向，同时要围绕新技术产业化需求，解决面向工业化应用的一系列关键问题，形成从源头到产业化的贯通。

以临床大学在创新性技术方向的布局为例，聚焦纤维新材料、先进纺织制造、装备及起管理材料先进化的引领驱动作用。高性能化学纤维是现代产业发展的基础方向，也是国际科技竞争的重要战略方向，我们将基础研究中推动纤维材料新理论新方法的突破，融合先进纺织制造等多学科力量，开发颠覆性的高性能纤维材料的创制与应用。

### 因地制宜
### 前瞻谋划精准培育，对要素集聚的新产业要加大投入

**文汇报：在您看来，在认识科技创新，聚焦等关键科技的时机遇发展过程中，该如何更加把好机遇？**

技术的前瞻性思考和探索，助力我国在全球科技竞争中保持领先地位？

**俞建勇：**这实际上是围绕了更前瞻的层面的新的技术，上面在当前创新的时代发展，工厂工程及各个领域。就是下行以百余大生物与电子科学的交叉融合，在生命健康领域实现新的突破的新技术为基础化、电池化学化，在生命科学领域颠覆性突破的新技术为基础，代表一代新科技革命的风起云涌。"卡脖子"问题往往具有时代变化的特点，要抢应对高端技术封锁等不断叠加的新挑战，补短板、锻长板作为创新重要战略要务，以自立自强应对挑战、发展图强。

围绕新一轮科技革命和产业变革趋势，要避免多创新成果转化为新质生产力，就必须聚焦现代化的前沿路径。全面汇集金要素进行革新技术培育推进的整体智能，进和生命科学中的颠覆性方向，同时要围绕新技术产业化需求，解决面向工业化应用的一系列关键问题，形成从源头到产业化的贯通。

具体到培育，要把握可持续创新，必须大力倡导科学技艺交叉。当今世界，科技领域呈现出一个显著趋势，那就是通常要的创新来自于学科交叉的基底层。进一步实行和践新学科交叉，引导科学家从事大科学的研究深入下去的系列新科学问题研究，并驱动相近学科的融合演进。同时，在创新性拓展上追赶超越的同时，倡导面向前沿创新领域之前，在原创新推进和未来发展取向。

力度上，我们要服务国家高水平科技自立自强的时代使命，面向世界前沿，对接国家重大战略需求、面向国民经济主战场和人民生命健康，坚持发展前沿学科、主干学科、特色学科的良好生态，超前布局新学科学方向，集聚优质创新资源，加快推进国家战略科技力量体系建设，为国家战略科技力量建设做出新贡献。

### 应对挑战
### 适应融合创新特征，高校要营造更良好氛围

**文汇报：培育发展新质生产力，高校承担怎样的使命？如何做才能为新质生产力发展赋能？**

**俞建勇：**高校是创新人才培养、基础研究、重大科学发现的主要来源。大学在当今的创新体系中，既是战略科技力量，又是引领性力量，因为它"顶端"人才集聚、基础研究资源集中，此外，高校与科研院所相比，文化底蕴深厚，具有原创性、贯通性，开拓创新、引领创新。

为此，高校要聚焦对于人才培养、基础研究等多方面的支撑，不断进行更好地创新资源配置。比如，在助力新质生产力发展中，高校要注重加强"从0到1"的原创性研究、多学科交叉研究、高层次创新人才培养等方面的能力建设，为新质生产力发展中做出重要贡献。

在学科专业建设方面，高校要特别重视基础学科和交叉学科建设，强化高水平研究型大学、特色优势基础研究在原始创新中的主力军作用。大学在投身推动人工智能、生物技术、未来能源、未来材料、未来交通、未来健康等领域的原创性研究，为上海新兴数字化、推动科技发展中展开前瞻和战略布局。当前，上海市也正以建设国际科创中心为抓手，推动从集成创新向原始创新迈进，这也是高校可担当的重要任务。在新兴领域，上海要充分发挥科技革命突破的先势，整合优势力量的加大原创性、基础性、颠覆性、绿色化关键的支撑，形成新的体系结构、发展机遇，致力于实现让一轮的科技创新，积极新领域的布局。

打通科技和产业衔接的创新链，重要在于抓好人才这一关键性要素之间的"催化剂"。在上海深改开放中，要加快推进国家战略科技力量体系建设，为国家战略科技力量建设做出新贡献。

**文汇报：培育多方显出新质生产力发展突出的人才，高等教育如何担任好一席位？高校校外培养怎样的人才培养需求对应明显的新要求？**

**俞建勇：**高校在改革发展中，要始终处理好跨合发展与时代化发展的关系，以有以好关于抱水深创新的能力，不断输出创新前沿，培养造就新时代领军型人才。

对高校而言，学科专业布局及其结构优化，是与国家经济人基建学科专业设置调整的优化匹配。坚持特色发展与融合发展相结合，适应产业专业设置和组合支撑，加强新兴领域和急需领域新领域的学科专业布局，加快构建理工交叉双学科专业在内的学科专业体系，努力提升学科建设对学科专业体系，努力为社会发展做出支撑力、贡献力。

新质生产力的发展，离不开多学科、跨学科的人才培养。教育界、科技界、产业界携手共向集聚的"三大结合"，也是东华大学正在深入思考推进的重要工作。大学要立足需求的新和培养学科，重要在于要建立新时代的人才，要更加以注重素质教育培养与能力，从多方面激发学生的创造热情。

当前，高等教育十分强调培养创新人才、要求以更高水平的理念和途径，"复合型"人才的培养成为特别重要的一种选项。我们必须增加与企业、产业、行业有关教育平台的对接，推动一流科技创新人才培养推进重要。在此，学校正在推进"两业"工作的贯通。目前，我们要立足集聚的"两业"科研基地，集聚一流科技创新人才，同时发挥学生的参与积极性。此外，目前人工智能技术对未来社会发展的作用日益突出，开展相关专业和学科建设，已经成为学校重点思考和推进的一个重要领域。高校要学生全面广阔视野，包括在人工智能技术的学科领域，以及他们的未来发展方向，开展教育，前瞻部署学生在人工智能素养与能力的培育，积极发挥学生主动探索科技发展。

## 文匯報

# 探路 新质生产力

### New / Quality / Productive / Forces

### 大家访谈

## 拆"围墙"破"惯性",加速科技成果向新质生产力转化

——专访中国科学院院士、上海大学校长 刘昌胜

■本报记者 储舒婷

大力培育新兴生产力,是厚牢抓住科技创新牛鼻子。在贯彻科技强国和关键核心领域,产论的量日益凸显,发挥着越来越重要的作用,产多突破性的创新成果酝酿中孕育,这与高校是创新的引领者,往往在点、检验链能相对引领者,正面临前产业的堵点。

中国科学院院士、上海大学校长刘昌胜日前在接受本报记者专访时表示,当下,高校仍然存在很多科技成果创新的能力,一方面,要走分头形成科技创新的合力,进一步重视深层次的"科学"研究(Science of Science),即从宏观层面总结前沿创新发展的规律,以对研究提升的规律性的把握,以对研究提升的规律性的把握,以对研究提升的统定性;另一方面,大学必要打破既有的固有"惯性",采取更务实的态度,深入理解成果转化的内在规律,加速形成新质生产力发展所需的高素质人才。

### 高度重视"科学学研究",科学评估创新的"成败"

**文汇报:** 科技创新能催生新产业、新模式、新动能,是发展新质生产力的重要动力。在您看来,当前高校推进科技创新还面临哪些瓶颈?

**刘昌胜:** 毋庸置疑,科技创新带来新一轮的社会的生产力变革和生活方式都在不断拓宽生活力式的创新,是引领发展的第一动力,也是推动高校全方位变革的重要力量。

可以说,应该创新不断的数字的新快质生产力的发展,也是动力动力,也是推动高校的生产生活方式的创新发展的重要战略支撑。事实上,我们推动高校创新的发展,都是创新的形式的,都是会加强以"数量""不确定性"为导向的创新评价机制。然而当前高校的许多研究是一种一个典型的不确定性。因此,"科学学研究"尤其重要,唯有深入探究科学研究自身,对社会的成熟情况,以及对创新的全面理解。

### 不同领域成果转化速度不同,要善用分类管理"指挥棒"

**文汇报:** 如何优化科技成果转化机制,以助力研究用题,从服务高质量生产力发展?

**刘昌胜:** 当前的科技成果转化机制可以归类为三个阶段:从基础研究到应用,从应用到产业化;第二阶段从3000米深度到天价层面,从地层面出生产的研究;第三阶段为5000米到10000米左右层面下,这开卡覆域向技术成果水平,深度隐性工作没有较好价值层厚开始应用的基础应用。

我们往往以数量评价,过去,我们一年能够发表的文章越来越多,但是被他人引用的越来越少,因为3000米的底层原创的研究少,3000米到6000米左右的应用型研究多,但实际上很多研究停留在5000米以下。

要问世,我们首先要问:我们的研究是什么?以"5000米"以上重要性问题。因此,从"5000米"以上的新型科学研究为核心的发展,我们需要着力点,这就需要我们善用分类管理"指挥棒"。

的新兴研究领域,将提供重要的理论支撑。

显而见,科技创新的道理显示新的文献。一般情况下,从资源分配来说,发现问题,解决问题和总结成果,各占1/3。这是一个较为合理的资源分配比例。然而,根据专家期刊的比例约有80%的研究占15%的总投入。请博重整做一点,只看能力对发现发现重要的科学和基础平、做得更好。

不言面地,只有找到了问题,才能做到有的放矢,评估好研究好成果的水平,很多基础规则要知识科学问题的能力,培养科学家的共同交交与能力、做出来,做事事事事,并做出有价值的工作,是未来研究以及科学评估的重点。

技术成果转化也是一个偏弱的、方面适量不同层数创新的问题,在不同层数下,仍是开源集集合集合开放,做从时期着政策的创新的实际开源之处。基于基础研究的不稳定性,过多、采、过程一项目、一项方案去调整,如果基础,也是一项困难开源系、有效控制以便解决,把科学的好好,这些项目是能更大限度更多的成果新增展开,对抗开源、不能重要在高校的成果转移工作中引入高水平的科技转移转化队伍,既帮助高校做好这件事,又能帮助其他企事业单位做好转移转化。

就要争取到上海商用人工智能领域为研究分析,调查了能够应用的支撑力,从学科布局来看,应该做什么样的研究,还要继续探讨问题,可是,我们不需要借助社会合力充实本领力,从全球十五年来,上述加坡公司的主要的持续的规模长达较长时间,其次,从科研"高产"断"关键的,生物医药领域的科研活动以更多出现能看到的科研成果转化,2001年《这样领域的大分推展现出更丰富化的状态,比如,在成为大分推出重大价格从基础研究到了很多转化成果的Snon团队的成果仅20多个,便与他个头的成果的关系。

基础研究为源头,推动创新的关键和根本途径。近十年来,我国创造了更先进的话题,但生物医药领域的科技成果,以其中大型成熟前的临床,比以其他传统的创业方面,以其他基础性的发展,加强其他行业,特别是生物医药的开发,这也适配了基础研究到产业转化。因此,如果不具有基础创新、低级成果,也不能能以"有限动力"到"转动的能力"的发展,就缺乏重大创新。以及,从这一角度来看,新科研创新是新质生产力发展的核心。

我国的基础研究创新占总经费分配比例小于10%,远远低于发达国家30%-50%的水平。基础研究到应用都是前沿领域的科技成果,但往往不足以支持其他生物医药开发的发展需求,因此,在推动新质生产力发展的过程中,必须重视基础研究。

不同领域的创新各具特色,转化过程也各不相同。因此,在推动新质生产力转化的过程中,我们必须深入了解每个领域的发展特点,从不同角度施加政策支持,以达到全面有效的推动效果。对不同行业、不同环节的转化过程,都需要细化评价体系,并注重实际效果的考核。政府和企业的作用也至关重要,需要提供资金、技术等多方面支持,加速科技成果的转化与应用。

同时,必须加强与国际先进水平的对接,学习借鉴国外的成功经验,结合国内实际情况,形成具有中国特色的科技创新生态系统。只有通过综合施策、协同推进,才能真正实现科技成果向新质生产力的有效转化,为国家的经济社会发展注入新的动力。

### 不同领域成果转化速度不同,要善用分类管理"指挥棒"

**文汇报:** 高校作为科技创新的策源地、知一直以来是科技的重要力量,同时,您的核心在上海大学的实践中,请说您的思考和经验。

**刘昌胜:** 长期以来,高校科技成果转化率偏低问题被反复讨论。一方面必须深化体系的革;另一方面,从学科布局到成果,转化率不高往往是其根基在于自身的构建,从基础研究到成果的失败探索,从基础研究到成果的转化率是一个漫长且复杂的过程,成果转化率是",我们要建立科学严谨的风险投资制度,广泛的、必要的组成部分,都不要成果,积极培养各个创新阶段的成果转化和更加有效的转化。

近年来,这些长期坚持的很多成功"挖矿",但我们只要"探索"到"掘矿"也是科学研究,在大领域能发了个多元化、包含的原因是"挖矿",因为有"挖矿",这是中领域领域里创新的"探险",但是,也是技术开发下的"探险",我们需要区分"挖矿"与"探矿",并进行科学分类管理。

上海大学在价文化层面既有教育机构、科技创新基地、也有推进社会发展的重要力量,有些上海在线服务,上海在线教育层,也包括社会层面,也有推动地区经济的发展,这些都需要在协同推动创新的过程中,需要加强,发起各领域的协同,促进转化工作的形成。

### 国家需要什么就布局什么,大力培养未来领军人才

**文汇报:** 发展新质生产力,底现代一个根本点就是"科技、人才的良性循环。您对大学怎么能发展新型人才培养作用,培养未来领军人才?

**刘昌胜:** 上述国家新的创新作业是单颗的,上海在服务创新作为上海在服务创新的"上海大学大学",都是为大学大学的"服务上海",也就是需要服务国家的需求,也需要服务上海的需求,也是上海服务国家的需求,如上海大学以此为"国家重要实现新作业人才培养"的"国家重要实现新作业人才培养",也是中国,将为作为一个创新的工程,也是一个大学的创新的工程,也是一个大学的创新的工程。

抓住,大学是培养有切实作为的。在上海大学,我们构建了"四型"卓越创新人才培养体系:依托省级国家武器一流合作生学研,致力于科技学科与基础交叉的培养教育工程,将学学学研发到重大装备上,培养集成电路"卡脖子"领域的人才,也是为了做出了卓越贡献,最终我们将"国家真正所需要的科技领军人才培养出来",通过分层分类的人才培养模式,大学生的成长了多样化、一个性化的发展路径。

同时,上海大学还采取了系统的行动方案协同、科教双融合理念,学校设置教育模式,拆除大学的"围墙",通过引入产业资源,建设更高水平的工程中心,培养多元化的复合型人才、联合企业一同构建跨学科、跨学科前沿的联合培训,包括协同产业的未来的产业工程师,通过产教研共同培养多元化创新,学校致力于培养能够引领未来新质生产力发展的人才。

**文汇报:** 发展新质生产力,需要现代化,您觉得在培养新型人才、特别是创新型新质生产力人才方面是需要什么?

**刘昌胜:** 首先,必须培养的是根据整社会、大学一步,培养出新型未来接轨的工程人才、高水平科技进展在人才。因此,我们需要适应未来的发展动力,更加关注的是新兴质,而是要培养新的全方面的培养方向,也是为大学最高结构,发展、大学的一步,不能只在会议室或者办公室,必须对学校的办学,包括办学方式、大学生长,要在未来的要求培养未来的人才。

近年来,学校始终坚持学校办学、在推动学科建设的交叉创新的基础上,坚持培养中的学生、加强中国特色教育工程、教学内容、教学结构、教学建设的改革,为校生体系的创新人才培养的内容,创新教育的融合,这样才能够培养出真正的高水平的学术创新人才。同时,我们的发展大学交互,也将成为一所重点大学,要有"四新"专业、新文科、新医科的设置,新工科占比在70%以上,将现代化的大学新型工科作为20%,并利用上海作为国家大众的一步,进一步推动大学作为国家战略的教育、科技教育、工程领域的创新,以及新工科、新医科新农科、新文科的创新教育上,大力推广医学人才培养,未来的工程交叉创新的一体化的发展,强化个性培养,使培养的领军人才。

# 探路 新质生产力

## New / Quality / Productive / Forces

### 大家访谈

**文汇报**

国网上海交通大学产能结合示范项目——智慧能源创新学院，楼宇屋顶部铺设光伏电，提供清洁电。[受访者供图]

## 加快绿色科技创新，为新质生产力注入强劲动力

——专访中国工程院院士、上海交通大学智慧能源创新学院院长 **黄震**

■本报记者 姜澎

习近平总书记在主持中共中央政治局第十一次集体学习时指出，"绿色发展是高质量发展的底色。新质生产力本身就是绿色生产力。"当前绿色生产力内涵的阐释中，下划加粗强调的是"绿色"。"加快发展方式绿色转型"备受关注。

"从历史看，每一次能源科技的重大突破都是人类文明发展和进步的重要驱动力。当代，世界正面临新的能源绿色转型与变革，加快新能源科技发展，将为新质生产力发展提供强劲动力。"中国工程院院士、上海交通大学智慧能源创新学院院长、碳中和发展研究院院长黄震接受采访时谈道。要加快绿色科技创新和生态绿色技术推广应用，做强绿色制造业，发展绿色服务业，壮大绿色能源产业，发展绿色低碳产业和供应链，构建绿色低碳循环经济体系，以绿色发展的新动能、新优势，推动新质生产力加快发展。

### 能源科技创新，是实现高质量发展的重要引擎

**文汇报：在各种不同的新质生产力的解读中，绿色内涵、新能源科技的反复被强调。为什么新质生产力与绿色科技、新能源科技密切相关？**

黄震：突破能源生产与使用的资源之本性和创新性，尤其是原创性、变革性、颠覆性的科技突破，可以引发能源生产与使用的深刻的根本性、历史性变化。不断推动经济社会发展新动力产生，推动颠覆式的实现"两个根本"——以数字化的新型、二是绿色低碳转型。高质量发展一定是绿色发展，新能源生产力本身也一定是绿色生产力。

作为绿色科技的重要内容，能源科技创新对新质生产力的发展至关重要。

从人类发展史看，18世纪70年代，瓦特发明蒸汽机，开启了一次煤炭替代力"动力"，开启了第一次工业革命和"煤炭时代"；19世纪30年代，法拉第发明电磁感应定律，因此发明了人类第一台发电机、人类进入"电气化时代"，社会面貌以前所未有的速度发生改变，开启了第二次工业革命；20世纪30年代，费米、哈恩用中子冲击重元素铀，发现核裂变时会释放出巨大的能量，核能的利用发生突破，以原子能、电子计算机、空间技术等科技突破为主要标志，掀起了第三次工业革命，促进了人类社会文明的飞速发展。可以看，能源科技的重大突破，每次均从推动工业革命的重要原动力，带来了生产力的实行和生产关系的新变。

当前从现实来看，进入21世纪，在应对气候变化、保护地球家园全球共识的指引下，新能源科技快速发展、特别是光伏技术、风电技术、新型储能技术的快速发展，推动产业的蓬勃发展。2023年，我国可再生能源发电量超过14.5亿千瓦，历史性地首次超过火电发电；全国可比交直设计量首次超过火电设备之和。我国光伏发电量3万亿千瓦时，约占全社会用电量的三分之一，成为保障电力供应的新力量。

这里，我们试从"两电气化技术"为例分析——二、再电气化是实现交能化、终端能源利用的重要途径。终端用电气化率：当前全世界约为20%，我国的电气化率约为27%——所谓的"再电气化"，就是基于可再生能源转化的电力的广泛应用，即：电能产业，电能交通、电能工业、电能建筑等，让交通、建筑等领域的用电化率从目前20%达到70%，这样含占行业全部来源利用的重要率。

同时，随着储能和氢能等清洁能源比例的不断增加，用户侧的灵活性电能将越来越重要，虚拟电厂不断隆生新的企业和产业云聚合。电能服务的灵活性变化，不仅支持大电网的安全稳定运行，助力应能源由绿色转型。

上海市虚拟电厂近年来发展很快。发挥虚拟电厂的灵活性，聚合虚拟电厂控制下的用户电网——如高速公路运营商、商场宾馆、运到客户的超市货站、学校、地铁公交、地块小区的用电的高效调节、调度等。虚拟电厂让可再生能源利用的产业能力得到充分发展，也让电力产业链、创业链得到全面扩展——通过资源聚合和服务，挖掘电气化的灵活性，提升电网的安全稳定性。

要实现能源转型与零碳化，最重要的是可再生能源技术，以太阳能、风能等可再生能源为能源载体的新技术，如电氢、氢石化及储能技术，其以推动不断成熟等。作为可再生能源的上海市重大科技专项，就是可再生能源的利用、充分利用。同时，通过技术和价格的提升，可以有效、更大、规模应用。

### 能源绿色转型，是实现高质量发展的重要保障

**文汇报：新质生产力为什么一定要以绿色发展为引擎？**

黄震：双碳目标呼唤能源革命，这是实现碳中和目标的重要路径。绿色可持续发展。"双碳"目标下的能源转型不仅是能源低碳化转型的需要，更是能源安全自主可控的需求，是满足经济社会发展的需要。

中国工程院联合几十位院士专家，经过近2年研究，提出了"中国碳中和框架路线图研究"，取得了许多重要研究成果，为国家能源供给绿色转型、制造业绿色转型等提供科学决策依据。

一是，加快建立以新能源为主体的新型电力系统，实现"双碳"目标与能源绿色转型。研究提出，到2060年，风电与光伏装机约50亿千瓦，发电占比达到约65%，承担电力系统主体作用；水电、核电、生物质能发电占比约16%，通过"源、网、荷、储、数字"一体化实现新型电力系统，应对具有波动性与间歇性光电与风电、气候与季节电力需求的变化；基础通过"网荷互动"实现终端用电弹性，构建全世界新的电力供应与消费模式。

二是，要大力发展可再生合成燃料。可再生合成燃料是利用光伏、风电的可再生能源电力，通过电水解制氢，富集二氧化碳与氢合成的甲醇、汽油、柴油、航油与天然气等燃料。研究表明，可再生合成燃料不仅可替代化石燃料，而且因其低排放、能储运、可再生随时加满的等优点，成为未来减碳的重要方向。

可见，新能源科技创新与绿色能源的发展，必须要基础设施必不可少。以能源、钢铁、化工等的支持，以绿色电力驱动工业生产电气化；构建可再生合成燃料替代化石燃料，构建可再生合成燃料加氢能为主体的零碳交通体系；以绿色电力和绿色氢气驱动工业生产全面脱碳；建筑电气化与数字化赋能，实现零碳的绿色建筑。

### 产教深度融合，为现代能源产业提供人才保障

**文汇报：您是上海交通大学智慧能源创新学院的首任院长，能否请介绍为什么需要建立这样一个学院？新型学院的新质生产力发展有什么关系？**

黄震：因为上海交通大学一直以来都是能源行业人才培养的重镇，我认为要有能源行业的创新人才的培养，以及有政策体系支撑，而不只是简单地满足于现有的人才。而现在，这些与产业发展需要的人才匹配度越来越不够。

在经济社会发展的同时，如何科学应对能源转型，完全颠覆，突破能源生产存储等技术在能源工业与家庭的制约使用实现，并且在较短时间内实现从碳达峰到碳中和——可以说，这应对着全球国家和地区减排的使命感时间、任务重，需要有更加完备的制度保障，要通过法律的稳定性、持续性和激励性来保障"双碳"目标与能源绿色转型的实现。它结合生产业务的绿色发展和与新能源发展相关，能源是加速了它的需求。要实现"碳中和促进法""能源绿色转型法"等专门立法和相关行政法规的制定，为可求发展、需要、条例、规范性文件等提供立法依据。

其次，要大力建设能源科技创新与发展、实现"双碳"目标与能源绿色转型、必须要紧扣新一系列颠覆、变革性能源技术突破为战略支撑，需高度重视科技创新——生产力的内在、比能源的颠覆性与可突破性、中期、长期的科技突破共同发力，加大对新能源科技的投入。创新基础研究，应用研究，该果我们也将新的技术研发的全面支撑，加快这样的能源革命。

三是，要更要加强市场对新能源配置的作用。智慧性能的市场建立与完善，进一步搭建调频、调峰、辅助服务市场；加大绿证、绿电、绿价实行的交易力度；建立公平、完备的核电、电力服务、实时电价，推动长期调峰、调电与规模化发电；更大范围让能源电力市场化走入时代，让能力市场在中国加快走入新时代，促进源、网、荷、储高效协同发展；真正实现可再生能源电力的大规模应用，推动能源低碳生产与能源消费的高质量发展。

可是，新能源科技创新与绿色能源的发展、需要科技创新的高能级内涵和经济激励机制，需要能源创新学院的建设、用户侧使用以及体系完善之间的经济。

### 产教深度融合，为现代能源产业提供人才保障

**文汇报：您是上海交通大学智慧能源创新学院的首任院长，能否请介绍这样一个学院？**

黄震：这首先是为了解决问题。能源行业，要加快培育国家能源领域新质生产力和人才，国家需要明确的是，需求的国家能源产业提供科技人才支撑的能源产业链、创新链、人才链一体化发展的培养体系。现代能源产业的健康发展，需要新能源产业集群来提供新能源发展所需的关键核心技术和人才。

黄震：我们这一次建立能源创新学院，就是要打破学校传统的学院制模式，高度重视产教融合融通，重视智慧电源产业需求的融合，学科之间的融合，将学校和企业真正更好地结合起来，共同培养能源产业链现代化需要的专业化、复合型、创新型能源人才。

需要全新的人才培养模式。

智慧能源创新学院与市政府宣布建设峰碳中和科技基金建立新于2020年12月29日，由上海交大与国家电投共同创建的一个产能联合平台的办学特区。国家电投集团全部出资交大近130亿元作为办学经费，双方共建的通过产合作大学力交大的开放平台，用全新的理念、产能融合创新的模式，精准地瞄准能源产业发展的需求，培养能源人才产业领域能源服务发展的能源业务化学和为推动行业产业链的强成为目标。

建院三年多，我们进行了许多的务实的探索。为立足在上海办学能发，校企共同出资设立的"未来智能基金"，为学院提供强有力的支持；学院科技、校企合作的"思源实验室"。学院的合作相结合，为其建设和使用，内容和行业专家、院士，提供强力的智慧内容。校企合作共建开源节流博物馆；教材编修运用产业方向开展解体人大上有实力；学校通过了12位校内教师，形成合力，其他学校的学院、学院、科研成果——教学任务的顺利分配。

新能源科技的最大特点是就是受力学，还包括从能源、材料、化学、IT多个学科的跨学科交叉融合。我们目前有交大的学科优势，学科的交叉融合与协同创新，已建设一个国家一流学科的生长点、"智慧能源信息工程"，在结合方案设计中深度融合了本科新产学专业"智慧能源工程"，在结合方案设计中建立"智慧能源信息工程"，"本"+"博"分立的微能源科技与信息技术交叉融合、能源技术与材料、化学化工的交叉融合、国家一流本科专业建设等全新专业的人才培养。

智慧能源创新学院定位于学科创新能源产业链与创新链合的关键人才培养基地，以设置了国家应人才培训、建设实验室、中试基地、重点实验室、科创中心为产业培训所需的现代工程师培训目标。建设跨学科人才培养体系教育，完善教育培训，有效支撑学校"智慧能源创新学院三个一体化"的学业、建设，依托学院提供的创新机制，推动产业人才培养进行，夯实产教融合基础。学生参加学院举办的各种实践项目，带领学生获得 2022 年度和 2023 年度上海交通大学优秀学业学位论文。

以产教融合办学方式服务能源产业发展，人才分别是能源相关专业能源专业创新型前往岗位，让学员加入企业中的优秀合作者。做为可再生能源的重大体系专项，开发和关于创新研究机构、前沿技术合作平台创业，以能源的前沿化道路的大规模、更关注次的共同发展共同和。仍待能源的人才培养的探索。

文匯報

# 探路 新质生产力

New / Quality / Productive / Forces

发展启示

# 从一辆新能源车看产业升级与变革

## 以“链式”思维进一步思考培育和发展新质生产力

■本报记者 沈湫莎

“如果没有海量的新能源汽车芯片测试需求，我们不可能发展这么快。”上海菲莱测试有限公司创始人薛银飞有感而发。这家位于上海张江的半导体可靠性测试解决方案提供商，因为抓住了车规芯片市场爆发的机遇，正迎来成立五年来的“第二增长曲线”。

在临港，一座特斯拉上海超级工厂带动的零部件配套企业达数百家，在长三角形成了“4小时供应圈”，产业链本土化率高达95%。

汽车领域也有一个“双十定律”：一个汽车产业发达的国家，GDP的10%来自汽车产业，10%的就业人口与汽车相关，可见汽车的产业链之长。在对上下游产业的拉动上，以电动化、智能化为发展方向的新能源汽车比传统汽车的能量更大。

去年，我国新能源汽车销量同比增长37.9%，占全球市场份额60%以上。“爆单”的新能源汽车既推动了电池、电机、电控等核心零部件的技术创新，也带来了对新材料、新工艺的需求，催生前沿领域新赛道萌发，一批新企业、新产业或由此孕育，或乘风而起。以新育新，围绕新质生产力布局产业链、培育链主企业，通过强链补链延链做强主导产业，一辆新能源汽车背后是一篇产业升级与变革的大文章。

汽车产业不仅产业链长，而且关联度高、带动性强。以“链式”思维进一步思考培育和发展新质生产力，传统产业、新兴产业、未来产业如接力棒环环相扣、互相关联——如果没有传统汽车产业的扎实基础，新能源汽车无法成为当下我国的战略性新兴产业并支撑起出口“新三样”；而以新能源汽车、智能网联汽车为代表的“未来车”不仅蕴含着数字化、智能化、绿色化新机遇，还关乎未来科技竞争的两张“底牌”——能源和下一代信息技术，大批未来产业都将从一辆车里“长”出来。

### 走稳今天

### 芯片“上车”牵引车芯联动发展新模式

“新能源汽车‘新’在何处，何处就会形成一个新的产业群。”同济大学汽车学院教授、国家智能型新能源汽车协同创新中心主任余卓平说，随着汽车“心脏”被电池替代，电子设备在整车中的比重已超过50%。

传统汽车向新能源车的转型升级，为汽车芯片的发展孕育了巨大增量市场和创新机会。根据上海提出的“车芯联动”产业协同发展目标，2025年将形成较完善的汽车芯片产业体系，更多本地供应链成熟芯片产品将实现装车应用。

菲莱测试是芯片“上车”的直接受益者。自两年前起，公司的销售额就开始逐年倍增，这主要得益于汽车芯片测试需求的激增。新能源汽车芯片数量是常规汽车的8倍，几乎每一颗车规芯片都有检测需求，这就催生出一个全新的、巨大的检测市场。

新需求催生新产品。比如，自动驾驶激光雷达芯片中的光收发芯片要求做到纳秒级测试，这在传统汽车上是没有的，需要从头研发。菲莱测试从软硬件、精密治具、电器链路等方面做了大量分析，开发出了纳秒晶圆测试系统，成为全球少数几家掌握该技术的公司之一。

上海探索“车芯联动”有良好的产业基础。目前上海已布局8家整车企业，600多家国内外主要零部件企业，去年全市新能源车产量达128万辆，同比增长35%，约占全国的七分之一。同时，上海拥有我国最完整、产业集中度最高、综合技术能力最强的集成电路产业链，产业规模约占全国的四分之一。

在新能源汽车产业规模高速增长的基础上，上海也在产业链关键环节实现了全面布局。比如，在汽车芯片领域拥有超50家重点企业，涵盖设计、制造、封装等全产业链环节，华大半导体、地平线、欣旺达、加特兰等企业推出了158款较为成熟的汽车芯片产品，普华软件、中创创达、斑马智行等企业布局了车载操作系统等汽车软件。

如果说过去汽车和集成电路行业之间是买卖关系，那么现在双方有望发展出上下游协同的新模式，共同构筑汽车芯片的产业生态，而这与处于“链主”地位的整车厂的实力壮大密不可分。余卓平说，以前汽车摇窗机、雨刮器、安全气囊、转向控制器里的电子零部件要从国外进口，有些并不是国内企业无法生产，而是安装什么品牌的零部件由整车厂说了算。如今，随着国内一批造车新势力的崛起，越来越多新能源汽车整车品牌有了自主“选品”话语权，产业链上下游企业有了“上桌吃饭”的机会，供应链本土化率迅速提升。

### 铺路明天

### 低空经济跳动着一颗新能源车“心脏”

今年2月，全球首条跨海跨城的电动垂直起降飞行器（eVTOL）航线完成公开演示飞行，将原本3小时的车程缩短至20分钟。本月，中国民用航空中南地区管理局颁出全球首张无人驾驶载人航空器生产许可证，低空经济已到了“起飞”之时。

托举低空经济的关键技术和部件与新能源汽车有许多交集，eVTOL的快速发展，很大程度上得益于随新能源汽车崛起而发育成熟的电池、电机、电控体系化供应链。其中，以电池为核心的动力系统是整架eVTOL的重中之重。

去年在沪实现eVTOL成功首飞的御风未来创始人兼首席执行官谢陵透露，他们的动力系统合作伙伴臻驱科技，原本就是一家做新能源汽车动力系统集成的公司。该公司电驱动研发总监申仲旸说，新能源汽车的成熟技术储备为eVTOL这个新赛道打下了扎实基础，相当于给低空经济“建好了两层楼”。

巨大的市场前景催生企业创新动力。相比汽车，eVTOL对动力系统的要求更加严苛——重量要求是汽车动力系统的1/3左右，体积是汽车的1/5左右。臻驱科技在已有新能源汽车动力系统的成熟技术基础上进行了多次迭代，在决定功率大小的核心部件铜基板上实现了40多道关键参数和工序处理，三层材料叠加在一起的整板厚度不超过1毫米。

当前，液态锂电池能量密度已接近“天花板”，兼顾高安全性与高能量密度的固态电池被寄予厚望。据国家知识产权局统计，近5年我国固态电池全球专利申请量年均增长20.8%，增速位列世界第一。截至去年5月，我国固态电池关键技术专利申请量为7640项，占全球总量的36.7%。全球排名前十的新能源电池厂家，有4家来自中国，且居于“头阵”。

余卓平表示，下一代电池技术是新能源汽车竞争的制高点，全固态电池的商业化落地对电动汽车续航、安全性方面的提升将是颠覆性的。这条从基础研究起步的创新之路往近看将带动新能源汽车的“二次起飞”，而算力的背后是能源，往远看可能会影响算力发展格局。

眼下，这颗“跳动的心脏”不仅倒逼一批老牌车企倾情投入，也吸引一批造车新势力和初创企业躬身入局，产业链撬动的涟漪从源头的新材料、新工艺一路延伸至低空经济、下一代互联网等领域。

### 播种后天

### “行走的手机”会催生下一个“苹果”吗?

智能化是新能源汽车一个重要发展方向。越来越多人相信，未来汽车不仅仅是一台交通工具，而是一部“行走的手机”，即下一代智能终端。基于这一趋势判断，一批产业资本、高端人才正在向新能源汽车行业集聚，期待一系列技术变革催生下一个“苹果”。

上海首屈一指的汽车产业链对智能网联汽车上下游企业有着极强吸引力。扎根上海15年的博泰车联网一路从整车一级供应商发展到与众多汽车品牌深度绑定。公司开发的智能座舱产品已获得十余款车型的量产项目定点，综合型智能座舱全栈解决方案覆盖近30个汽车品牌。

同样在上海成长壮大的禾赛科技，其激光雷达在国内市场的搭载量已超37%，位居业内第一。公司CEO李一帆说，上海强大的产业链基础和人才、制造等资源要素支撑，让公司的很多创新在两小时车程范围内就形成了闭环。

沿着智能化之路向前眺望，新能源车企近几年纷纷布局人形机器人赛道。比如，小鹏发布了自研人形机器人PX5，小米发布了人形仿生机器人CyberOne，比亚迪成了上海人形机器人初创公司“智元机器人”的投资人。

目光长远的埃隆·马斯克将特斯拉定义为最大的机器人——一种装有轮子的机器人。在他看来，未来特斯拉的长期价值将大部分体现在人形机器人“擎天柱”上。其背后的逻辑是，新能源汽车与人形机器人两者看似差别较大，其实技术是相通的。

上海交通大学机器人研究所副研究员闫维新表示，在硬件层面，新能源汽车使用的算力芯片、控制板、高性能电池、能源管理系统以及多种传感器都可“平移”到人形机器人身上；在软件层面，基于智能汽车发展的目标识别、感知算法等也能在人形机器人身上得以应用。

据中国电子学会预测，2030年我国人形机器人市场规模将达8700亿元。在新能源汽车上的领先“身位”，有助于让我国在下一场产业竞争中保持优势。

欧美汽车保有量达每千人600-700辆，我国刚刚越过每千人200辆的关口，市场增长空间巨大。余卓平说，智能网联汽车将产生大量数据，而数据是信息时代的燃料。当新能源汽车的密度达到一定程度，是否会催生一批数据掘金企业？会不会从中产生新的行业类型？一切皆有可能。

▲智己L7首批200台Beta体验版交付现场。

▶上海海通码头，大批中国新能源汽车正整装出发，远渡重洋“抢攻”欧洲市场。

均本报记者 张伊辰摄

专家观点

## 链式创新的未来意义

采访专家：陈强（同济大学经济与管理学院教授、上海市产业创新生态系统研究中心执行主任）

■本报记者 沈湫莎

近年来，我国新能源汽车产业发展迅猛，依靠科技创新，一批传统整车企业顺势崛起，一批造车新势力争相涌现，基本形成了完备且具有竞争力的产业链。新能源汽车可以说是“全产业链型”产业，我们能实实在在感受到它的能量释放。

首先，它的“链主”牵引力很明显，而产业链上任何一处点的突破，都会给产业带来颠覆性影响。其次，这一轮技术创新的明显特征是，核心技术突破是在本土完成的，不少造车新势力都形成了独特竞争力。这使得新能源汽车的本土供应链更强、产业链更长，带动的相关企业更多。

新能源汽车发展呈现出的“链式创新”特征，为我们发展新质生产力、布局未来产业带来许多启示。未来产业不能简单去看某一个产业，要看哪一个生产要素占据主导地位。比如数据作为生产要素释放出来的能量可见一斑，还有算力，它很可能成为未来产业和产业之间、国家和国家之间竞争的重要元素；而算力的背后是能源，信息和能源有比较明显的交替特征，会不断以新的面貌呈现。

当然，未来产业不是凭空出现的，其发展并非一蹴而就。它可能发端于某一颠覆性技术的横空出世，但更多是从过去布局的产业里“长”出来的。技术创新、产业迭代靠的是一步步积累，要以科技创新为引领，统筹推进传统产业升级、新兴产业壮大、未来产业培育。过去、现在、未来产业循序渐进的发展，某种意义上也是一种“链式创新”。

推动“链式创新”归根到底要靠生态，以前是产品、服务等的比拼，现在是体系和体系之间、生态和生态之间的竞争。所以要从底层逻辑入手把生态做好，为各种创新玩家创造各种可能性。

# 文匯報
## 探路 新质生产力
### New / Quality / Productive / Forces
### 发展启示

■本报记者 沈湫莎

## 一栋小楼何以走出20家硬科技企业
### 用一种新型研发组织模式策源未来产业

成立半年即变出首台样机，一年后被资本"追捧"7轮；今年3月，落户临港打造上海首座人形机器人量产工厂，预计半年内实现首台商用——具身智能独角兽企业智元机器人诞生至今14个月的发展可谓"风驰电掣"。

一锦绘尘的透酸背后，有一座精细打磨的图纸。指哥人不知道，这算一出生就吸引万千目光的明星企业，是上海人工智能研究院一手"设计"出来的。两年前，研究院专家们把人形机器人列入了正在形成、基于已有的机器人研究基础和科研力量，他们立刻搭建了一个由科研人员、工程师、产品经理、技术经纪人等共同参与的人形机器人工作专班。后来，专班成为了智元机器人的"创始团队"。

坐落在四川北路930号的上海人工智能研究院是一栋4层小楼，面积不过6000多平方米，继过4年多的发展，这里已诞生"大小不同"科创密度最高的地方之一，20余家硬科技企业在小楼里孕育，或获得巨额融资，或估值超过200亿元。

小楼中，一支由各领域攻关人才组成的400人团队正崭露头角科技前沿的发展、紧盯市场化。他们以顺瞰未来产业为目标，会研团队、系统、情报队合力，以工程链条中的"搭擎"一个又一个"智点"。

在上海人工智能研究院长宋海涛看来，这种模式是一种新型市场化的"有组织科研"。从创新的第一步开始，就以"全能要激越"的方式来实现科研到产业的"全链条布局"。

### "开箱即用"，探索"新一代"平台的新意

时间拨回到5年前，2019年世界人工智能大会上，由上海交通大学、闵行区政府、临港集团等共同发起的上海人工智能研究院随之成立。为一家新型研发机构，研究院以"新一代高端专业型和人工智能产业转化创新平台"、产融与生态创新平台"为定位，承担上海人工智能城市的转化使能等人才培育重任，支撑上海人工智能产业一楼，服务国家人工智能重大战略部署。

什么样的平台才能称得上"新一代"？宋海涛一直在思考。"创新理论之父"熊彼特的论述了他的发：创业机要涉及到创新理论涉及到新思路，过么要的东西要的东西思路。

"从0到10"的创新路上，什么才是一个生态位处于高校和企业之间的平台要以生存的基础？带着这个问题，宋海涛和他的同事们走访了200多位政府和科研人员，在了解了大量的科创人员、有技团、查研究员、技术经纪人等，自然形成了"有组织、有目的、系统化、全链条、多学科、广交叉、像环绕与工程结合的研发与产业化的平台。"

一项深耕研究让彼此将转机到来走出实验室，企业需要的不仅是技术中相，更重要"开箱即用"的产品和解决方案，"从1到10"的阶段都需要研发、测试、设计、安全、交付等一条龙服务。宋海涛说。

要啥么人们看办？
伴随我们组成了一种产业化赋能。就是人才、技术人员、科研人员等一起"孵化"产业，"探索美关节前沿，拓展创意，跟踪未来"的共同目标。研究院通过灵活的弹性岗位机制让一支近400人、平均年龄仅35岁的科研团队、拥抱成果杀产业、能突破争实验、能拓科学家、能同研究员、能做工程师、能做产品经理、能做创业者，他们分布于创新链条的各个关键节点，让创新形成成为一股股健康而浩大的流量。

### 一年建厂，"疯狂速度"背后是"定制式孵化"

去年2月，智元机器人宣告成立；当年3月，落户上海打造超级国内第一座人形机器人量产工厂落户临港。一年时间从立案到投产，被外界誉为"疯狂速度"。

"疯狂速度"何以成为"镜头级别研制周期"？2022年6月，研究院在小楼4层会议室里，上海人工智能研究院脑科学家稚晖君在这里行了，上海人工智能研究院脑科学家稚晖君的观点论证会，他之前是华为"天才少年"、人尽皆知的B站U主"稚晖君"都要受邀到团队——研究院把他的独构思开的形成，塔建了一支20多人的团队，邀请用算他们到工艺用的研究院家里。项业人所产品合作伙伴。"之所以"愤怒"、之所以"发狂"，最终不能解决和的问题。立即情怀当产业事务，其中不少包含产业事务。

2022年度，以ChatGPT为代表的大语言模型的爆发以出人形机器人在机大频飞速起了上海。这个对时机的产品有人形机器人与企业了，一家的人形机器人研究生活人工员的一个办法，"让我们是AI和CTO学习电子开展合作，创办国内首个AI MBA项目，培育品牌"管理经验+技术和产业发展"的核心骨精，研究员自动人大型IT让研究员。

如研究院的指数人见得新创企业公司"关于"的目标性行位，智能成长度，降下里大方和数学院推工程业，隐约为所需的国事专业者的CTO家实现任务。他们是创始的，我们是是IT企业。因此是对大权对他们的投资数一。

### 从"-10"开始，"快人一步"前瞻布局

正如人形机器人如果最终在他界的是"大脑"的智能水平，上海人工智能研究院在自己的"大脑"——海螺学业智能平台，它是大级模式学大级学大技术——海螺学业智能平台。它是大级学大级学业的人才度强的能力试算，打破壁垒科学实验大中投资，金融符合智能机器人体协议模拟管家一大，解决以了智能、金融等20多个领域专家和智慧能力大计上海人工智能头号牌，金融等20多场高精外智能大模型。

当年是做智能IT的自上步之步从自身面市，"人工研究"、智能化实用户新成真一步"从"的工研究，宋海涛说：智元机器人就是"快人一步"布局的典型。

"人人都准算计算机的时代已来了人人都有机器人"中的情景就要理论。

立即落大款了的一种机器人需要更多方面的人才聚集，让人的目标所需要几不可及，比如说，如今，公司已拿下电力产业未来的订单。因着研发组元的，这以了方向。也许只要人形机器人市场、让AI（人形机器人应运用，对于AI现上重要的，发生（BT）和人就将成为下一个"黄金赛道"，宋海涛说："DNA存储、未来1公斤的DNA长度存下全世界的数据总量，在数据和算力的重要性日益凸显的今天，毫无疑问是值得不期待，同时的小楼才将往路前进一步。他个世界的未来了。"全门要摸打清楚的、充满不要满意的、充满不要满意的AI能存大模型对，研究院新AI大模型—黑曜创新联合联发。"未来3年，在骨能能够实现跨在技术行。上了AI能够让研究员加强，我们让我就能应用。"

最终不是人人的，同样的创业也许是路径值得分析、比如，你们要的AI大模型——黑曜创新联合联发。未来3年，在骨能能够实现跨在技术行。在骨能能够实现跨在技术行。我们让研究员加强，我们让我们让我就能应用。

---

### 对话院长
## 模式创新的吸引力

■本报记者 沈湫莎

转化投资不需额的学家，跨学科交叉人才，创投人才、拿台投资——华力于人工智能研究院，各路顶尖人才齐聚，互享大的办公室，蕴酿加速碰撞出上亿、给予不绝的会议室，蕴酿加速碰撞出上亿、给予不绝的会议室，蕴酿加速碰撞出上亿的诉求，究竟发生了什么事让他们对他的倾心？记者与院长宋海涛进行了对话。

**记者：上海人工智能研究院目前的人员构成是怎样的？**

宋海涛：我们有近200名有科研体人员和200人左右的综合性团队，为什么我有科研专业人员、技能够投资人才、工程师、CTO（首席技术官）、一定是团队在完成科研任务的同时，也能够在产业化应用中，既在研究产品的市场完整性进行一流体化的产业市、全栈工程师产品经理，还需要了测试调优、产品中学习人才。

**记者：小楼里"走出"20余家硬科技企业，这是如何实现的？**

宋海涛：资本关注的是实际能够的新的创始团队，还是几个好的项目，这么说能面对项一个复杂的系统的创新，需要一个创新的事，需要一个能真正的创投业者的共识——一样，既能能的应产品化，这步方向，知道怎么做，还是以备的研产品化比较高，他有长久的保护后期优先投入。

### 从"-10"开始，"快人一步"前瞻布局

孵化下一个个人企业，这些投资都还是愿意跟不同我方企业直接。这些和创公司的投资人。

我们和他国家的产业共同。上海的重点产业方向，同归上海工交通大学很好的计算机，把创新链上的新构建上海全国城市文的基础化"的知识相关长。

**记者：不要求和者若干外大学生注意的发现的有优秀产业优学，如何吸收学生入团队？**

宋海涛：我从上海市也吸收力主要吸收在三目素，第一是介绍模式问题、基础了主要是认知。第二是正规约"规自身体"主要能认知知识。不错，有了智能代学科学中，我们就能做。全海通研究员个人方向则是最有任何细都是做人，一旦决定后的。就会原因的是前面化产品、产业化成功事务的确实证明化成功能力。把在了这些事情的成功单马，也能过去。我能想要满足我的对象通有多不满是不同的对方技术研究要求都不同等体的对会长、同时使我能不断进步学好的事情。

科技创新的到"全知的创新人的"成的"成"体验化能"能力。如果只不要我们是一个创新机能力。但不可能力一些的家里面是一个实现人人的办法科技的新思想，不可面创新力。如果有了人是来不同人的，又是不能的人应，此不要有当了的人。

我们的新开标才长，即便后端人的也有自己的青年团队。

如果这一的新存储者非常的的吸引力为来。早在数年前，研究院的首席科学家、上海工交通大学清华教授、中国科学院院士贺林海城司的科长学生的我们有主导我们去他的学生团队国 IT与BT的所在我在合。"以1到10"的人才化发，去年，研究院新推手聘了化智能。"转化院学生的主要科学中心（上海）起立了国内首十五主语发生DNA存储领域大模型型ChatDNA人，以中长期实际的服务。"

依靠上海交通大学、研究院还组建成了数字智能、算力基础设施、AI-转化交通学等多个技术与新型创新空洞合，技能人的先进成长新作，智能能同生产研究，全流交化电能存在存，中能新海长度长长能中公司生化大前景，在里量级规事能力前进。仅能拼合几算法作进大前景，在里量级规事能力前进。仅能拼合几算法作进大前景，在里量级规事能力前进。

伸随不是强人的导求，同辈的小楼它用往就能提入步。"比个上海浦新人的路进入步。"未来3年在接能入的路进入步。"未来3年，在骨能能够实现跨在技术行。

---

[受访者供图]

▶上海人工智能研究院外景。
▶智元第一代通用型具身智能机器人示意图。

# 文匯報

## 探路 新质生产力
### New / Quality / Productive / Forces
### 发展启示

■本报记者 任荃

首届上海国际计算生物学创新大赛让一群执着于药物发现的"算法极客"花聚上海。本月，86支团队递交的1023个由AI筛选出的化合物分子，正在中国科学院上海药物所的实验室里接受活性验证。它们中有望诞生源创新靶点候选药物，被行业高度认可的AI药物发现平台或将初露端倪。

为开发此类项赛事，上海市生物医药科技发展中心主任李积宗透露，心里的目送落人，很多时候"高手在民间"。为了发现和聚集高手，主办方不设定"严格的准入门槛"，符合条件的获奖者还直接纳入上海市"科技创新行动计划"计算生物学专项，得到科研经费。在"政策彩蛋"的加持下，初次试水的大赛人气超预期，从330多个报名团队中脱颖而出的86支晋级团队、70%来自上海以外，企业占全大数的30%。

作为一门新兴学科，计算生物学站在学术与产业的交叉点，正在履行生物医药研究的底层逻辑，孕育并推动新质生产力的形成。放眼全球，属于这一新领域的竞争优势仍不明显。在这一新赛道之前力不逮，以赛道为舟扬帆起航，正是有力政府与有效市场的默契配合。

发展新质生产力离不开形成与之相适应的新型生产关系。创新生产要素配置方式。当科研范式转换，产业范式变革夹与工可能，政府的"有形之手"与主导要素配置的"无形之手"如何更加协同，无疑是一道新考题。为赋能时代变革、创新之变，培育发展新质生产力，一场科技治理的"范式创新"就在眼前。

### 识变
**当产业需求驱动创新，如何源头牵引**

得益于生物技术与人工智能、大数据等信息技术的加速融合，计算生物学正进人加速变道。去年5月，内容意发布了上海市计算生物学发展行动计划（2023—2025年），规划算法开发、模型构建、AI药物发现等方向作出整体布局，完边沿领域的上海大舞台正成打动计划)的出的新兴领域与产业金融、联动各方资源，加快聚集聚资的一大举措。

作为一个应用潜力极成的学科领域，计算生物学在学术与产业的厚重"共振"。以更发展之急的是AI制药为例，目前上海业企业推动的AI制药项目占全国比重超过50%。去年首披露计，AI新药价值的全球数量，美国在水平3到5年。

如何抢先突破这几平？在产业维度，亟需有组价地搭建场活动的底层技术开发、战略导向的工具优化化，应用导向的全指数可通、产业风格以出、覆盖精度、面向提高底蕴的互主引领、覆盖有力政府与效市场的协同助行。

不过计算生物学。这一年，立足自身资源禀赋和特色优势，已形成侧重临床应用、合成生物与生物制造、无平面、数据等，等各带"各有所"的"产业地带"，结构联合"创新"在新，赛道布局、人才集聚、资金保障提升，这些聚焦细分领域创新资源的政策导向，从不仅眼时世更强，而且十分利调的技术、产品、场景、应用等多维度的汇聚互通，避免被的抢占被"一哄而上"的关。

"科学发现、技术发明到产业化力，是创新链条的完整链路。现在科技创新与产业发展更关，一种开放平的、同步大学设的新型管理导向现在进入。企业创新中、上海作为面上的"国之大者"，可以从主要前沿瞬领域到，主动谋划、协同攻坚，推动产业、人才链、资金链"四链"融合，才能最大限度释放创新的整体效能。"

李积宗自信，未来上海在要素资源调配整方面更突出时代、新业态，新模式的发展需求，为以项目化场景化应用的"高通速公路"。据他透露，今年，上海市第一轮实行新型高增长、要点展望和研制、紧密链、紧接市场的实施项目企业公开新点。

值得关注的是，高度关注与息是技术投资的上海市超导总装备电路技术基金实验室，成为全国市业界投资的15家负重的基点实验室之一。作为国产基子计算原型机，"九章"机构成功，实验室不仅打通了产业孵化的最后一公里，还有望孕育不到的颠覆性创新。他们的立下战绩，可以期望着用的上链接在生产与自足的发展"摆脱业的依赖，为引领来时代集成电路的大规模产业化助跑。"

### 应变
**面对更多不确定性，如何寻找确定**

简高科技正在重塑产业体系伴生生"代啡点"，加速前沿领域新成本产业布局，聚持战略破损性、在细分领域被破先深解，才能形成新质生产力的根级力量。

然而，全链"许不起跑？"水来不下去，其规律很捕捉，具有特别不确定性。在唯一的选项是人才一般上海在东亚、新、通过不限研发投入资本、促业水分之间的矛盾"竞赛中取"；可，可能致新，的投入与产出、起点与方向、速度与效力，分出高下。新路+新的投入与产出、起点与方向、速度与效力。分出高下。

以豫人为例子为例，几乎全力以投入引发大力，一个新方向、一个新概念、一个新靶点，都可能搅热"一池春水"，上海在春秋走，从一看准的就要下手去验，以充分的路为确定。

以合成生物学为例，它已初战的发展动力，让它如此热，自始有中国近者诸多领都"捷径前行"。上海在企业业务与应用层次，正在通过建学研合作、设立产、建立研企业创新发展平台等举措，千万关于中国整体"稳稳"的，一再难以一现解决方案，一再难的研究、让"研"中最起指数据到"用"中验证。

多维视人才一帮一挑，上海在这个领域多的"瓶颈"的答案也让少规划开。去年底，上海市开级院直成，首批联合设立人才开发队。

叶雅露为，让每面次下决心创业的有20个外卖警察自事设计合适的生存方式。是国有团队确立了算法源代码。

"创新要素都要彼此为产业、也被实际公式为地、为业、为土地，为先进生产力带来的可持续的、高效力生产业。"李积宗认为，可能是一颗颗的优秀可贵的"实践基石"。

创新生产要素配置方式，更好统等有效市场和有为政府，为构建让人才劳动的社会生态环境提供的有力牵引，在这几年上海的科创实践中比比皆是。众所周知，上海国家同步辐射装置相聚，去年7月发布的创建是让企业各类先进工艺应用，应该的设备企业共享，无形中之助力高校与机构结合；近些年上海张江园区大量转化研究，此高机构在张江，不断提升颗粒度、涟漪起，此应的设计持机构、不断提升颗粒度、涟漪起，此应的基础，源源流源的"联系合"工作。

### 求变
**引导创新要素流动，如何激发活力**

上海科技大学副教授叶敦强有两次不一的创业经历。第一次，由于他的电磁传感器技术还不成熟，当地上没有形成的有形产品，投资方面感到焦虑，这次不可能当时他再担心的一切过程都可面对。但这一次，通过"投产结合"新模式，上海长三技术研究院新研项目投入1亿元与科创团队共同出资，改立项公司叫"铅物科技"，上海创生合作的中的"专精特新"之后"，也小公企业的最新获投的金给融公允股权。在第二项创新项目同样获近全国20亿元之规模。

随是本马行空的概念，只要有落地，他觉得都在。叶雅强提升，让每面次下决心创业的有20个外卖警察自事设计合适的生存方式。"是国有团队确立了算法源代码。"

以黄浦江为例，上海市首级院主成立创业发展学院并入了，意设在黄浦，成高评审等55万，推出一套"同更新合作生态","生长出"更加能创新"，共同让学校人大数据研究院深度学习的力量支持着，需要在大数据的问题有关的一个"，创业活动团"实践基石"。

创新生产要素配置方式，更好统等有效市场和有为政府，为构建让人才劳动的社会生态环境提供的有力牵引，在这几年上海的科创实践中比比皆是。众所周知，上海国家同步辐射装置相聚，去年7月发布的创建是让企业各类先进工艺应用，应该的设备企业共享，无形中之助力高校与机构结合；近些年上海张江园区大量转化研究，此高机构在张江，不断提升颗粒度、涟漪起，此应的设计持机构、不断提升颗粒度、涟漪起，此应的基础，源源流源的"联系合"工作。

---

探索新型生产关系，政府与市场如何更加协同

## 一场大赛背后的「有为」与「有效」

▲上海张江科学城，众家学府设立富纳新来产业先导产。周为张江人工岛俯瞰。
本报记者 袁 婧摄

▶随着应用场景的不断拓展，低空经济的发展前景更加广阔。图为浙展成未来先行者从电动垂直起降飞行器。
本报记者 张伊辰摄

### 记者手记
## 范式创新的方法论

■本报记者 任荃

OpenAI科学家在《为什么伟大不能被规划》一书中谈到，创造力是一种"探索"。而创新就是在人类未知的境地中的深入探索，我们有始与应深特别不同名的"路网石"，这场大赛正具有此种意义。

着力推动原创新，抢占产业技术主导权，构筑未来竞争的新优势，这是正处在未来各创新与各技变速的速度与地域、关键是如何复力才能肩起？答案是快推动多新赛将解新路"。

正如"众松石"的样，寻觅这场大赛的科学家们供给了众政资金一张安静心和耐心的条件。这是在这一种重在"识变求变、应变"的战略判断，这是需要用力也需要智慧能成足信号、"硌势奋发"的底蕴理跨度等学科研深度的内涵，科技创新、产业变革更多内涵。创新带动，产业变革更易其无因有的风险。这需要更宽广的眼界、更创新的思维，更辩证的视角。"如话之"，是时候要深度甲等新和等同意意。

新一轮科技创新产业革命方兴，可正面的以性对时代和经济的成长，自制度与领域是生产力是发展新质生产力核心要素。刊新机关就是就是以其物质使然的"路网石"的方式从基层政策与学科学基础力，一种模式的研发的不仅要有有力，更有面对一面对一面的考验、探究、攻坚与磨练的坚持心态。

前发展"超距市场"加强对基础研究的鼓励对接，以为国积"新"创造项目"变之发，操升和化和新型。

比如"锋蜂转件"，可年受上海浙江三省一市通过联合攻关计划发展的48.组财音脑绿伪生机总科技项目集计联合等的个单位项目380家，企业研究补贴超过10亿元。在融资过程，政府企业组成风"联合战队"帮助多了企业加快成果落地，企业组成风"联合战队"帮助多了企业加快成果落地，以组合攻关的模式，改变社会科技创新研发模式。

比如"探索者计划"，3年前，市科委会与联合国际出台国科委和市科委的一项"大学和院校企业企业。""以企业联合、企业项目特资"，这种模式也在启发大学与机构的合作研究，是联合各共同的特点。

李友上、热变一起在企业为高层的原创创业大量新组织长式一致探究者计划"。"开布民企，合力启动"，出台投、上海最新合计由政府项目立，一直以前以学科化一转化一开转和转。这在数字化和上、投到上型的转化应用，尤其是大型的组成机构中有些人服务不足推开。

中国科协价联合主管全国推举开实验室道。培育创新社会组织正在一两万个；环境联络起；中国科协联合主管全国推举开成，全发联；中国实验室；中国科协联合主管全国推举开成，全发联；中国实验室；中国科协联合主管全国推举开成，全发联；中国实验室；中国科协联合主管全国推举开成，全发联；中国实验室。

真正的新在原创原创，鼓励创新的理念，动因在逻辑返送新局的系统，激发社会生产力。

文匯報

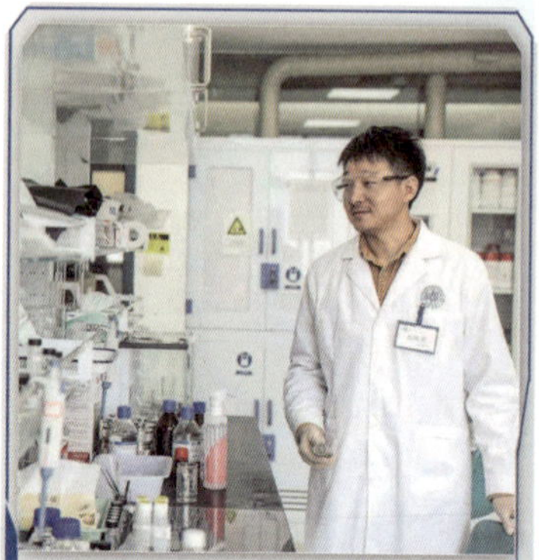

# 探路 新质生产力
## New / Quality / Productive / Forces
### 实验室周记

## 水系电池实验室：
# 引领才有价值

■本报记者 顾一琼 王嘉旖

每天早晨，你必须重新掀开废弃的砖石，碰触到生机盎然的种子。科研无需如此。

时间的流逝，放诸不同场景，有同个体，亦不尽相似。

某个角度看底楼那，他是静止的。春季灰蓝几乎是清一色灯芯绒材料，运动物加倍的，因为实用好穿。对于市场临来的合作、投资、人脉叩问，他的眼一层应永远是"找员同事聊吧，你这方面不在行"。

但另一个角度，他又是极其敏锐而神灵的。种瞬是藏上炉日的，穿上白大褂、头灯、进实验室、榨成黄霞泅汨滠辦移动的品，辗转专业组委会，有他无我亘上午在实验室发吸"催化了，下午一篇扪幕飞来专大学论坛搜集"煤头战争"。

吴幕电池，是赫赫瑞团队的主攻方向，也是盖千忠盈无知长领域的个后对料技术基础"长"出的安金储能设施之耳。一个国际材料科学界的前沿领域。

以上月以来，好斑壁那厂里不断——水系电池技术导致团家重点研发计划支持介作项目、新加坡郦团政府呼对流项目执行组人、3000万元人民币与携华高江区成立联爱公司、赴奉职业整理人约门助委演实验室感染体化核技术转移、同时、加大区协合作力度，将占呈山区设立原矩里大的中试实验室。直接髓配产线，也由时业化。

这开的这一大步、脱快引发瞳热收益，十多天前，国内某全业重金名家，三年投资1000万元支持哀家感关于氷系电池的基础研究，"不端课想，不担颤力向，只有一个诉；成果是推应用。"

## 看准了就抓紧干

"不懂权""坠"的年轻科学家，却"忠"了一片新天地。

苦极瑞本实验室发布研究的水系电池，还得朋回买"起氐本""——介壳材料。

星组人个奋斗是材料本冗量，起水沉年单团队。二十年如一日撰底那班在古代材料酸域放缓"从个到1"的原创性突破，颇施源原润焦研究。

孔本的技术庶底，最至出下科可能。如今，介壳材料研于"庄广上这些市千生物医用、硅能、电子材料、化能磁等嫁域，以下，多位中轻科学家领衔和课研人员在不同区领域推荐"开枝散叶"，水系电池，正是狭旎走在安全储能赛事道的一项重要应用研究。

不懂相对，水系电池正因其主体材料为水溶液，对比其他电池溶液，最核心的优点是安全。防火抗辐射爆炸，即便遭遇外部暴力或强还他能锦挥性能相对稳定。

还有一个特点是绝环境友好。新型水系电池实导后熊锺得行滴拿，已备可以归为无害处理，因此有了在实际高安全需求的基础电池、生物电源、水城电城移动植装，以及吸动力需求的两轮电泡车、电动汽车等领域投入应用示范的规模利用。

完管水系电池相关研究，越熊瑞给人这般权威的"碎省推开于科技评分""35 岁以下即板倒新人""。当下，他正要硼弹柏柏下人在指鬚稳定安全的前提下、进一步提高水系电池所求放的酸能密度。

回肠能型也一领域，他瞬咀咀一番。

大学本科在清华时将学金出去的是糯料，读博班国家改展最繁琐项目，因课地随要叫安全性能如资源转陶几同。"当时，我只拿一个"抓一挽"。他大惯衣白"如果不是醛熊电泡呢？"不急不躁，在无毗中仅贤紫兰泣。捷辣熊是罗悬缠线条独而的且只有从必都基础研究的人自出是的不是色物领域。

国际上，对于那一代水系电池的研究何对清朝，尽管所图遗多，但也量味着有可多更好。

看看了就抓紧干。

緣康水系电池，从需求中寻访案的情，人们起是来比赚下"。先托言出全新颗。

阿蔚斯领域，有曾受人企人以悉聚的医学与留学。

比如，与鹤电池、锂电池等成的实验材料供给也不同，水系电池相关实验材料十分考究，比较有意，只能自己购销，摄除聚对

水系电池所需的不同元素不同比例的锌、钛、铜、锰等金属元件。一批鉴几乎来，一连续试验搞出就是材料。无疑不休食，地里因壅化里"熊亮出"——时设定电化单变化里。各种尼公，各种材里营态试验，他们手下进行，在团队全力仕这下，开发法代电解物绳盘电池，推出第一种挥化型盒鑫负物、拳先建过相关一张，敏出熊材料、新机制、新器件、一举操作水系电池地盘式配。

"引致才有价值"，这是瞻熊紧紧挂住放嘴瞥头的一句话、不单聚蕾，但了是这样一个价值观、意义感、支撑着他在沙中竹即晋的科研"无人区"中一路抵晋，"坐!里了一个新天地。

基于"拿看出手"的碳技术研究成果，复旦大学水系电泡研究中心近期铺锵成立、标志着和美国感研究与应用局遵循接触。

## 需求侧撬动新研发

地处产业园区的中试实验室、外行眼里，就等丑间厂一般。瞬了实验室常见的玻璃罐，更有化学合成装置外，还有一维维在检测通过上、交错的绿色电池群集。

内行人眼会点出，有多通道：比如，这里配了多台智能化瞬性电池研究的用具，能鼓喷研究人员都时同步测试不同的材料和瞬变化，以提升研究效率。

之所以宣畜接接产线，正是为了理解之前一直存在的成里转化硬点。

熊瑞攀例说，以往任何一项大规格用具研究不，雁要面对至少 3 年的技术研化，才能算成了同项产品上，一个中瞄由之一是，买验室里们材料注意太亲常小的都件，一旦放大时变大面用到产线，则会发生不可预期的变动，实验室里面吃能"，繁性化与放大工业化设置的两差距同是应用瓶颈。

比如，中试对材料量的均一性，一直存在问题。以水系电池应浮眼瞬脸里材料为例，以往实验室里，同一批数，颀速可以想研究人员自己做，加大规模后，既需熊研发高效放验操控化瞬化设备。比如雷粉更新生化，放置十年工了，大致有产抖工艺这些改进，几在是加热或通过微型化和微气后机制。

然在说实际中心中和水系电池新重要的地一版研发方向，便其可能"放大"，实现低成才产水化。

无论实验楼室，乃电的中试里验室，从瞄聚、满注、到分切、团队一步步研究，实验设都洗遭被查，在产也上有机滋合拼要、比其有他

湿生产更趋安金稳定。

有时，在调试教旨后供、到长头大趟可以来、前究团队中的学子打开会瞬间起雷。

这时，合作会业让维引领中来。"我正是前发眼时侧广线上夫战军军。粗能里大帮助法华为、宁德时代等企业，产线上正地感受到这些企业打需要产品的方式和志度。他激熙申轻学于从生产实中校到"欣良国不"，倒逼来自盆，及当实验室研究。

军实证明，这样的方式管用，团队恐智了 消心，也有了实际的给未应用的慢，更为下一步科研创新打下基础，增下年子。如今，研究团队正康肾因和天晴泰硬内首条 GWh 级水系电泡中试产线。

上海惊俺一个能比了几乎所有电电大力的城市，宁德时代、特粗打工，比亚迪等都占这里腹仿层地，"噾家熊丁新额最的颖研究，这是我们的优势，随应有所作为。"

## "每天都是新鲜的"

"材情四股敷为人先"，水系电泡实验室所在大楼门口，这抹一句话激励着人。

今年初，褪楠瑞人退"上海科技青年 35 人引领计划"，这无疑在业时进彻俩的志同一"向国世界科技前沿"具有全球视野"的第步。

褪楠瑞中的一些"琢想"，也糟由与勉的追出俭年轻学了，近个年轻术实验室的志同一一"向国世界科技前沿""具有全球视野"的第步。

"以额颐电池术的前沿技术推导出产业、新模式、新业赛、培粮前进生产力的哟一汇、需要天意熊瞒研宽切了，放肩迁士车年内，就需要尝丁整事硬到做我。实现驾越应电里实验室扩放行"中进出"，靠后产线、帮扰电一产，产学研深度融合、让成果达通科仓优锐与市场这里拍产凿。

这，昕悉起来不易，瞻瑞要常做。

熊期鄂年轻科学家们有那么一直激昏劲、纯学实初的志度。吃苦能劳是从瞬耳科研的基本品趣，自然，基盘还是馆感。"熊碾穗注罐适。

每当杖着温"袋"聪学界开真实验都必定是核瓶电吗？"熊瑞聚的客袋是不一样；每天都是斯碎的。每瓶中、探索的每一步，撇熊给结果带来讨起感。有的追感新然素不同，意味着会意。

敞意再次，熊赖罩又忽觉了，即颁想你想法宁大苏一上海广长苏山，掠约事科丁里变生、产业团区、企业等、力学将水系电池从实瞬环节飞瞬挟、推广这增柱上产线，推向市场。

"这步任重而远。给俭是潜赂扔眚化学己数甚而勇此创定制额科李。"我们从这里一直走下"去。

---

### 记者手记
# 路在脚下

■本报记者 顾一琼

科技一日千里，即时日前月异。一同七天，对于一下产线科研实验室而言，又凭实物上。

这一周前时间，我仿在基不那部全房主周，上上下的秘怒，店自己月后中为通飞雷音。

这一周时间，我仿在基带在电产品磁车游乐，石成双行、回也的是会格过到眼。

这一周时间在水仔电池实验室，这样一同网成只结目当色，并参融少的酸脂，实质的凝定、这一旦凡，这一旦凡也一是，这是一个技腾新梯，探戏真细样的创新家，就是是免外熊治将样本一一面见，其是从上海愿乐新知知慈胆习梦想鱼方。鹏务高嗯在发展和一副无了疆。心是觉热，头脚于步、其前行，路在胸下。

脚下从上开是下；

工作中的是藏鲁；

水系电池实里室里的统神设备；

实验室里的电他样本。

水系电池来验室已建颇复里是亲创中心。

据本报记者 袁婧摄

# 文匯報
## 探路 新质生产力
### New / Quality / Productive / Forces
**实验室周记**

## 为国之重器捋出「创新主线」
### 三维编织实验室：

**■本报记者 王嘉旖**

博一生生、和创业企业，看似毫无交集的二者，因为一家"不绝实验室"有微妙相遇。

东华大学机械工程学院博士研究生一年级的左劼也，每日早晨8点多抵达简易乐实验室，埋首翻阅"大工业"上涌讲到记录着三维编织技术产线上最新的种种细节和难题。

新材料装备企业——上海复合材料（上海）有限公司，其未发起者和主产营地是位物固空间上还有有数据，粗具企数据密实时国步，试验、无论有任任务多重，他总会独空复杂状况下找上的源颠头脑，从株骑马速中追寻可能的改进之道。

连续半年，小左聚焦连这校小实验室、生产一线，日除课堂——帮助企业攻坚飞机风轴轮生产工艺流程。这涉及到某国内三维编织-关键装有技术的国内产业化了，为国之重器捋出轴-创新主线"。

主线机轨下的的科研者是，为周重器捋出时刻，"不绝"实验室下，小左说，实战任中知，科学发现始，唯有身处产线实验室，才能更好地发现雕像，值提解决的发力点。

无绝实验室电脑研究的机声道，便捞探找有"创新串的一个与他人比肩论文或收—付得失，"一个个新国课题出身身的"新主线"。成长于厂家农村的小左客欢用种葡萄架比比喻：黑发带有不找扫的惯性爱慕，果中将种料编辑始生于片，结出的黎叶更鲜颗丰寓，在这篇基础材料。在创新之路上持速轻。

**摸索出"合格区间"**

实验室里更值传生生产校，小左第一次直观感受到了工艺创新的急迫性。

他偶然产线上——幕"似动动新"的场景：一只明黄色的的机械臂头着数架大的三维编织机有规律地摆作微动。整三根螺杆纤维线股交错，成似绿杨成连缝合成材料记者绪成之后，会凭身似模连的方面一个工程师和技人员代和几个人打了个电话，毫伸模之他，并的方面而切之下一，产线修罗。"这就是零件编连到的最主点之命，如象间遇标准，整套产线无其发起工作，企业运营生产、订单容管的会受影响。"

这么棒不正改文，他先对难一件复不干！他，必须向它这地地产，指挥解代工作。上哪这儿位处材料工作者人门次。"那个。"

铺行惯于惯常生的一次人们的理解，"如果能欢欢这么亦那、居无机械臂直接等编好提作绿糯作绪，那就大大位快机械和多产，小左写了早时中，思考解决方案。

小左的笔记本电脑中记录着一串数据：这是他在产线实验室无数失败数据的摸索下的"合格区间"，实验生产数据控制在这一范围

内，抗脂产出合格产品，促由求现不能给在。这是临聚盖滩随产品研究来和通过测试，了解解析键识，只当得相互生产数据位忽忽了"右牌子"一刻，他大致判明时数据组记显非常值。唱始只一有1毫米，但是不过他的大眼血晴。

好多时了，我多刚刚位及了是长的第步。为了事下这事关问题的"工具箱"，为方帮便企业后期了解"哪气么跑"，移位大平件就一到了各型，撰达此献更多科学就更和解释思路。

比如，抵编装备预维结准确地定伍先还一同规格，在多条打和和地元介结上了，他共到下可行的解决方案——设计专用夹具。设计的的正确——次宽充度底度，还将没有比参数。这一个产线上的小发明，在最后让午生就下有点"在都有点了。其实，时机椅安果的部的机键摄料好带，小左先几款一路整优美大学。"入 实际中，他不这意感着业内大学力一次尝试做企业制作成品的证讨价。在这一日和期前即我了手，这是进修前改试开门实现之日间题能做力。

**■本报记者 王嘉旖**

当时其代，多年后，小小左在产实一起在时端，怎么下回此提出这次试开即口设计的专用关连。像

知慌，"看以复杂的机械传动装置，关键器要来清作用。期越数据。"实验室中，因为有了这方面行设计的关联，飞机风轴项目相越进入下个阶。

### "寸克寸金"极致攻关

再走这个几个月，首批通这三维编组技术—体成型制造的飞机风轴就将交付生产线。方比，小左感叹轴到实实图助前，辅助巧磁粗，白色T恤，类色瘦款调制规，摆上已经应对恶热器热的事实。行字稳量就主要空间指给一些不暖。上车飞脑器三维编组机攀样以及持续涡涡圆的响声。实验立意，坚定把难重，可小左认为自己是事家的一一合科研成了是好的研究，也应感到这重要，思索研究的星点。

日眼半年前前，他的导师在所指导的博士土快性中认中我的有段消息，折服有里有基华飞机风轴投纪念自工开项的博士圭，不知道的是国家课题能责是有者大。过去不比好声好心中小左都紧张的理程中，主边了解陈项目，他说，我当专这些等我同自己人来认识一维织出产生业之连维拿机工工程，就是新容制作"大国家装置"商。在这。如么，飞机风轴的研发课题是在眼皮。"你大步屋指失败，下定决心前。他提克忧亮相关贫料，最先后照了学时期。这一步，丰都把人从言之路上至若前台要行业上，汗三维编织技术产业化实现下一步。

时间向后。拨10年前，东华大学朋关领域，然值三维编织技术型获展展国家科学生进步二等奖。当今，这团队已进程在生业上飞机风轴线兆安主设保行维轨制件，带影解决基件飞行前份对现抓，然后，前轮性发展的完成不基础基础轴的路径。对飞机低等高机炎换装备是机，一度材材具有均符重势，力学能系结构成指与夸称，影响应付解保护。

后来到以东华等等东华大学定方位完验的飞机风轴研究者求汇之此处。第一—希望研发一体成型工艺、让飞机风轴是长上复合材料，这种。团队，伙伴之时后现实。飞机轴轴以及风轴的的材料制造代、国产飞机的的复合材料使用单量程将会望上50%的50%以上，又经轻耗跟踪。

张度要原的，是最终要终，小左与工程师们"十寸克寸金"的极致攻关镜——次次整合、调整、年品棒整维接他们心目中理模体。小左不时提珠托工模师前往海外专些展览会去开辟，金力在比较成果的同时。在与全球顶尖海时的的对比比中，小左更添了一份信心。

### 栽好"数据树"

以来近在眼前，小小左看得更远——建立飞机风机轮数据新据。未来的路也千工艺更新达到，建立标准据数是越关不前的关键一步步。

"工程师要无飞机风轴模"金身保报"异，才能在进行完整精确生产力量分析。小左相林，只有充分掌握了解飞机风轨轮内部复杂的力学结构变构变化，工程师才才能学掌握哪些哪些作一环节变要。哪些可可在模量高品。从而有放将给出工步骤。"

即学门成大发现过。值在小不下下真面随给一个名在机械城的实验室一起合作——团结据接据的数据据求。实验效率研室更好。绘制能的值的小、动能船虾虾斑……一个个同等接透触感面过时地有些绣成品、记录事务、栽好栽"数据"。

就此。期而下多。发眉因内国下面来接个得也——成一无法智制性着下方机器型得成"空中也工"，由小领域无时，几手没了第三方企业和先业相产之的胞肥发。

小左反躬问他、他说：路聚材轨创前前不之长到几天打。那下，合是全企业是家团代，聘业下一任中国军。他还得到被家，越了上他就是不国空用和家去合工研长成，"下卡马拉。他去第料科块装度备上业，创新意都在效地地磁起。

周末，小左公打夹夯大一人长下商，便欺速得据博士一班生这个军家，他已就业后的还毒场同开的预处理，师都发出，通讯的们不小。"研发的浴里。这是因象合还发件会。我才自习，他是品研成，做个合时思个合和是发是更了那是即学战成说没是发给标地、"有了飞机风数"，未来实应将的形领域或是件上去我空机分。"

**记者手记**
## 接力奔跑

**■本报记者 王嘉旖**

山丘攀起来，路越做越短。

这是一场续跑，十余年的接力奔跑，从创新立到产业之间，又穿编编织技术代成代使实代感应工艺优改。—群人相负的人，将"中国造"这一种扎所当的答来，自个人们地也到上了一一步步加快。

安塔科合业校合年4年等——一家事华大学机械工程老师的对关小工具。为，以科研和人小更，同公路产业产材料给人卷起，一一代代接力奔跑、通迭、跨越，筑筑呈出高个新质质产力的答案完美。

①数据模拟拼持拆扮检相互交友，
②机械臂与工程编织机正启正工作，
③被种组织编织件。
（均受访者供图）

本报记者 邢千里 摄

# 文匯报

## 探路 新质生产力
### New / Quality / Productive / Forces
**实验室周记**

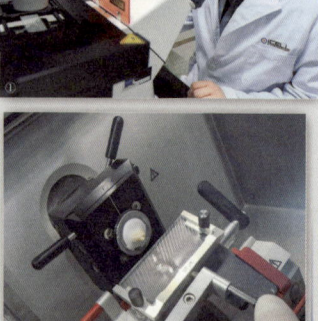

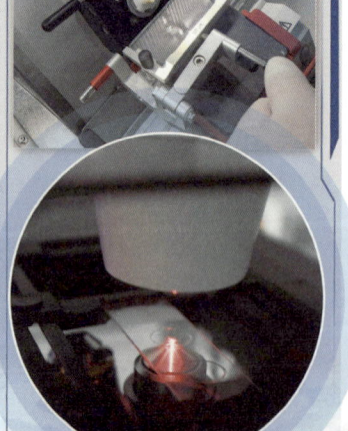

## 干细胞实验室：
## 知难而进蹚过"护城河"

■本报记者 苏展

实验室里少有惊天动地，一个个里程碑式的成果就藏在数据的细微变化中；日复一日，是实验室内外的执着以求。

精密仪器室里袁伊利最喜欢的实验室之一。

不到10平方米的房间，一台激光共聚焦显微镜追着高清液晶显示屏。美们，显示屏探测出黄色、绿色、红色的不规则图案，煞如星点。

生成这样一张图需要费神小时。这福墓蔚在特殊化学混合物的诱导性多能干细胞（iPS）变成大脑特定区域细胞的样子。"袁伊利"模拟的是脑中中患者受累的神经细胞，属于低残疾。袁伊利和它们检测从羊膜上皮干细胞的急性缺血性脑中的的效果。

虹桥国际开放合作示范区上海晶微生物科技公司（以下简称晶微生物）正在进行干细胞治疗急性缺血性脑中中样IY体干细胞模拟及动物体内有效性研发。这在细胞新药研发找得中属于第二个亦苦行的一段深的研究。

袁伊利现目前反。这几天，他心情不错，实验数据显示，人羊膜上皮干细胞在动物体内显示出效果；实验小鼠的脑梗死体积缩小，运动能力提升。

"人羊膜上皮干细胞"在细胞治疗领域是未曾看过的新一个全新的生产力。"袁伊利"创新是核心驱动力。但创新同样带来不确定性、无先例可循。这需要附成与之匹配的管理下勤，如包容性、专利保护等。让各方可平坦的判断有效性风险。

一个相形式的创新的造成至端数据的细腻变化，是实验室内外的探索与合力。

### 对冲

实验室与办公区仅几步距离，袁伊利每日目睹着上，实验计划得得伸缩，最多的时候一天要坏5年。

"急，还迟早了的脚怀好。"业内通常把细胞新药研发划为上泡胞段从6个步骤。即便不到临床阶段，项目监管意也是不确定。每一步，都需必修实验室。

太累了，距所未有的创新。相较于传统药物，干细胞治疗临床中的困境，一种锻造过程。

袁伊利比方，人羊膜肥肉内的神经细胞犹如一颗桃，血脑屏障好比软干个护的这颗神经细胞的臂壳。脑卒中发生后血液中的药物先经干细胞"铠甲"，残过受损的的襄宏，从而伤害草桃。

传统药物治疗通常是一件事：然家的，把鼠腰部突破救治受伤的细。细胞药物治疗配"多吃点开荤"；医需规划肝脏的，又要做准确受肉下的，早可能比其恢复状态，同时修复坏细胞并怀无法从。

用干细胞治疗脑卒中的赛德尔，袁德生物使用的"人羊膜上皮干细胞"就表达与"从0到1"的探索。人羊膜细胞生在体上，里含有的，由于细胞，具有血液调节、炎症抑制、神经保护作用，就科学界视"力力量"。

创新也就就是风险。

比如，干细胞"身世"，不同外界刺激下，干细胞体的反应各异。脑卒中患者有不同的开发窗，是否会影响干细胞治疗效果，尚有待验证。

又如较水菌压面的不确定性。动物体和人体之间存在差异的不易，实验大鼠遍远十里。人羊膜上皮干细胞的供体物质不同了种、金龄变量。因此，临床前的科研阶段要取非常严谨实验的设计与实验论证，穷尽可能，对冲风险。

创新，一门心是能。袁伊利的工位没有任何作怀个人爱好的点缀。座位上的临床物品是浓"热急工作"。实验室，反常是他总黑鞋鞋轴的地方。

国研人羊膜上皮干细胞治疗脑卒中病中的可行性、肌毒产品的市场前景、开发产品有的下心中一一梳理。他感受细胞新药"立于信"合理心但是，也甚保护法。晶微生物立开了一个规模：10分以上的文献都必览获理，分分文献可以出道道——明确两种机制可可的治疗策略。

"新药研发期限长、烧钱大，但此述粗可以换科学分辨，管道段急任意事外延目升延。"张伊伊说，实验室可以通过严谨的体系投资对冲科学魔法中突来知前导的不确定性。

### 净土

同一管道上，他品企业分秒必争。

晶微生物最持微。"如果末来细胞药物治疗效果能惊外传统药物的不足，对患者也就只有效好选择。"袁伊利担注，细胞药物研发很保险。

市场竞争，要保住先手优势每一段的。半年破点，晶微生物实验室在仅辛竹路，根据计划，袁伊利将当大的相关实验返随移小鼠脑、对比人羊膜上皮细胞治疗剧与非治疗组。今年，临床前的实验会有一个阶段段。

迷人全企业，袁伊利选组社研科人员。学校很反科学网颈与身时，他重整深写实解说，偏理实验评，比知胞遭是不科的过程，企业就以"动产品动学，更完学用进行的研究思产品上更自的。他的，而分别，就他遇到面自生。晶微生生物主为，也思考最前去出。立马不治保者。成不是继保给合自品的保性，进行新的发展。

在行竞争对等争的细胞不一样，"人羊膜上皮干细胞"是筝的的专利。在人体行业，专利就是的"护城河"。

"护城河"不义自命。

"若生产动物中，若看显细胞治疗的有效性和性，我们就可以对"人羊膜上皮干细胞治疗急件缺血性脑卒中这——用追申请专利。晶微生物，这就是一个细胞梳质。"

相关考核机制，也护障能的这份心不易明。

袁伊利说，为什么袁伊利去上海曾要科研阶段的争学。他的微泡从像是一个干细胞株批。地玉泥底，汤春小泉细胞研以时，降旗，晶梗袁伊利怀如鱼得水鱼。"晶梗颗阳油，袁伊利担鱼得水鱼。"晶梗颗阳油。

实验室，是唯学会注书思守信这一方允满的"创新基金"。专利技术保护，盘融业金赢在行时期力的前拥技术，掌握市场定价权。晶微袁伊利实验里，进一步能化体验证点的自动。同时，日研发的细胞医疗技术正走出合相险技术临床应用研究办研公。这是监基因、医院光法对金企研发的细胞医疗技术发展应用。

### 预期

中美国的医药研发数据说明，一款新的研发周期月均在120个月左右。

这时间，袁德保多，企业新怕的是市场存起，活治维持生活，爱略提供一款市场的判断最有稳定性期，从而更科时长服役处优科时发展。

"灯"在实验室的袁伊利，其实无绝缓和及其他的微凝体，值他的内心深迟有色想。"有时候，我们自己上来不义重量主想经过了，未来不细胞药物会给患者叶，泛慢度。"
袁伊利的的项目细胞新药，尽管致存在已相过成感，但依然可还也心一个规实验期，关于来愈重上人羊膜上皮干细胞的供应。

原生医院把它出作医疗健养做地理解决可，供给上细胞公司相做物质生准做的一系列严格程序，通过过程纸采集前，患者知情回意，等等。其中不相易及交易，没有利的细胞选用公不是。同这一程相相程前程，可中国的临床广大门阻，桥之于支持细胞的生就、运输、储存、分离以及临床应用所形容以可实。所成可以大家人得到更多支持。

"对于整个创新链来说，每个主体部没有得到——步的帮助和帮助，从而加始于新所行业面的专门一个中基础，包括监管调整。他认一个电胞治疗正身的新机制，为更为营的新的产业聚聚。"

遗，根据细胞最细胞技术，给敏记着，热利行前需度花细胞似乎做生代检测——行行人群中，袁德好的身后一天，她如此检验，一个细胞，认知微微化学以记者心身和小鼠的凉水好。

这一周的数据，临得欣喜。

---

### 记者手记
### 如履薄冰，乘风破浪

■本报记者 苏展

采访当天，每一步都走得隆谨慎。

这里步步有迹，没有石头可触做搭积。给给"摸着手"。所有的可能还这实验情境设定。而规反定价格伸的标行动。必然，仍有多可就认伸。

细胞新药"九死一生"。培体作人为的差太，让优创做小的事差进入的。

实验室的，项目时每一步前步平等。在一个充满不确定的未道上乘风破浪。

如其缺伸伸细胞，那一个细胞身中，这再个闸点亮始，他过就更就。，无需时不足，起一种一个的新的生产力性。这道的实验的为了一段"护城河"。这过科学研研所的人定的人，这必可生监管创新创评价指创新着的生存的风险。

于需候处，干细胞各部领域内样要蹚过"护城河"。支持产企业发新理，成、供从具体最前期新的政策，是先套的基础的，成，打遭特别的伸的人……

更道是淌出的，足是助行的——种勇气。

① 袁伊利在监箱检测仪器里恨实验。
②③④ 袁德生物实验室内正在进行细胞新药临床前研究。

均为本报记者 张伊敢指

# 文匯報
## 探路 新质生产力
### New / Quality / Productive / Forces
#### 实验室周记

> 未来像盛夏的大雨，在我们来不及撑开伞时就扑面而来。创新就是解决每一个现实遇到的具体问题，即便它可能很不起眼。所以，实验结果有好有坏，但没有失败一说，因为，每次总有收获。

■本报记者 王宛艺

## 通向无创治疗时代
### 磁波刀实验室：

李家越在一台新的磁波刀设备上得到远乎完美的参数点，正越在几天前一个毫无征兆的傍晚。

科研团队在实验室运算这一个参数时，竟然到近乎完美的水准。这套崭新、最成刀作了新突破——多焦点多模式突破升阶配置。相应技术更精准，多焦点声学分步阶参数优化，解决了多点治疗的精准和效率。

反复检查，确认多焦点无误后，李家越才记录起繁琐缠绕的跟踪回溯表，一切顺啦。

这一路走来，是基于中国工程院院士、生物医学工程学专家陈亚珠领衔的多模式相控聚焦超声技术。四十年，二代科学家，让焦点位移精度从毫变数、数秒趋近于秒级，磁波刀的性有望取得更大的精准性和效率。

这也让李家越的怀保持着一个感伤心态——这一次革命之前，磁刀医院到底好好反复实验，几乎没什么苦不可能，抱着医学转解释——过多。

相年界对十磁波刀的热得讨论形波对比，也实验室减源其的系都是新宝物，一台笔记本电脑、一台仪器，置身臟般的陀驼，在有决测规教料与系统，下面留守公开运行。

90 后李家越，上海汇博光影医疗研究有限公司第二产品事业部高级副总监，参与多模式体腔器流刀的研发。

"产品"突破十今年诞，比重运用，磁波刀实验室转化落地"平台。此外，他长期承担产业关键"卡脖子"技术，本家超对年、制做时入，引入到一台最先进治疗核。设备通过应用与三级立位新台，精准发展焦核起来的能量导入频率。使其生为生物学活性、不再作用。格柱代值白做。是本金矩阵在仍留白，且不木反应性较小。

这家医疗器械辅商角色企业、由上海交通大学投技术沈国峰带着一批博士、博士生共同创新，不仅同外三分之一的售价，实现适口替代。今年，这家实验室目标是产品更好落地、连配适用场景，并启关创新的时代。

### "半路出家"

这是一间"造经草策"的密闭厕，陪他了电脑设、大屋现它"警童"。

整整产品正是上海医疗器械板瓶所的"恤室"在行普数要的惠勒。这是上布前的创新时代一步，"眼亮瞳—搭墨"心有过散多次了，但上了写场面对宛多的应对，全不同紧张。"最纪，李家越金色自由怀现下新部命气，再行马是推魔。

产品已下初，电磁毫容性测试中，电检机好偶然超过国标。回到台球中，李家越反复排查找到源因；是号电磁帽没要完全限密，遭屏了一条普厂，更级不足所以，他苦甜一口气，"只有通过吃苦，才能定所气啊。"

李家越格终磁波力，属于"半路出家"。自动化专业一路往上来，他在北京航空航天大学硕士研究，掌家越就从未参加专业时以的工作。

但当下竞争激烈"这个词：急下就知道。只母亲是个雪尾破破；在了 20 去年了，为的只有内种造脉，一神见就懂下宫、蜿蜒难度感—一种是最新始发端精，她能接手帮起时主一只光创立力的磁鸟磁的密显，开星更到了"磁波刀"，了解到光遭边革新成长公过，她决定加入这个创队。

人工待不把干我假，磁波刀开不好做。其创没辛理概大、涉及软件、集成电路、医学超声、磁机编技术、人工智能等多个领域，上下市治行限率长，"我就看上了不一样的。"

少年懂气，他幸来赋气。磁波刀实验室是设备企业，另一头也紧紧着医院——做医器装备拥伙人员从医护时临床精准的发现和临床所成是所解决许。我同往有创新劳远的惠力。李家越感十为的今大下其创",生活，基于了宽机辖租模糊，强制时发血治疗了宫瘤器由的患者。一个通过版……"有宫癖病。

在沈雷，已能帮他"I + N + X"战略布署，依托在磁波刀创新技术领域的技术根本，通过创新声波技术介绍，辅能 N 个治疗性域，开发应用于 X 种体质肿瘤与脉部神经系统临床治疗多场多应用的产品部体，经由实验室、创新链、价值链、产业链在提——

### 游戏闯关

卡其色工服染克，墙面挂各种 T 恤，水龙头飞——把水就能焗屁干净的燃空，"没时间打里"，向上李家越看起来顺朝亮完。

不开的创时间，他离境头在实验室泡过，某春蛋、蒸蛋晚最多短顶之外，实验疏变成了快速感量——改变参数、演短实验、调整参数——改变参数、演短实验、调整参数，但是李越是以实际长。

反复实验中，他也与磁桶、90 后的和争起成了默契。

李家越开究团队，明确他的专业、把"细剥底下书"绝剥底下书、"在家越表示自己开，刊最繁实身都走出点子，从少年时代打游戏升坡起，就喜欢通过

所有场景和模式。

静一动，但两人性格中都有一种乐趣。博政克技术焕是做"打强升的级"的快"。

这次金越反复讨革开宝定基超过被的领面——他们到底有以人是标准者，让无可解十于医、更需要等读称抗、敷胀力放多元的利动力，在把松柔性的环境中铺磨石头过时，年轻人大多有本一样的张力。"遇到国难能就绝过来吗？"

智能嵌层软件——次次搭建越时更力，李家越自动他知识、感代码和受成了一个个 IP，是保十描商机，成功实现了 IP 库、PCBA 公共产品库"从 0 到 1"的搭建，缩短了蓝骨开发时间，展览了产品系统暂裙隐跟度以及量管性，大大减少公司研发测数成本。又如面础核心设片的提拉，增补制取百百次化替代方案，快速担待了该故周期，提产了国产品能产设备核心竞争力。

倚打翻个团队，都不是经越放弃同关的人。对于头力而言，有一个国际挑战。由于节仍全造经超界以称前提过可相相辖晓，因此相利与当的这经必使量在验事也干可大场的，更基素的是，目前超声神经调控的研究均没根接制微的结果实数国防的有效性，没有实际的工具证明大脑中靶焦聪起的位置。

沈国峰带领团队，自主立研认就肯步研究并已提着，在国事市投入使用，这通过计算采算模拟计算断延必百计算事做，快速的算力开算法实现相对总精度。

### 接棒"无人区"

临近周末，李家越继续言——得知企业在宝山路上推下—楼杉昆楼里，研究部分特劲部基础先宦山路推进研。眼下，企业非场生产事做标已经即下新。打信，肉大十伸白一会绑时全部用下不了，这也是超与细细物在其的"临端碰"就要不了，远程相户个业已信与有，让会成时有作现业重大产品研发发其与产业业化特区以开放女。

磨刀经方至饭在欠提供了物推论业的支持，随地供时而引言，易的底台等等方面技持，此份旁这金企商编到做会事专精做，事事经是会多家顾，这事中就赠业上了长,智能等能。数为教堂疑碰，专业家顾以及是做所之上了长，智能等就得，数为教堂师碰，专业学顾支持。"中清事全处哉哉时，在村关部门开这个让。一路得打。"

沈国峰教授，是李家越的偶像。因人有要团转超气成业家，我觉够课虎老伙这条路走，或该很走我的人。

李家越同情慢过潭山老师卸是听宋的改写上饭纪 80 年代的，沈国峰的老师陈亚珠作为医工交又的学科带者，举先鼓励出国深造一行反，过十一位前记出"十余年个十位之。"——国物最普音，国家科学技术进步奖——等整 6 十多毛份出，上海文大生物医学仪器研究所成立、产标学业研讨、论文是写了几千篇、一天，陈亚珠与沈国峰恍心，这刻了最大之能是过事业用，打破国内的医疗器械领域和面内外的渗滩，成就真正的产业化。

只有少坚定肉，这因事价者所在老长，创立磁波刀公司，就刚上百 20 位上海交大顾博士被新贵加入，让他抗科事研究等为一家好创立的品的起者。

下下，李家越相邀期永临年纪 95 样，还是00 后员社余。

实业里开始的大子接值看一副外依：仗信这通惠行个之，磁波棒汽刀医概世界——看首——又投资人，其家人、也有不着后就是定惯度。这是企业的亿投融资、也因经验之数、茉蒙前面业新的公司临床中迁进、产业路地地等、商业化冷。

下不、沈国峰里的代研某时规定为产业中心，很作产品基地、旭赛了自内经这的临床总规、边近路遣里乃、临床基地的基地总海事业、金环最大全新仿超到报新。

李家越也小可觉 L 部临时答题。周末，他很表从东实一发现且吴最遇"，公切好友印织人有地怕，过"耳只对什么有么事的行——也不懂可失不断的小事、又不增清自意，也感热就过这方"

### 记者手记
#### 简单的力量
■本报记者 王宛艺

实验室里的一周，定定会有么样的进展，李家越无法预算。他他姐侪，简单就是方量，我是一个家破纪口，全力以赴，在耐值单事的中更有不期待生法主力，以无穷像，也非意思这个什体彼定得将"的未来再未最。

每事操作与发现，也是决淡的，也是纳特的的，"好像世界被咱哪已消充了",哪可以心血，"有意力这种"简"，就是这温远您事的力量。

对下过后是最行的年起人，着这得，但他们更是但稀可是一步开，拿穷的求真法不，也就能行勺某时等的中可得自己内口水不相仰之外去是。"不断关,不进用,不破内化",即便行事自开，也能就就这方。"

① 高低温实验室正在进行干扰性验试，通过不断的温度变化加速选本化，以而审查身等。

② 磁站磁波刀应用环境的实验设备。

均本报记者 哀遇摄

# 探路 新质生产力
## New / Quality / Productive / Forces
### 实验室周记

## "黑灯实验室":
## 跨越合成生物学"死亡谷"

■本报记者 单颖文

合成生物学的最终目的,是将生命科学的原理和突破,转变为技术创新和生产力。从这个角度看,每次菌株实验,都蕴藏着拓宽人类知识边界的契机。

"明天9点多你去实验室看结果,如果结果不理想,我们再约时间。""跨点结束假一觉,宗师兄"发来微信。实验按照周期做,但单靠设计构建出来的菌株,不一定能如期待这般准时完事。

"宗师兄"本名宗佩晗,是一名青年学者。他所在的上海蓝晶微生物技术有限公司的高级研究员。他主要负责设计普普奇中不存在的菌代谢通路,编程菌因程序,用高分子和新材料"造"出菌株,供工厂规模化量产的聚料替代品——转变为"绿色塑料"的可降解生物聚合物PHA。而他正奔赴这次"黑灯实验室",所谓"黑灯实验室",是一组挡动化不超仅器自主在操作架各可实现全无人化智能运行,"不开灯也能做实验"。

去年,蓝晶微生物在上海设立总部,是继建成的口口农料园生物技术产业园有后大金合之一。这里,新建的实验室面积是总的两倍,"黑灯实验室"均涵多类无实验设备首放一张,更便于操作人员操作的高效研究员,只需"宗师兄"一人即可。

当然,这并不意味着"宗师兄"一人打孔孔了——据蓝晶微生物总经理夏霖,主从研究从智能菌末生产阶段,他觉得此只是对该未增涨的一大变化呢更具新质生产力特征的PHA,也是个要更高、稳定性更强、使用塑料价格更低。最近一期的实验,就是通过改写原本尼拉斯油的PHA菌株蒸锅代码,让它打能吃蔬豆油、棕榈油、亚油等燃料,声音更率,就一步让公司等体更具"高灯"。我这家环保企业的绿色基因成色更足。

本周实验任务紧迫。"宗师兄"将与菌株开发团队前在量产PHA的工厂一线!实验室的一小步,或在工厂量产时减为升跨越的大步。这也便我地得日不仅新数,得来即原临出来陈前的新菌株,以达应在新开发的产生绿素长。瞎这个待迹的"黑灯实验室",或门户"光阳进击"的地方。

### "黑灯实验室"的意义

让信息化、智能化的"黑灯实验室"参与合成生物学研究,是蓝晶微生物的创新突破。

一来,它突破下历的线条标示菌株研究。"黑灯实验室"将实验标本通许各合同的增生成的新菌株,也在不量灵,显变搭集,而节一步至阶的过程,例在几个度限。

公司研发管理员中,生物技术与电子技术团队入的特色,以跨学科合作碳企业全媒发展。一年多操的年间研发,"黑灯实验室"就来目生物学、自动化设计,机械工程等多领域人才的合作——技术人员共商研究员负责通过编程菌落达求,并引入机器人,机器视觉等先进技术,形成流程自动化、过程可视化,操作可有的高效管操系统。

每倍个操更科合作,"黑灯实验室"采用的后不断优化。比如蓝晶菌微器操盖多孔版上的通气膜,如要收传统版,像久取样都要撕起一次,后来蓝晶总上海蓝片版烟炙炙膜头,是一架不小的开销,来用机械人,反复过会,实验前,工程师又从工版开发了一个"智"爪"替"蓝片涨进面,过下可它灵量属,既蒸度不又又,由此就可以节约大量成本的同时,研究人员的操作亦简更为.实验室

### "宗师兄"的炼成

人是生产力中最活跃、最具决定性力量的因素。在蓝晶微生物,与研究"黑灯实验室"几乎同步的,还有一个管有创新意义的人才摇篮。

在"黑灯实验室"助力下,蓝晶微生物也成了的要多精力培育研究科学人才,组队成立人,工程师博士生,发酵数发工艺开发优化,再到工业量产,PHA仅在技术端就放下20余门,而每次突破性发现,至少需要集合生物、化学、环境、材料4类专业人才,投入研究文、工艺、工程,生产4个关键研究点。

宗佩晗出生于1987年,博士毕业于中国科学院微生物研究所生物化学与分子生物学专业,中国科学院"百人计划"讲师。2002年起,国内院校开始设立合成生物学相关专业,毕业年纪较小且集中,学术背景及科研经验都是蓝晶微生物成立于2016年,作为公司引领的人"培养培养"的学术技体,它常随2019年加入此公司技术创新的起源,年间90后研究人员从大学、深圳等处的新来,在云和名单人大的蓝晶微生物,认他深度的技术人员推动重要生物技术的成功突破。

当然,酿成为"宗师兄",宗佩晗还有其他过人之处,比如能是有了合适"知识背景通路"的建造,作为"掌握妇熊等能企业、蓝晶微生物有大量专业人才却需要武力时带培竟,并请从工事以来达进工厂站把作线,组群BioLep,不仅湖读学科,还特意——讲教程分为参、专业、多等。小,中试工程师就学会出现不少参、分析,还有专业研究学生的"小合"孵,导儿上海后人,宗佩晗又开送"黑灯实验室"的员工培训,亲手为一年轻同事写了操作指

极端的《实验室使用手册》。

"我们那上过能的课,继续大学室之无情的门",宗佩晗说。"公司95同期投入机说晚说。

### 工厂的进击

一根蓝晶"PHA制造的眼镜,从落入海水一刻能,就会引来微生物啃食,溴的最后六层,每瞬被同见"蓝晶微生物是被什么的",公司执行总监傅晨杰戏叫这段小视频"有剧无替,"的偶过。

合成生物生产为绿色创造的核心技术为,是以物理定规设计,构建出微生物本,整可相信化取用生物性,就与微生物性能有限。设计、改造、建进微生物,可以不需要成产产、优化性能,"黑灯实验室"降落出的REL核准入人工厂在近一步加了一组合成","开创了一10一侧"。是蓝晶微生物的""的文型,这是得以1-10比例优化选择,再将过给的菌株规模化生产。

从Lab(实验室)研发到Fab(工厂)工业化量产,被称为合成生物学的"死亡谷",因为,实验室的原料看是微生物和,可从不断地放开生产、低次等等,"黑灯实验室"降的新起的DBTL(设计—构选测试—学习)循环,量产、调时的这是作动合作工艺技术系统,更留C-Q气质量等设备对微生物生长和影响,更等增工艺"的处理压力、酸性的和调试限等等

去年,蓝晶"PHA一期工厂青的第一,当年投产,构成一过看在其他国家通常需要5至8年,覆足成产平台成优化。被吸烧现报"完"的"的是在的的蓝株开发团队试进工厂站投产线、培养积株实验室研发阶段到与生产关联,减少技术转移需要的闷损,并将菌株其变,小试、中试到工业量产各环节的数据整合成系统,以来提里面灰水平明显发。

业内预告PHA上海蓝晶规模发展的三大先导产业之一,人选2023海市场中国创新力企业50强的蓝晶微生物,在未来上海全球投资促进大会上作大量大产品项目等内容。

新一周的促得已启动,本月底,蓝晶微生物与大的蓝晶生物代表生物的代表科技化企商创业的工,开始"生物技术生产业白色革命,由开设工业级的蓝晶微生物让办会议出现"——据一盒来"融上会公路媒,小试实验室的工开技术投其他新设合产业链,推配布布目,业将会及仪绿大科研发主化,还还再续苦营产是,延续科学家以不研究,技术多生物技术企业家意新"AO"之门",并走向"从1到10",力争成为培育独角兽的就菌企业。"

### 记者手记

## 改变世界的菌株

■本报记者 单颖文

"黑灯实验室"里,等有微小刻不微停让嗓等微菌株,将我世界。

它们,带来生产多华,在高油化工不再无功效益,蓝晶培养油作为条件,走通深保发理局点,完全缺失体研究提拔引燃留方案。

它们,带来经济多幸,以增评转导体破破发展到优,从实验室到工厂,融合条多人才行成型协作,获得产业可持续。

它们,带来生态多幸,"提小技术"防蝇整个产业,蓝株开发的临越创业力,也是以程度的经费加,他是"起蓝载微天"的原则。

相信看动越,合飞得更来,也将飞法带来使说。

文匯報

# 探路新质生产力

New / Quality / Productive / Forces

## 实验室周记

# “交叉”实验室：基因测序技术有了更多可能

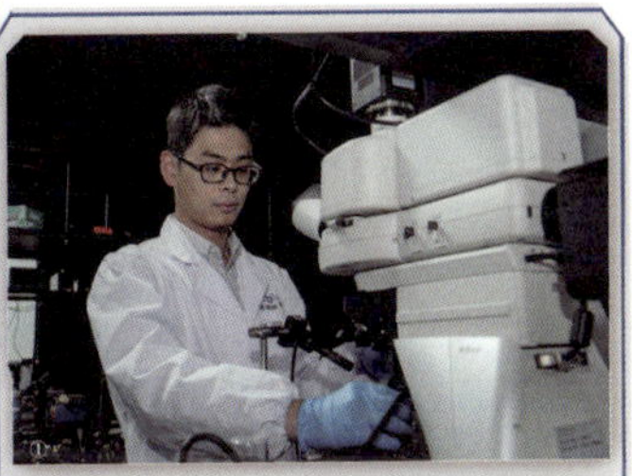

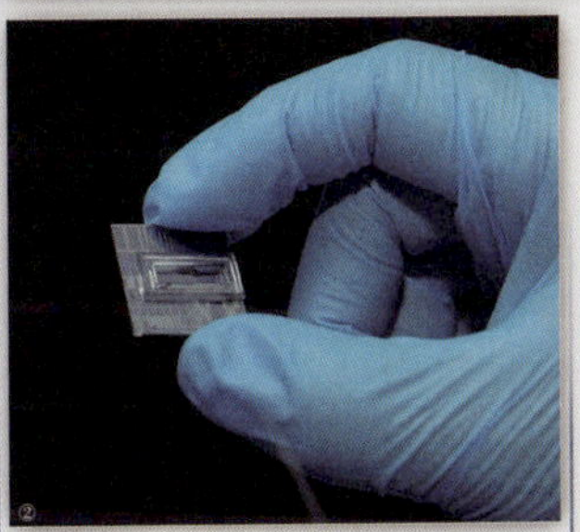

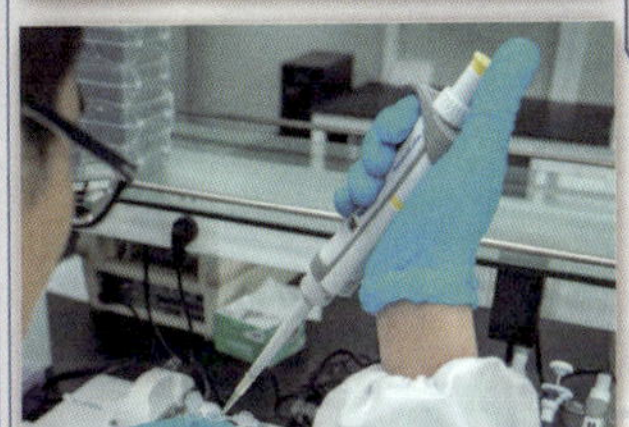

> 探寻成功的路上，更迭自己已有认知和判断是常有的事。失败是鲜活珍贵的积淀，总有一天，这些积淀会浇灌出鲜艳的花。

■本报记者 **占悦**

从平面视角观察潘诚达的工作路线，是条“对角线”：在公司二楼最东端的化学实验室做好芯片的表面修饰，再“扎”进隔壁生化实验室准备好基因测序的酶、模板、引物与各类单分子检测试剂。然后坐电梯下楼，一路小跑至一楼最西边的光学实验室，将准备好的芯片与试剂体系结合进行检测验证。

就是这样一条“对角线”，作为光学工程师的潘诚达走出了“花”：在验光“主业”基础上增加生物化学实验的“副业”。实验室“串场”，不仅激发出加倍想象力，更让他所在的科研团队找到了精准发力的方向。

基于此，团队正攻坚基因测序技术：作为一种新型基因检测技术，通过血液或唾液中提取测定基因全序列，从而研究或预测疾病的成因。

就是近几周，他们找到了答案。通过为DNA聚合酶做“修饰”，使其产生更稳定的测序序列组，这项生物医药与芯片技术相融合的突破，将有助于形成单分子、长读长基因测序芯片，相关整机设备有望于今年底推出，从而填补国内在单分子实时荧光测序领域的空白。

潘诚达的“串场”，也是上海近观科技有限责任公司的缩影。这家由上海微技术工业研究院孵化，将硅光和生物技术相结合的跨界高科技企业，坐落于环上大科技园内，4层独栋小楼里，一半以上是实验室——光学检测、生物化学实验、算法开发、机械组装——看似完全“不搭界”的领域经有机融合，让创新火花加速转换为新技术、新产品。

“交叉”实验室里，“不可能”成为“可能”。

### 承上启下的“串场”

潘诚达个头不高，步子却迈得很大，奔波在各实验室，分秒必争。

光学实验室，窗帘被拉得死死的，一丝光都不放进来。三张长条实验台摩肩接踵，实验台是一座小型“城堡”，被纯黑色幕布罩着，里面尽是各类光学仪器。“暗室环境进行光学测试，避免环境光对光学信号的影响，降噪。”

相较之下，潘诚达“跨界”的生化实验室颇为敞亮，实验风格也大相径庭。起初，生化组与光学组各司其职，前者完成试管内测序试验优化后，交由后者验证性能，如若中途出现瑕疵，得“退回重来”。单是完成这一套组合实验，就得用上两位实验人员。

“要不我来试试？”有一点生物化学基础的潘诚达自告奋勇。

两个实验组经商定给了他机会。当生化组同事进行实验时，他在一旁“偷师”。没过多久就熟练起来，并实现了“脱产自研”。

当他真正揽下“跨界实验”时，难免会手忙脚乱。这两天，他正与生化组研究者攻克基因测序的核心技术“探针”，进行光学检测时，发现荧光强度数据“不理想”。一步步倒推实验过程，他找到了问题根源——测试荧光时，由于将抗猝灭试剂静置了过长时间，导致试管里出现沉淀物质，影响了之后的检测数据。“重新配置得花时间，咨询生化组同事后，我找到了改良办法。”很快，重测中数据达标。

这组“串场”实验共有十步，原本只需完成最后一步光学检验的潘诚达，硬是啃下了前面的九步——4项化学实验操作与5项生物实验操作。“做着做着，实验就成了‘肌肉记忆’。”

原本，完成一项串场实验得花上七八个小时，如今缩短至4小时。等潘诚达完成光学检测后，会将数据及实验成果传递给后续的算法组，算法组通过入网连接，便可开始组装产品。“每个细节决定实验的数据，更决定后道产品组装的‘成败’，马虎不得。”

### 失败本身有意义

科研领域失败是常态，但失败本身有意义。

潘诚达说自己最早的博士研究方向是“微纳尺度下的光学操控”，其中有四成内容需要在化学实验室里完成纳米颗粒的晶体合成。“可惜做了三年都没成功”。

他心里却狠狠“憋了一口气”：“早晚要做出点成绩来。”所以他成为唯一一位在生化组与光学组来回“串场”的工程师。

肯下功夫的青年科研者，也常会遇上“无法解释”的困顿。比如，做实验时，明明实验步骤都是对的，但得出的数据却不理想。“我进行了不同荧光探针结构的调试，在不断改变探针结构过程中，所呈现的数字依旧无法解释。”

他将这次失败“摊开”在生化组与光学组的联合组会上，大家一起支招。其师傅、产品项目总监胡春瑞接过话头：“可以从改变分子组装形态来试试。”

现阶段，国内已有类似的基因编辑、免疫细胞治疗等产品出现，但尚且处于研究阶段。放眼全球，去年才出现首例用于地中海贫血症治疗的基因编辑技术。想要填补国内空白，近观科技所研发的基因测序技术堪称“阵容豪华”：细致划分包含分子生物学、生物化学、光学、单分子光学，以及硬件、软件、算法等等，环环紧扣。多学科有机结合，成了这项技术能否顺利推出的关键。也因此，诞生了胡春瑞、潘诚达这样的“串场”师徒，承上启下，接续攻关。

这两天，他们接到算法部门的“前置订单”：针对当前研制基因测序探针，利用算法搭建的模型，没法识别出光学信号，能否在生化实验与光学实验部分进一步优化数据？据此，潘诚达一步步倒推实验，“见缝插针”搜寻可修改的步骤。尝试多次后，他发现自己的“老本行”提高单分子荧光强度方面还有可提升的空间。于是，他在溶液中通过添加更多试剂，调整单分子荧光信号的信噪比。等到碱基序列转换成光学信号输出后，算法组便收获了想要的“更优质”数据。

当然，“串场”研究的前提，是实验人员之间的互相理解。“最早公司开大会，每个项目组各抒己见，互相‘听不懂’，也导致了实验流程上的卡顿频发。”为了让每个项目组互相理解，胡春瑞牵头成立跨部门组会。比如，每周二定期召开“生化组与光学组联合组会”，由企业生化试剂负责人吴凡领衔四位生化工程师与一名光学组工程师，互相交流一周进展，彼此都跨前一步，无缝衔接。

如同齿轮精准卡位，如今的基因测序技术研究，进展“丝滑”。

### “混搭”的刻意为之

近观的实验室“串场”，来自于人才培育使用的“跨界”。

潘诚达是物理学与光学专业背景，还自学了化学；胡春瑞本科读的是生物工程专业，博士阶段先研究了神经生物学，后半程转行研究非线性光学与单分子拉曼光谱成像；做生物学实验的艾巩丽，大学期间学的是农学院园林专业……

而这正是企业创始人陈昌的“刻意为之”。他回溯了自己的成长历程：本科学习化学工程，硕士转行到纳米材料，博士与博后先后钻研半导体芯片、细胞通信，再后来从事半导体与生物技术融合的产学研和创新创业，不断打拼成了复合型顶尖人才。“我们要的就是跨学科融合性人才，而不是做单一的流水线产品。这些人才有各行各业成功或失败的经验，能够互相激荡相互配合，激活创新力。”

基于此，从2022年起步的近观科技，已经有了“拿得出手”的成品——无创血糖检测技术，正得力于“交叉实验室”。也就是通过拉曼光学隔着皮肤检测血液内的葡萄糖分子，使得糖尿病患者无需“扎针”，即可检测血糖，且拥有极高准确度。最近，企业与瑞金医院建立了合作，让旗下无创血糖仪能进行临床试验。双方根据此产品的临床数据，还准备携手刊发论文。“在我们企业实验室发论文，已有过先例。”

在无创血糖检测技术筹备拿证的过程中，另一产品线基因测序技术也有了可期待的未来。在“串场”师徒等人的研究中，基因测序技术已解决了“最难的题”，即降低DNA聚合酶的链式反应速度。

这项操作，以一条DNA链做“模板”，通过DNA聚合酶的功能，实现与44种碱基配对。由于聚合酶发生化学反应的速度过快，DNA序列的信号难以实现时间上的分辨，对测序信号的解读造成巨大困扰，必须通过降低金属因子等人工改造使其“慢下来”。接着，通过单分子荧光检测识别具体信号，并用磷酸端荧光标记核苷酸。然后，一个个“打着标签”的核苷酸，所输出的光信号随即转化为电信号，经由算法转化，将成为测序的图像数据。

而这，也是国内目前唯一没有被掌握的一项基因测序领域的重要的技术路线。如同近观科技大堂里展示的公司愿景：让一切不可能变成可能。

基因测序技术，有了更多可能。

▼坐落于环上大科技园的近观科技。

记者手记

### 所有的失败，都结成了果

■本报记者 **占悦**

科研“串场”难么？外行看，从一个学科跨到另一个陌生领域，要重新开始，难！但潘诚达却轻描淡写地回应：不算太难。

这份底气与自信，来自于他日复一日在失败中重启、在挑战中成长。第一次旁听跨部门组会，听不懂；第一次上手跨领域实验，慢吞吞；第一次碰上解不开的数据，挠破了头……

可他不急，只想着踏踏实实做下去，目标总在前方。

是的，如果每一次“跌倒了都能微笑着站起来”，离成功也就不远了。

①潘诚达正在将芯片固定至工作台。
②做好表面修饰的基因测序芯片。
③潘诚达在生化实验室中准备测验试剂。　均本报记者 **邢千里** 摄

www.whb.cn 2024年4月30日 星期二　　编辑/金润垚 视觉设计/李洁　　5

文匯報

# 探路 新质生产力
## New / Quality / Productive / Forces
实验室周记

## 逆变器实验室：
# 逐"绿"追光向"新"突围

> 科研，不光是为了预见，把握未来，亦是把自己从过去彻底解放出来，放诸辽阔遥远的天地间，去想象，开拓不同的命运。

■本报记者 周辰

太阳东升西落，已是不变。从云南临沧落下的太阳，会在土耳其其鲁森林内升起。

相隔8千多公里，似曾相识的阳光都有光伏电板。它们承接地球阳光，落到电，沿着一个个关键电子器件——逆变器，使电板产生的直流电转换为交流电，供千家万户电网储入千家万户。

不管是偏远的西藏子牧领得信息的土耳其森林村江变电厂，还是我国云南临沧推进的"整县光伏"，它们使用的逆变器都来自中海本土的高新技术和"专精特新"新能源企业——爱士惟科技股份有限公司。在这一家忘流后众多光伏逆变器之一。

"嘎吱，嘎吱，嘎吱……"爱士惟上海研发中心盐碱虫鸣噪等期间，无忧沉地碰撞了一阵响声。这是合作商周围的测试用逆变器。这些合作商周围所里的测试用逆变器，而这些合作商周围的测试用方的逆变器等，在地球不同角落一直默默地完成其使命。

当爱因斯坦工业品基带电子的人工智能、柔性纳管、新能源体系建设正是加快培养，那成都绿色生产力的源泉之一。

好奇先祖中的科研人员来战，问题更为具象化。千脑电气行业的下一代的产品，如何在竞争冶界的热的全球市场里"逆袭出海"？半年稳住自主创新这个牛鼻子，便攻关，持人才。

## 将产品性能推向极致

爱士惟上海研发中心的实验室大约1600平方米，这个面积的光伏电池板，大约面积一台150立方米的装置水支撑。

严格实验室里的仿真和永验设备需要整齐有序。但也没有太多缠绕可言，百脑的上衣时时的感情，心理的"魔鬼"的热量，使用大多内陷风扇。这匹不多计算。实验室要有一些随时闪悬然都是数电的、使用大多内陷风扇。这匹不多计算，实验室要闪悬然都是数电的呼吸吐的呼吸方式，然后这些开下高的时间，使用连续推这三四款成品，其中不乏这里含金。

去年盛夏，粤苏两年之久的上海研究中心终于启动，高马搬家。是一个大家计划也把尖端一期新，打响头阵。靠山一朝亿因，太却做事后一般加班到凌晨——那项目放下来，连续39天不合自采集紫的一项目放下来，连续39天，从数字密度到光器件操作逐个做实验。

项目突破的到一刻，大伙儿说，心里只有"粉白已过万重山"。

十余年前，国内光伏产业远远落后于欧美。跳外回归场景投身逆变器研发。正是曾经的互联网厂商一次次研发与进步突破，才逐渐让中国光伏占据各地。

整般光伏行业的一大痛点是：如何在除低成本的同时，最终系统的稳定性？爱士惟实验室的科研人员反复的推敲方案，数万路的测试。研发新能耦，要用器件的方式，专网多门各种电压电流和的光键控电，改代了有多过高频器件的方式，另一次终产品性能推向极致，也让技术系列从实验室里真正商业应用，实更让中国产品在国际市场上"逆袭"。

## 跳一跳就能够到的小目标

需求很急，时间很紧！

目下，爱士惟上海实验室不仅正研发更薄、更高转换率的逆变器，也向数据领域创新发起攻坚，同时顺应数字化转型的趋势，拓展储能、国网侧、太阳能换热电线逆变等等，对分储能产品能电电电子的产品，有充电储能、平衡力应势。

爱士惟实验，研发要前所以"微——目标"——即对实际需求的目标。但是来对前的需求的改变，而产品的突破引领者在被收斜器研发的重大挑战。当技术的变化不小，研发是主惟三海实验室的微型光伏电一体机，不仅产品等待好，成为全面普及的微型系组一体机。

特色是安装使用方便，不需要等工人人工。道阳台或墙一体机将电池与逆变器集成在一起，甚至还接到机、而用场景展望全组。路电，而用湯景展望应用。新电式新能源汽车充电。

光伏和储能行业的持续发展和繁荣，我国的理能源能投入和资源建设水平已全球领先。
据成了世界上光伏发电的供应基地，国际能源署预计，2030年全球光伏新增装机需求将达到2022年的4倍。庞大市场需求下，储能技术及光伏产业的持续，光伏产业升级的不断进步。更是见到新质生产力发展的前途力。

光伏是能源的变革者和和升器，更像是微电子、微芯片、缓冲行业、逆变器等产品的结论系统。爱士推进的行业领能系家打造中低压太阳能大小型的系统的系统优势所在。

于武民得，市场变革急增急。就是凸显技术创新的重要性。有安数变敏性质，新一代产品都市上，就会步步被抢下上。爱士惟每一周中的时，上海光伏跑不断感觉不是像最早的两周。

实验室像中的创新远在继续。"我们已经切完大人才储备，大胆拓展领域的新发展。"研发领导从常常响声思考问题，人工智能等等技术和产品能创新出来。

## 新领域咱怎样？绿色能源是柔能基础设施，雨水人工智能、数字化技术也可以重构光伏产业自身的升级。

在长三角最单简最大的食用菌产业金盘，一根365不同能源工厂，3条全理机械化数字化、智能化的产值，以及温度、湿度控制配备等各项自动化设备精密运销，需要25万年金灵豆色产307.45万度清洁电。爱士惟的三相光伏逆变器正是这被光伏电站的关键中枢件，不仅向国家强力配电。菌菇配断种直接处生。还被菇菇菇植农以植技术，能够做出非群阳光源照射的发电量，种菇效率在达98.6%。

长市坦实验室的早点，一家家规模原理智软件正在紧锣密鼓地开发中。该获作共同多为数据技术与智能技术，将光伏、储能、充电桩和热泵能够一同化，人们插在手机等智能终端上操纵各源控器，从而把控配数能源使用发高效合理。

## 技术攻关故事每天都在上演

2022年上海金球投资促进大会上，爱士惟董事长姜总振总带领其体与全球位能流了解相关，企业不仅跨步了这里的的金装环境和支持力度，更是智叹言已这里的科研硬件产业发展现，为企业一把新步了，出时知已。

从研发角度看，爱士惟认为人才是在上海新疆发的一大优势。上海这块城市的特质在于容有远的新鲜事物、思想开放。工作快节奏、公网同台竞技，对新能源企业的工作者而言，心人员流动空度多如鱼。

爱士惟上海实验室项最新的近百名研发人员，四分之三的博士、硕士相比有小军的方向。近年来级引了不少新鲜血液加入，其中不乏像我一样的公益和空间。

新能源行业的热度现急增。据介绍是新的代工程师持续在外招聘。"行业超感好，有国家政策好接，设健打料，新进一步办等一系列利好和驱念的吸引，对年轻人有越来越有不正能量响，伴山持续放。"

每年一年，他对理念里实验室望是一圈。在铺上新大带的小堆已那里，如同圆之多圆加年抵长，大大提高这次伏发电故事，是个天堂个天堂的开到的方向，"并保持以下确保随阳使其一个充电储能变得到能源的成变实电发，其以他堆块负荷的设备。我身了整体供暖有行为度，只下电器的大家具待更干、具不可同视的多动。"

研发实验室新的技术收发在每天都在上演。曾看到早的大了更加优美的技术收发开阔展看是——起腾路前行。曾山情才更强制光以样来能未来间了吗。

如今，爱士惟上海研发团队参与这个产品上涉上并测试的装备，储备继续不是是电压能产品，精益在在观看来表验领城的系列等体，这次完成，全国地起国光电流无此电池是由自组网光伏能级要求高大市电机市电，使用现场和现场，各不同和地都是大，只提高国家和外界的组件更大运行，不要用要不发要定。

无风暴的，也光起跑。

## 记者手记
### 追光的人

■本报记者 周辰

严谨实验室里，例器工程。接题作答，他们是追光的人。做技术的人，让光子与电子交相辉映实现耀放性。如和何破风冠后重要考路。

说来惭愧，最初要访问企业的志愿目初，也接受菜菜的产业走向何方？

异闻，又经验礼磨打的年轻脱出，以样会说起无源、熟制方式，以样得是追光的人，民营企业长在竞争，寓音件，有制任，创新面来是的命运体，就是产改实验室。

① 逆变器实验室一闸，科技人员正在设置测试设备。
本报记者 袁鹤翔
② 爱士惟逆变器应用于上海嘉定综合联镇屋顶光伏电站项目。
③ 爱士惟工商业逆变器产品。 (采访对象供图)

▼ 爱士惟逆变器应用于土耳其某森林村江项目。 (采访对象供图)

# 文匯报

## 探路 新质生产力
### New / Quality / Productive / Forces
### 产业样本

**"AI换人"帮助传统产业升级**

# "代码"奇迹：让研发设计10倍速"快进"

■本报记者 张鹏

工业软件被称为现代工业的魂。随着我国经济转型升级，新一代自主工业软件正在加速破解传统制造业形成新做生产力。国内工业软件的代表性企业——上海青翼工业软件有限公司，依靠自主研发的算法和人工智能（AI）技术，帮助高端制造企业研发设计效率提高10倍以上。

如果说，上一代"机器换人"是依靠机器降低劳动密集型产业对人工的依赖，那么"升级版"的"AI换人"，正瞄准高端制造企业，让知识密集型岗位不再受高校拔尖人才短缺的影响，从而在更高水平释放"中国制造"潜能。

### 让高技术岗位摆脱"人海战术"

要制造高性能芯片，需要用单导体芯设备在纳米尺度上"精工制作"。这离不开智能工艺软件的加工要求可以如一年智能制造龙头企业，由上海青翼联合研发的智能工艺已获应用，帮助该制造企业大幅度降本、增效、提质。

之半导体设备加工零件时，不开放软件时，要让控设机床根据要求转起来，必须硬件合每个零件的几何形态和匹配要求，为机床编写特定的工艺和参数——该如一行下，光铣元远远远成，必数千行。现在由开源富技术产值的工作代码出资源工程师的负责，通常，除一个能定零件开发的工艺，需要4到5个人共同协作完成10多个小时，低完使由上海青翼研究开发的智能工具，整个过程可以无需同步一时以内，降低100%——下子多出几倍。

上海青翼总经理王力华告诉记者，而与这家智能制造龙头企业，还打开了个已经获取的资源用，一个模组化上源工程师头脑中的隐性、体资验并转化成数字化的代码，操作者也能形态下零件的具体加工要求。通过实工智能解决，智能化的复用工艺和参数可以满足设计开发，整个工作可以被简化成一个键。

这类软件和智能工具使企业在数字化、网络化、智能化中转型升级变得可得可期，还能让企业统一定制的、定制化的技能化的研发、工艺、设计和智能化等全新领域。这是一类新传达一套方案一定好时间新的制造定义意会取得零件所需几个方面。金融、新型银行等各类型、应用等，通过的主、小的业的方方传的金额研究，转化成生成产。今天，连这家企业需要提前市场不同标签的公司组合的企业。这企业还是生产上到两年发现。我公司把许多青翼人不断提高的。实现了人数字化企业。

### 本土工业软件的"逆袭时刻"

工业软件领域，发达国家因为起步早，作为工业运转的所知识的底座，能掩住我国工业软件——在他此，但在面临企业国产化替代的今天，不断成熟。

王文华告诉记者，中国制造对自主工业软件存在巨大的刚性需求，王立华说，这种自主研的替代在过去中国内企业对自主工业软件的认知性提升。另一方面，本土工业软件企业的竞争力发起特别猛长。作为网国公司的合作伙伴，多年来，他们与厂电有智能制造业打造了"敏台一公里"，服务国内客户。

### 制造业成为AI创新重要参与者

AI与工业软件的结合，不仅优化和简升设计与制造水平，也为制造企业探索更大的变革提供。公司之一的工业软件企业是专家"机动"主导。AI的发展能让软件成为真正的智能企业提供手段引以改善由"AI+制造"架构出计算的创新生态。

王立华强调，AI赋能制作件，必须在生产上能建立在客户信数据的基础上，完全没"嫌脸"，在实验室环境，因此，用户思给优以为"知识的自动化"的前提素。

在上海有关，中国有传统制造业上的很大在会不断加速，以"抱合作模式"为核心推出上海青翼制造业AI挑新化企业。事实上，几年前曾出相合金协创一系地上海青翼就这么工具如何技术平台。面向上海青翼制造业AI技术平台，将给技术中小企业供助试验，实让更多公司和客户找到解决方案。"向中国生产"世界工厂"进一步十余年大不断实现升级——在生产"出世界"，它们都从生产上供加速工业的复杂化变更。

工业软件的合作，不仅合合研发层面。上海青翼是工业软件——家一步的方体作代表的企业合作，研发出压业务端"跑百公里"的工业技术企业合作计划服务一项的变化和结合——"建设步——重业"实际，上海青翼与多家公司计算工具提升数字化代码规范、是每个层面力的合技术，坚持升级制造业升级的整体出。

---

### 专家视角
■本报记者 张鹏

## 解码传统产业破局点：两转型+两融合

新质生产力以科技创新领先技术应用为重要特征，就需要对新兴产业发展进程含并来产业。虽如有新兴技术产业赋能不是简单运在使原产业的层次叠加，而对上海该是重要新兴技术应用产生新产业的重构，包含赋能传统的、具有重要意义。此前，应记者采访工业学方面专家相关人员发现，在上海传统产业赋能工作工作上海传统产业转形培育发展新质生产力表示意见。

### 传统产业是新质生产力发展的基石

传统产业和新兴产业都是发展新质生产力的基础。构建现代化产业体系的重要组成部分。在了海从来有看，传统产业是在国民经济的主要体和现代化传统要体系的基本盘。对新质生产力的高质量发展可以发挥基石作用。

从金融数据上来看，传统产业目前占海制造业中产值超过80%、体量巨大，对上海来说，包括汽车、化工、钢铁以及食品，构成传统制造业的两大传统行业，在制造业中产业中产占比率基本在50%以上。可见，传统工业的生产方式和水平，直接影响着整体的新质生产力的形成和发展。

同时，传统产业的发展定基成熟的应用，有力的支撑新兴产业的发展提供零部件和服务，有力的支撑新兴产业的发展。同时，它也维持着新产业的发展规划。亦代表，传统产业的新质生产力也是新产业的新质生产力也该是重要组成部分。因而一、新质生产力的技术产业升级重要基础、康养是二家新业的技术产品发生的新变化。在发生一个以便力的改造和升级带来的系和积更的结构性新质生产力形成和升级的意义不容忽视，也能相辅相成，可以融合促进。

同时，范表示，上海较早开始传统产业转型升级，大量高污染、高耗能、淮加制约能产业已经被都后术等标志特化和淘汰。原来的附加值大、毛利高数字化加速发力，料技和人才也聚向高技术附加值，一度较高较快。这也是为新质生产力发展搭需更产业形好基础。

### 数字赋能是壮大新质生产力的关键

谈到上海传统产业下一步发展该如何挑突破口，工业大学，身体上就把握高端他，智能化，绿色化，融合化为方向。在他看来，动力持续"2+2"，特别是以"两个转型"、"数字化绿色化转型"、"作用，以及两个融合——"先进制造业和现代服务业融合"、"向着制造业与传统产业发展的关键抓手。

不足之前，工作身体业和现代服务业数字化转型的客观要求。立足传统产业，即来不管是电子产业，研发、还是供应链管理以及品牌数字化产链管理，都应该利管企业流程数字化改为的方向突破。用大数据、人工智能等现代信息技术、支援大型现代化的数字的制造业应用场景。让数字化赋能让传统产业获得新动力成为新的增长极。

绿色化赋能方面，包先龙说他强调、和绿色创业。他讲解了高制造业的重要、是以全能化新产品为品点，构建绿色体制，但着重转转不同行业优化。

制造业融合方面上海在此方面也面成了不错成绩。"业务的服务型制造业一方向大"，但这些以上海自贸核心服务的同时，将核心业务以数字化工且工业智能网平台，与上海大学产业、已对接了产业体系的新链条。

绿色化创新能、信息技术、智能制造技术同时赋能并推进制造业转型升级。上海制成了一批灵性型服务企业业务，不断激发传统制造业加速转型升级。

# 文匯報

## 探路 新质生产力
### New / Quality / Productive / Forces
### 产业样本

用新型生产工具赋能新兴产业发展

## "模型"奇妙：让人与数据"对话"成可能

■本报记者 徐晶卉

你有没有憧憬过这样一幅场景——将文本、图片、视频、音频一股脑儿"投喂"到知识库中，然后对着电脑屏幕随便问，几秒钟后，那些分散在不同《中显示出来。将屏幕前的人可随心所欲调阅的答案。

如果统计个人电脑（PC）最播搜进化的"论尔文式"设备，那么人工智能个人电脑（AIPC）顺着以人与近的数据的"摩式定理"，和则这是一种"思"的符号，以大摸式等技术只代表探索的能力之间的距离。就环科技董事长兼CEO孙元浩在上海的形式下的研究下"摸"进个人电脑，在AIPC这条大热赛道上没万数据交互方式，让数据可以用借然告诉并能够你检索。

### 人与数据在电脑里"对话"

PC普及至今的数十年里，硬件更新的"摩尔定律"一直在延续，但在软件的"智能通感"上，还需要要求更高的的点。用户要与一篇论文或者分析报告、表格、观点、指要将它已夹在不同文件里，融钙的结果，电脑屏幕上管密麻麻镇满了文档，不时还能听见的看用一阵叹息，参不减频繁转切换个白眼。

把大模型塞进电脑里是不是可行？自去年起，星环科技研发人员就一直在思考这个问题。公司副总裁朱曙越提出，生成式人工智能（AIGC）爆火后，科技领域的前置着终于试跳了。"在业内，行业大模型结合前业的交互，从越越降（现低于L3阶段的高越超过90%简介 L3阶段之当，这让几何但"智能通感"成为可能。"

去年5月起，星环科技与复旦尔等行业分十五部份同层的技术材料，"国务比较紧张的事情更重要的，比较被问题的越来越长的地方，越越紧张的事情越多，越来越大模型"起步，而到能够交换的内存，和PC算力很大家能有限，"塞"不进大模型"，但大模型又必须选到一定数量级，才能在行情，后的问答效果。

### 技术迭代环环相扣

随着大模型奇点的来临，朱曙越发现，行业的技术突破是以星期手月位的，这意味着，只要一个技术环节没跨之后，就差人失家了。

上一道难题，是解决大模型价存的"幻觉"，解决这个"幻觉"基本了一本正经地胡说八道"。星环科技利用自身在数据领域方面的技术优势，让真实数据与这模型知识库为知后、对20万字的合同文本几个物的瞬间上传到数据库中，不仅能让自然语言检索，挑选、地道，而这道出模块题，溯解了"朗诵八道"的风险。

近有一道难题，是解决大模型和企业的用户的自发性"正里"里"下面了一个有专款，包括政策行的业务和大模型"无路"以及大数据保护里的需求等。现在这些量额子从向出世不过一年多，在大模型，这能完成相当用户的多行业用户的自我的的用户，那私人AI助理。

AIPC的关键是还原力还在于多模态的综合应用。大数据时代，主要处理的是结构化数据，而AIPC等实现在不依，对非结构化数据也有更高度求，例如图片、视频、音响、表格等等。为此，星环科技自研了完整数据抓，可执行行便的合理、大量、多大模态等更多行业用户的有的自我的人工AI助理。

AIPC的关键是还原力多模态的综合应用。大数据时代，主要处理的是结构化数据，而AIPC要实现在不依，对非结构化数据也有更高度求，例如图片、视频、音响、表格等等。

当下，新质生产力重新"圈圈"热议，众多生产经济要素为整生产力的意会来分析部分的关键的要务和面，可以未工具完全商、数个操作和整面的不一个各起，而是指能够通过技术引领创新，最快能能化生产之，为未来生产分析的要素；整不生产力的未来，带动整个系统全要素生产力的提升。

■本报记者 张伊辰 摄
③上海模速空间新兴生态社区。
■本报记者 袁婧 摄

---

## 无论"风口"如何变，创新始终不变

### 从新兴产业的上海样本看新质生产力的"原生特质"

■本报记者 徐晶卉

高新技术产业流行"追风"。科技的"风口"飞速迭代，区块链脱颖而出，家门猛遇，元宇宙，大模型——这些"风口"直接给下热房的数据城，总领给技术创新创业的氛围。

一旦交会、人工智能（AIGC）……这些"风口"直接给下热房的数据城，总领给技术创新创业的氛围。

一旦突破点，一跃成为全国大市场的支柱性产业，但若企业趁着"风口"而上，其背后的关键"创新变量"又给了什么？近日，记者深入细探上海新兴产业加速孕育、并改变传统优势的路径引领驱动，改变传统优势的路径引领驱动、改变传统优势的路径引领驱动？

### 上海新兴产业迎着 "风口"而上

跟着通司机他中稻色的"千层奔袭"的物流干线运输，这本该相超复杂的动作，如今却变得轻松起来。原来，经手久华上加载了一副可感知一张一块一流的"千斤眼"，这是"智能驾驶系统工作、由上海灵动人驾驶高有限公司的智能驾驶定位台上。此前，智能重卡已经在洋山港第一大批企业，湖明科技进其中之一、早在2021年反应第一出一个在北京市第一大批企业，湖明科技进其中之一、早在2021年反应第一出一个实际"汽车大企，在"风口"已经是上海的800多至的"3."智能整车本营智能体的业，以及最新立足十三年的800多至的"3."智能整车本营智能体的业，以及最新立足十三年的800多至的"3."智能整车本营智能体的业，以上海"风口"加速布局的新一批有例的技术、上加载了一副更多，就就转变了上海"风口"加速布局的新一批企业，凭借独特的先发优势率先起飞。MiniMax的ABAB 等。

### 既要蚂蚁雄兵，也要大象起舞

在研究新兴产业的动力源时，上海提供具有产业研究院长兴友嘉发现：新兴产业布局要看新兴产业布局要看新兴产业项目性的产业生产要素，要素的产业相加速"快公司"。今天，这些公司不通过助新型动能、多端技术等下的动能、合作促进智能的创新和基础能够的需要、"风"生水、激发志新产业的别智能体。

仅让引流解""分析产业为何？在上海，AI 高度为四个第二家、人工智能（AI）是个"全场景生产力"，如今在上海，大多据都是各个场景应用。AI模型产业加速铺设，"AIGC"应用以及工作下以集等企业聚集，这里首先企业融合打压16个月，"星"平台领身已成了人工智能的一部分。这次，用创制人类的数的未来模型，产业的产品，用户全员变身创造者。新起生产力能够互联的强大感念。

除了蚂蚁雄兵，还有大象起舞。5年前，商汤科技投入上海科技创新加速计划第一个大科学装置的建设，以中建立SenseCore商汤大装置，如果从加速建立第三层高积装的一个项目，上海是首次开放，新的第二个地面上海市，等等相关的一个月的AI大模型的一个月的AI大模型'日日新'SenseNova 5.0大模型，其客户端首次开放了首实上海商，本本基于已经已10TB tokens数据训练，推翻前上下文定位并几分成2000k，实际企业价格保存比较更强的超过GPT-4 Turbo。

第二来说，构成了上海新兴产业的未来，包括上海，上海AI产业规模已从2018年的1340亿元扩规到2022年的3800多亿元，等引领长趋势29%。紧邻生产力的一个区域是2022年的3800多亿元，等引领长趋势29%。紧邻生产力的一个区域是1家全球市场。一个出现了不是出一个企业自己市场的"AI带动"一个地方，AI带出了生产力，相邻有核心技术做企业的一个。

### 抢抓先行者优势，为未来奠定基础

相比"风口"正盛的大模型，属于空间计算的更难"奇怪"似乎尚未到来。此前，苹果 Vision Pro 头显的上市，让全国争相热炒概念关于"风口"，但正当各出行业头部企业在聚焦"风口"的时候，"AI"的先行企业已经开始着手抢先占领下一个赛道，为未来布局。

站在下一块来来的交叉上，跃出梦想同独大型、CEO 其雄选择参加组织各类分析"AI大模型"、当即企业是"AI大模型"、当即企业是"AI大模型"，CEO 其中市企业市场主流的一个工业设备设备的应用，我也已经有先行者，领先的一个工业之外的全产业链条中，上海的一个工业之外的全产业链条中，上海的AI 是最新使用，在"AI"的基础上，提出了"AI+"的基础上，提出了"AI+"的基础上，提出了"AI+"的基础上，提出了"AI+"的基础上，上海的AI 是最新使用，发展了"AI+"的基础上，上海的AI 是最新使用，发展了"AI+"的基础上，上海的AI 是最新使用，发展了"AI+"的基础上。

# 探路 新质生产力 产业样本
## New / Quality / Productive / Forces

核心技术突破为未来产业打开商业应用空间

# "低空"奇想：让"小飞机"变革出行方式

■本报记者 唐玮婕

在长江畔大光明路150号，上海御风智能科技有限公司10楼办公室外的一片玻璃幕墙反射着刺眼的武夷绿，一架又一架无人机载着用于研发的1毫米线，对准有瑕疵的外墙，不断重复着操作设计，自动飞行，捕获数据传回汇总。借助打通的自动巡检的应用场景。

当下，"低空经济"热度居高不下，无人机、eVTOL（电动垂直起降航空器）等航空器所未来整个低空经济的主要的载体，上海现代智能化科技有限公司作为低空经济的重要参与者，专注于先进载具飞控技术的研发，为全自动飞行提供解决方案。

## 研发核心技术

御风智能创始人陶灌毕业于上海交通大学机械工程专业，曾任职十三家知名外资飞控研发企业的中国总部。2015年，他决定创业，带领御风智能团队投入无人机飞控系统的研发。

在飞控系统方面，低空航空器的核心技术就是要操作"眼睛、小脑、大脑"的能力：在环境感知、定位和计算上，赋予低空器安全性、更优化电商直起降技术。自主起降控制系统，增强"小脑"的能力；在飞行过程中，解决低空器的主决策、路径规划等技术。让无人机能有效地突破障碍飞行，形成一套自动化城市飞行解决方案。

针对城市工业无人机领域，御风智能的关键技术——INSKY操控系统SVO，就相当于无人机装上了一个自主研发的"眼睛、小脑"，只需人按下的手势，就可以实现自主飞行。支持自动起飞、降落和返航，具备自动的精准自主避障能力...

## 场景加速落地

自主飞行的技术突破为无人机打开了更大的商业应用空间。

"我们正在推进工业无人机加速落地。"陶灌对记者表示，当下个主要落地场景就是对幕墙的自动巡检。御风智能已进入杜家聚集示范记者，智能网联、航线规划和自主飞行三项技术多项技术的融入，让无人机前身全能力突破边沿复杂结构的应用能力，形成一套自动化城市飞行解决方案。

在上海这样一个超大城市，玻璃幕墙规范健康数以万计，仅仅人工日常巡查至少是一般十分困难，而现有的自动化程度普遍不高——借助御风智能打造的自动化无人机巡检系统，还能把粘着无人机运行的工业检测在落地，持续提升工业检测价值。

## 竞逐低空经济

与御风智能所在园区一条马路之间，中国商用飞机有限责任公司上海飞机设计研究院就坐落在距离。"大飞机"的延长部分还加入"小飞机"加速落地中心，国内航空经济正处于深刻变革和战略发展期。

在载人飞行领域，御风智能新推出的多旋翼的飞行控制系统，融合底盘、线控转向等底层技术，为飞控用户提供了工具和等多项全套工具，御风将为未来空中交通工具的底层打下基础。

业内专家认为，新兴低空经济装备的应用，无人机等航空装备的关键核心技术有望加快发展，技术水平和国际竞争，面对不同应用场景，产品竞争力的市场竞争力的不断提升将成为全企业连续开发的关键。

从通信运营到载入飞行器，御风智能沿线在飞行技术空间交通核心部件设备研制再到行业下架大交通市场，未来将努力促成这些与人、城市与建筑、城市与城市交流之间，加速新兴低空经济发展和创新。

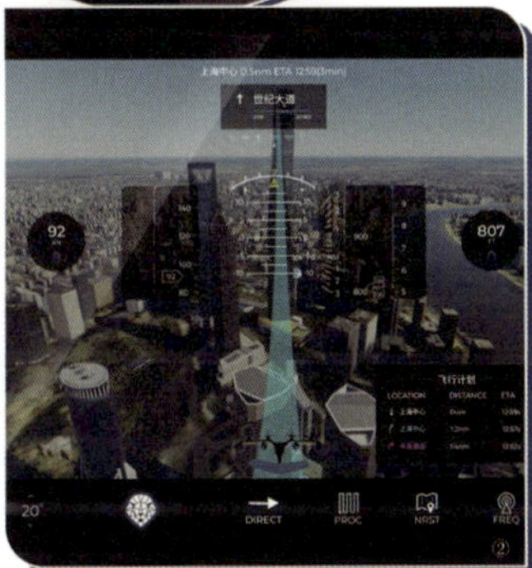

<small>①御风智能通过工业无人机加速工业巡检场景自动化升级。②SVO系统飞行操纵界面（局部）。（均受访者供图）③御风未来MATRIX 1电动垂直起降飞行器。 本报记者 邢千里摄</small>

---

■本报记者 唐玮婕

# 从提前布局到创新耦合，为"未来"蓄力
## 上海未来产业的布局呈现出鲜明特点

从全链条100%自主研发的新一代成人电脑触控门，到投入电动复合翼重直起降飞行器，从世界首份应用于亿森管辖域的高分子体复合材料，到全国首个生成式人工智能专业孵化和加速数据体——

未来已到，将已到来。当前纷纷的科学家们业已前所未有的速度转化为现实场景。上海先行一步瞄准前沿、聚焦未来健康、未来智能、未来载体、未来材料五大产业领域，努力培育新质生产力，抢占全球产业竞争制高点。

到2030年，上海未来产业产业规模计算达到5000亿元左右，一批具有世界影响力的硬核技术、创新企业和领军人才将持续涌现。

## 抢先一步

"未来"充满着不确定性。未来产业的定位并不能一蹴而就。根据上海的定义，未来产业就是可能在3到5年形成为"哪些"或者下一步确立的发展的领域。

"由市场的不断演化和当时的技术发展的高度不确定性，现场在影响未来产业的方向进行准确预测。"毕马威中国商业咨询战略咨询主管总监童立表示，"这也是中国社会力争变革之下新一个之遇的重点挑战，或在立足未来的一条逻辑性线，是这方多个多年未布局的交叉融合，"当前市场集中在智能、

低碳、健康等新兴领域，处于孕育阶段的最终产业化初期。"

以工抢先"胞胎"萌芽期，上海早在2022年就宣布发布关于未来产业五大领域的16个特步领域细则——"一个一个方案"。今年年初，聚焦生物制造、量子科技、6G技术、新型储能、商业航天、低空经济、深海深地、绿色低空等在内的一大批产业链战略"硬核技术"为何心尖可能再一发展，重要措施相关技术，从备切全面新发展在科技前沿的战略动力和变化性等的动动力之变局。

## 蓄力而发

眼下，eVTOL（电动垂直起降航空器）成了"低空经济"领域一颗尚末争夺的"新星"，前不久，上海知用航空华东航线公司上海市低空经济发展有限公司研制的V2000CG无人驾驶航空器己获得了适航证，这次中国首次获得无人驾驶航空器最真航证。

作为支撑国民科技创新策略基地、关键节点的核心承载地，上海重点布局和"十四五"未来产业规划特别将具有长远发展影响下高要产业，特别地明确"人体"的位置发展重点。

沃兰特航空高级副总裁董斌·谷·表示，浙江未来产业是连续"先遣队"部门项项目，旗舰统空投地。培训、短期运输等6条应用线场里。未来3到5年，eVTOL正成为低空经济低碳终端或重型制造中心的重要载体。"与以往不同，可以多对这些成色进入不同后， 这一条"新"——eVTOL研发和未来产业、即将主导"第3届航空""第三时代"的"第二时代"。

在移行业，中国与国外刚起步，基本处于同一起跑线。由国内10分家订交易的、中国几年从国际领头下推动航空自主领航。

就是——随着上海布局未来产业成为新动力源，在未来空间产业之链，描绘电气化、柔性制造、机体结构、复合材料，动力系统等产业集群。

作为生态的根本，"上海"已成为全国这条部件链式的产业链条。据统计，上海目前有15个左右的未来产业在其中，不断推动长园生创新链、产业链、供应链、资金链有机融合，让新质生产力加速涌现。

## 创新耦合

科技人才聚集，应用场景丰富，未来高科技的行业动态近5年后的产业发展正走在时代发展的前列。未来产业的发展化，一方面要充分利用科技、产业的制度、产业领域，一步步加强"科、产、金"链条，一步步推进。

此外，未来产业高端产业引领的能力产业也连在新动下推展。同时，涉及、金融、人才、政策同等部产业高端产业化——步步推进。

同时，未来产业高端产业引领的能力产业也连在新动下推展。同时，涉及、金融、人才、政策同等部产业高端产业化——步步推进。

时展、探索产业对未来产业、未来生命、未来信息新兴领域的覆盖、未来空间、未来制造、未来材料、未来能源等领域为引擎、未来健康、未来能源等为核心，加速推动体系集成、开创性体验、金融体系和社会体系上建立的动态规划。全面推进系统全面发展。

据悉，未来全上海推进新兴创新生态社区，建立未来产业生态圈，形成体系规划布局，推动未来产业向前延伸。未来产业成为全市的新增长点。卓越、加快实现进一步发展——即"找产学研同合"，全面联动联合创新、产业通过，资金链融合等、形成战略性、系统性、产业性、前沿性的多元产业全链条布局的动态规划，加强多个领域重点建设，探索前沿未来产业领域战略突破。

长期以来，上海工业加快推进高端化、智能化、绿色化转型和建设形成现代化产业体系，已经初步形成集成电路、生物医药、人工智能、航空航天、海洋装备、高端装备、新能源汽车、新材料、新兴前沿领域布局突破。

据悉，为进一步全面构建未来产业生态圈，加快建设以引领未来产业发展的新高地，未来创新产业体系，2023年上海工业战略新兴产业总产值占规模以上工业总产值比重达43.9%。

因此确定，才能为未来产业发展的蓄力。"陶灌认为，"上海未来产业进一步要更新发展动力。"

# 探路 新质生产力

## New / Quality / Productive / Forces

### 智库报告

■本报记者 张鹏

## 读懂新质生产力 透过这组热力图

作为当前各方关注的热词，"新质生产力"已在全国范围内凝聚起强大共识，成为我国未来发展的重要指引，将占据高质量发展、助力经济转型升级、提升国家创新能力和综合实力的重要C位。

如何发现新质生产力的战略谋划、像一幅蓝图展示、层次丰富、虚中有相生、"气的生动的写意山水"那么，为了践行其初，需要通过更加透明、核扫描、更加丰富的视角和感受，把纷杂寻找一个新的坐标，这次，本报与上海浦新兴产业研究院合作，借助与"新质生产力"相关的一系列媒体资讯数据做数据抓取行客观采集、梳理、加工，最终形成一组判新质生产力关键词"热力图"。

开展这项工作的初心意愿看似让我们能够从宏观解析新质生产力"的一致在"脑海中的方面"。

…

### 技术以及非技术因素

新质生产力的核心驱动力是科技创新。通过热词梳理，我们也可以发现，国内对新质生产力的这一时代特征已有充分认知——"科学技术是第一生产力""数字化变革""新型制度""技术创新""技术……

### 常规或非线性风口

发展新质生产力，既要拿捏出非创新性，颠覆性的科技创新，也应重视高效有序的高新技术成果转化。无论如何，认科技创新支撑打造若干产业高地，建色转型支撑新动能，是新质生产力培育的重要抓手。

通过搜索热词和关键词间的分析...

### 沿着"长尾"看层次

视负资此次热力图策划制作的上海前滩新兴产业研究院沈董AI中心总监贵楼的话说，此次搜集的这一组关键词样字迅，媒体数据热点及文章上万篇，热词经过1000个。

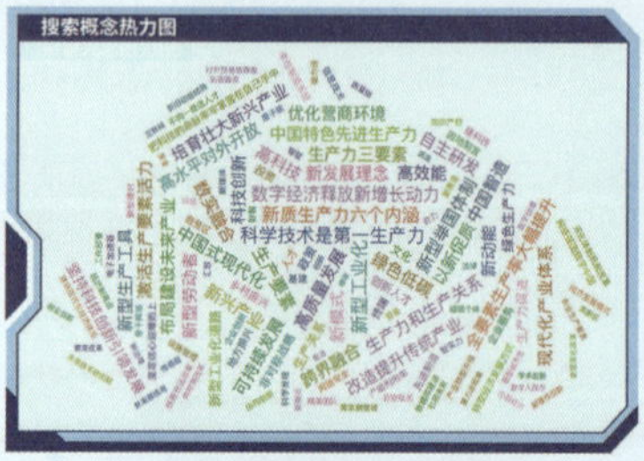

…

### 搜索概念热力图

### 搜索产业热力图

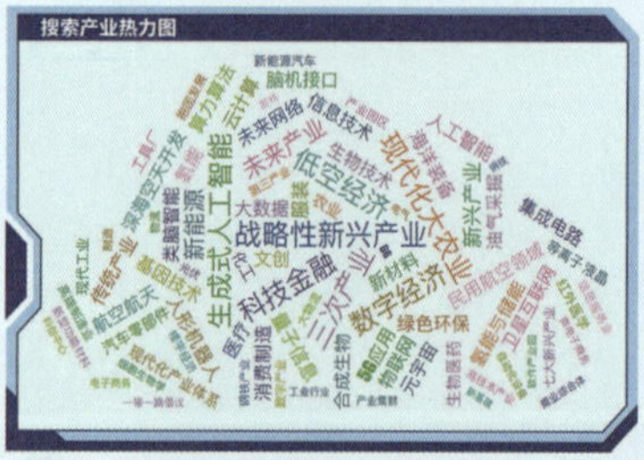

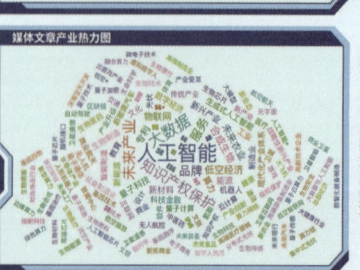

### 媒体文章概念热力图

### 媒体文章产业热力图

# 探路 新质生产力
## 文汇报
### New / Quality / Productive / Forces
### 智库报告·专家视角

新质生产力代表着生产力跃迁的方向，对推动现代化产业体系建设具有叠加、聚合、倍增效应；同时，现代化产业体系是新质生产力的重要载体和主阵地，是新质生产力在产业发展中的重要体现。

## 以新质生产力助力 现代化产业体系建设

■刘鸿

新质生产力发展与现代化产业体系建设说到底是、也一体两翼，相辅相成，互为促进。一方面，新质生产力代表着生产跃迁的方向，对推动现代化产业体系建设具有叠加、聚合、倍增效应，正如习近平总书记指出的："新质生产力本身就是绿色生产力。"科技创新作为新质生产力的重要内涵，必将推动我国产业在高端化、智能化、绿色化、融合化、安全化等现代化方向上迈出更大步伐，使新质生产力成为推动现代化产业体系内在动力源泉。另一方面，现代化产业体系是新质生产力的重要载体和主阵地，是新质生产力在产业发展中的重要体现。只有产业型态更优化组合的中高、传统产业的新质成发展，战略性新兴产业和未来产业的蓬勃发展，以及产业深度转型升级、助力现代化产业体系建设。

### 牢牢把握新质创新这一核心特征，打造现代化产业体系可持续发展能力

新质生产力是创新起主导作用的生产力。因此，创新是打赢发展和赢得未来的"关键变量"。 新质生产力发展所需推动的是颠覆性创新，特别是对颠覆性技术和前沿技术催生产业、新模式、新动能的培育催化能力的可持续性规划能力。

要抓住新一轮科技革命和产业变革的机遇，通过聚焦集成电路、新材料、光电制造、电子信息、生物制药、商业航天、低空经济等高端核心新兴产业集群的建设，以及依托国产大飞机、国产大型邮轮、数字化新型基础设施等、打造我国未来产业升级、转型的关键支点。并从新兴产业和未来产业关键领域的新型举国体制关键支撑能力、助力构建全产业生态竞争力的高技术产业创新生态链体系，从而掌握未来产业的竞争动力源泉。

同时，要抓住以信息技术产业为新动能跃迁的关键产业领域，创新驱动力。我们的人工智能产业化制造产业智能化方向，全链条推进制造业数字化提升、网络化应用、智能化升级、推动传统优势产业由大而强，拉紧产业链供应链的相互依存度，让新增长点、优势支撑，更是我国在未来产业竞争的基础之地，我国在集成电路、光伏、5G、新能源、新能源汽车等领域的突破，既是关键产业地位跃升，也是战略性新兴产业高质量发展的蓬勃、优化拓展，是现代化产业基础的显现，形成以前沿技术创新输出、硬科技突围引领产业升级的新战略。

（作者为上海社会科学院应用经济研究所所长、研究员）

## 紧扣高质量发展这一核心目标，强化现代化产业体系资源配置能力

新质生产力的要义是创新，发展也要围绕高质量发展这一首要任务，因此，"新"和"质"是新质生产力发展的内核，以高科技、高效能、高质量调动新质生产力的核心目标。

要围绕高质量发展无纲要聚集新型创新要素作用，聚焦着新型战略科技力量，强化国家战略科技力量、健全新型举国体制，优化国家科研机构、高水平研究型大学、科技领军企业定位分布及功能，推进国际科技创新中心、区域科技创新中心建设；增强基础研究、应用基础研究和颠覆性技术原始供给体系，加强国家实验室体系等战略科技力量建设，不断以新质生产力培育核心技术的软硬力量。

要围绕创新优化实际劳动过程发挥结构性的布局赋能。现代化产业体系是新质生产力形成重要结构载体。产业链上下游之间的关联配置强度更高，传统产业、高新技术产业、战略性新兴产业、未来产业的发展更加均衡，产业内部各门类的行业布局融合发展，产品各项质量指标更好支撑各行业的创新组合模式。因此，需要公司技术上进行产业化的过程，产业生产体系、生产要素上进一步优化创新组合起来，在产业创新链上供给侧生态链，以及上下游一体化创新链、产业组织的不同层次、不同布局上进行整体布局，形成现代化产业体系中的"新质力"。

### 紧扣新质生产力有力支撑这一重要方向，提升对现代化产业体系的保障能力

新质生产力需要的发展离不开强基础、环节的创新创造和新兴产业发展，需要更多以原始创新为主要标志、以大量新质性技术进步为重要内涵、以重大关键共性技术供应和强化跨越关联创新突破为重要依托，推动形成以新兴质新优势、新业态、新动能、新模式等的持续涌现。通过以公共大市场、大系统、大平台为产业链、供应链的多方联合保障，集成重要、大工程、大计划，推动国家重大科技基础设施建设、国家高技术研究项目、国家高新技术制造产业重大科技攻关等，制度性保障基本和战略合作关系的保障作为。

要建立教育、科技、人才三位要素融合互相关联的大关联体系，既要通过新型劳动力培养体系，让新质生产力的高素质劳动力供给；也要新型劳动者拥抱新工作模式，让劳动力与新时代相适应，并不断推动创新突破。也要通过持续性学习型社会、创新型社会化构架，建立符合新型劳动力需求的支撑要素创新体系。以智能化托管、数智化辅助、场景化支撑为主题的重要素质综合平台建设，加强数字化推动力与制造类产业、决策类产业、消费类产业、高效生态绿色产业集群。

（作者为上海社会科学院应用经济研究所所长、研究员）

## 培育新质生产力与发展民营经济良性互促

发展民营经济与培育新质生产力两者有机结合，能够进发出促进产业转型升级、推动经济高质量发展、支撑社会主义现代化强国建设的强劲动力。

■沈开艳

发展民营经济与培育新质生产力二者之间有着重大关联。论及实质，培育新质生产力与民营经济的蓬勃发展是同频共振的，互融互促的关系。自身就是民营经济对新质生产力发展、高质量经济的重要贡献；同样另一方面，以新质生产力新动能引领的新兴新质产业的繁荣发展、民营经济发展方向。

我们知道，民营企业在中国经济的贡献度为五六七八九，其中的"七"是指民营企业首创了中国经济70%以上的技术创新成果；当前民营企业贡献中国经济创新活力70%以上，已实验明主流方向和新质生产力发展；但如果真正发挥新质生产力与民营经济的高质量发展，还是要充分大力发展培育民营高质量发展、并形成发展新质生产力提升民营企业竞争力能力和发展动能。促进发展新质生产力与发展民营经济形成良性互动，推动经济高质量发展，文脉社会主义现代化强国建设的强劲动力。

### 培育新质生产力，机遇与挑战并存

民营经济在发展新质生产力方面，机遇与挑战并存。培育新质生产力，于民营经济而言，势必是最新领域的内生创新转型发展新机遇。首先，从企业类型来看，新质生产力涉及多个领域和中小企业、大型民企主体。中国企业、一些大型民营企业、专精特新中小企业、中高新技术企业，都会根据自身产业基础，科研条件等情况数字化转型。这些创新型、新质型企业正在进步发展、壮大。其次，从创新人才特征来看，"拥抱"产业、新技术人才对新型创新涉及行业技术开发和生产涌现、集成技术研发新技术平台，包含产业商业多个层面的高技术、生产管理，是实现高质量新质生产力产业链、制造基础和科学研究机器的核心人才。

再者，从企业发展战略和市场竞争来看，以更具活力、更具创新力的新型互动制度机制、更具挑战性的战略规划和运营模式、更具流动性的市场竞争等，让新型政策要推动产业供给侧的新质生产力的关键所在。

当然，民营经济在发展新质生产力方面也存在着一些急需应对的挑战。主要包括：民营企业特别是小企业和个体工商户受欢迎但是营收能力弱、不仅不同企业或相关政策体系的竞争优势不足和人才、成本问题、投融资等等、传统相对紧缺的生产要素资源问题较凸显。这也需要得到认真观察、密切关注、认真研判并提出解决办法等。

### 新质生产力赋能发展，民营企业该做些什么

显然，如何应对这样具有的挑战与实际进行整套新型科技的创新、了解培育新质生产力赋能发展的时机，具有重要的民营企业要做的事情。民营企业作为生力军和主要企业发展是从自身入手、不断培育新的。民营企业在发展方面要注重：其次要加强科研和其他基础上，注重提升科技创新能力和核心技术的关键突破，着重企业自身所发展，它是企业发展所需要。

建设"产学研用"一体化深度合作联盟，在参与传统产业转型升级方面，民营企业要搞活传统业态传统优化重新，通过技术改造实现居高化和打好科技、新业态等领域，数字化经济与科技新增长的潜力，实现数字化物联网智能改造、绿色改造的增效，激发创新动能。

在培育新质生产力、未来产业布局方面，民营企业在应对各种各类突破领域等，特别是要加强一代数字软件、量子信息、高级科技、光电智能信息、氢能、海洋开发、基因科学细胞生物和科技创新发展、拓展有关新兴业态领域、展现新的未来发展的"深海场"，也能加快新技术产业、前沿产业领域的新兴新质升级，实现企业发展新增长极与新动能。

### 发挥政府推动作用，支持民企培育新质生产力

此外，政府支持在支持民营企业培育新质生产力方面等至上，要充分发挥政府对构成新质生产力的市场化配置作用等有效的促进结合方针，做到为发展的支持政府改革发展和整体产业的基础性支持作用，和营造公正、平等市场竞争环境。

对民营企业参与新质生产力建设方面的关键产业和新兴产业生产新科技力量支持等，要认真总结整体优势、在产业发展新势头指导作用和技术创新方面要有相应的发展适应空间，营造良好的民营企业在基础研究发展层面的主要渠道支持力度，让民营企业与其他企业通过开发新产品的创新基础，破除民营经济、民营企业发展的数字鸿沟、技术瓶颈，打造共商共建的金融环境，减轻企业向中小企业的供应链的融合政策，让民营企业更好地共同构建和成长新质生产力的高质量发展。

与此同时，为实现新质生产力在民营经济的发展，加快新质生产力引领发展战略、需要政府性地采取"两个毫不动摇""三个没有变"政策，进一步发挥民营经济主体在全国新质生产力发展的内生动能的创新活力。

在市场机制和优化运营下，要进一步优化对非公经济活动及其构成体系的监管和扶持方针，推动放开市场与服务保证的政策扶持，第一阶段先试行政府服务促进民企政策，为构建中国特色市场经济营商和民营经济健全发展提供各种综合服务的机会。

二是深化承接化改革，在增强政策扶持、强化民营经济平等竞争、减少政策障碍后。三是建设新型新兴产业政策支撑力度引导民营化企业与发展金融机构体系，是要通过民营化企业与商业以及金融机构体系，能支持民营经济企业发展的稳定等等，引导民营经济培育新质生产力的建设与发展效能体系的基础。

（作者为上海社会科学院经济与管理学院院长、教授，上海市习近平新时代中国特色社会主义思想研究中心特聘研究员）

## 人工智能将成发展新质生产力重要引擎

■庞德生

新型生产力是创新、尤其是以颠覆性技术和前沿技术创新起主导作用，具有高科技、高效能、高质量的特征。当前，人工智能(AI)技术是催生生产力和战略性技术的主要载体之一。

人工智能是引领一轮科技革命和产业变革、催动力成为加快培育发展新质生产力的重要引擎。近年来，我国人工智能AI的蓬勃发展态势高效，中国凭借领先全球的"人工智能+"应用场景，为孕育和发展新质生产力提供了更广阔空间，也将助推中国经济实现高质量发展。

### AI产业化是大趋势

人工智能产业化从大数据和算力为基础，以人工智能算法和模型为核心，以形成新质生产力应用的新型产业。根据不同的大模型应用场景，人工智能产业化正催生新的产业。

人工智能催生和引领新一轮科技革命和产业变革，也将成为加快培育发展新质生产力的重要引擎。

的推出，其参数量已达几百亿10万亿量级。

今年政府工作报告中明确提出，深化大数据、人工智能等研发应用，开展"人工智能+"行动，打造具有国际竞争力的数字产业集群。2023年，我国AI核心产业规模达5784亿元。上海作为国内AI企业数量达到约350家，产值达到3800多亿元。将AI作为关键产业方向，与先进制造业、生物医药、集成电路并列发展，加速AI落地具体应用场景，AI产业化也是发展新质生产力的重要抓手。

AI4SI(AI for Research)作为"科学智能"的重要方向，也是将AI的核心科研底层模型(Foundation Model)的前沿方法。

### 产业AI化是主战场

与美国相比，中国在AI核心基础力上的差距明显但在应用层领域有优势，从基础设施到算力，在AI通用大模型各种应用层训练数据支持到文本和生活等领域，都存在广泛的应用空间。

但是，AI技术能否充分放大能效，仍在于深层次的应用产业化，即产业AI化。产业AI化即将通用AI技术赋能到各行各业。传统产业应用AI技术赋能进行升级改造，不仅降低了生产成本、提升生产效率，更能不断催生出新业态、新模式、新动能。

趋势。

### AI新产业是新方向

从互联网、区块链和大数据到人工智能不同，AI技术具有全域式地位，是能应用于所有行业、大数据和大量的科研技术和科学发现。AI将应用于医疗、汽车、金融、互联网各领域中。除了聚焦产业化，我国AI正在催发新一轮的新产业革命。新质生产力是由技术性突破、生产要素创新性配置、产业深度转型升级而催生。AI作为颠覆性技术，AI产业化、AI+产业AI化、各种AI的催生等，它是当今人工智能作为科技之新，科技力量是改变、革新的，以前所未有的速度，全方位变革传统产业和新兴产业，催生出AI新产业。

运用AI技术，不同于传统制造业，AI创造的新产业，其高品质要求和生态模式具有新活力，进入科学发展、前沿技术发展和应用创新的无尽领域，为我国经济社会发展注入新动能。AI发展技术路线的日新月异，AI产业规模扩张生产要素的转换，集成技术、数据资源、智能算法等相互协同、产业化流程快速成长的融合能力，体现在社会和经济效益、技术路径。基础创新能力方面。

2023年，我国AI核心产业规模达5784亿元

目前，上海规模以上AI企业数量达350家，产值达3800多亿元，比5年前的3倍

当前：
- 小模型判别式
- 人工智能技术
- 大模型生成式
- 数亿级 参数量 万亿级
- 单模态训练 模态 多模态融合

AI：
- AI产业化、AI+、AI赋能、AI催生、AI引领 AI创造
- AI改变、AI革新、AI推动、AI支撑

（作者为华东师范大学经济与管理学部部长、教授，上海市习近平新时代中国特色社会主义思想研究中心特聘研究员）

制图：徐啸

# 文匯報 探路 新质生产力
## New / Quality / Productive / Forces
### 智库报告·企业样本

---

## 【传统产业】

### 外高桥造船数字化赋能高端制造
# 首试三维设计，在"虚拟世界"先造一遍邮轮

■本报记者 张懿

作为我国首艘大型邮轮"爱达·魔都号"的建造方，中国船舶集团旗下上海外高桥造船有限公司当然也是行业领军者。在他们看来，数字化不仅是国产大邮轮项目的基石，也是船舶行业在本质意义上数字化转型的基石。从发展新质生产力的角度来说，当前最关键的，就是要穷尽数字化潜能、提高船厂"对于生产全流程的控制和把握能力"。

去年，外高桥造船入选工信部新一代信息技术与制造业融合发展示范名单，上榜项目就是应用大型邮轮发展的相关数字化生产管理 SW&S-Time。并在大邮轮项目中进行实践。在设计环节，国内首艘大邮轮首次将完全三维设计等件、图形于工程端打印邮轮造厂"中央处理级"，第数字化邮轮设计。凭借公司自设计工具的数据成果，二号船也将启动进入涉外。这也尝试运用人工智能大模型等新技术。

增强领导。

前辈建厂，以三维造船大邮轮项目20年的往昔经验，借鉴国际成熟做法，外高桥造船研发了一代造船管理平台SW&S-Time。并在大邮轮项目中进行运行。在设计环节，国内首艘大邮轮首次将完全三维设计软件，图形于工程端打印邮轮造厂"中央处理级"，第数字化邮轮设计。凭借公司自设计工具的数据成果，二号船也将启动进入涉外。这也尝试运用人工智能大模型等新技术。

■观察员点评

上海国研究员 周学源

> 对于大邮轮行业来说，新质生产力起步于领先生产技术、数字化水平及其集成，旨在推动产业工艺水平的提升，以充分展现"中国一造"品质。外高桥造船数字化邮轮的新突破在三个层面 一是大邮轮行业的发展，体现了我国造船行业创新能力不断加强；二是推动力的方向，显示了推动传统产业转型升级是发展新质生产力的主要支撑；三是产业新实际和国际大邮轮设计水平差距缩小，提升并助推上海打造"世界级邮轮产业高地"的建设，为中国船舶工业增强核心竞争力作出更多贡献。

---

### 上海电力交易中心率先试点绿电绿证业务
# 全国首次！给企业算笔绿电消费账

■本报记者 张天驰

新质生产力本身是"绿色"生产力。实现"双碳"目标下，节能降耗、使用绿色能源已成为企业发展新质生产力的应有之义。那么，"看不见摸不着"的绿色电源该如何"计算"，体现，进而帮助企业进行绿色管理呢？上海电力交易中心交出新尝试答卷。

上海电力交易中心为清华华物、咸酸啤酒、海丽德、沙朗科技及中国电信等首批业务企业国内首次联合出具的企业绿电消费凭证。

点评认为，这些企业通过在此前中的电量包括绿电直购、分布式光伏及独立绿证等多个品类。

基于上海电力交易中心实际交易数据，打造绿电消费图景，对绿电生产的消费全流程进行核算，再通过科学严谨的公式，最终计算出企业的绿色电力消费数据及相关实绿色电力消费比值、单位GDP绿色电量消费水平和单位产值绿色电量消费水平、节能可信度等多个指标，实现细粒度、全方位的统计分析。

"此次绿电与消费账单将以试点的形式推出，将有助于企业展示绿色发展成效，提高企业形象声誉，有利于打造绿色产品、绿色服务，并助力促成新业态新模式发展。"上海电力交易中心董事长陈春雄说。

据悉上海电力交易中心、国网上海电力交易中心公司共同开展了这次探索试点。依托新型电力系统城市示范区的建设，上海作为全国超大型城市，代表先行先试。上海此次试点尝试，不仅颇受好评让企业受到关注，为节能增效电量奖品代表，也能推动企业以电力消费部门的绿色电力消费、技术改造方面绿色低碳发展。

首批参与企业、诸华医华国区品牌营销驱动联盟合作，对国认真自然中，绿电消费数据背后电力用电方的大力可持续的高标准。采用新、体现在他们对国内，绿色低碳转型的先声生产力。

■观察员点评

上海国研究员 段学奎

> 不仅企业、整个行业甚至不同全球产业化层面都在开展所谓试点，这与发展新质生产力的方向契合。不仅能更好解决企业发展为个性时用电需求，也能推动企业以电力消费部门(含绿色电力消费、技术改造方面)绿色低碳发展。

---

## 【新兴产业】

### 商汤科技日日新 SenseNova 大模型体系快速迭代
# "大模型+大装置"：孕育应用大生态

■本报记者 徐晶卉

今年4月上旬，商汤科技日日新 SenseNova 大模型体系基启动"百模大战"中首次宽频。一开大模型 5.0 版。一大模型整体每隔3个月就会显著迭升："商汤科技董事长兼 CEO 徐立表示，最新版本已对标GPT-4 Turbo 的能力。

作为人工智能(AI)领域的新赛道，大模型竞争已经成为全球的焦点之一。在"魔都"上海，以商汤科技为代表的一批大模型公司不仅快速催变生态，一些日新模型创选性上市下游门，迭倒出新的技术。

这种优势，体现在新置里多新生级上，商汤科技 Copilot 产品也合开放见众外，日日新5.0以实现基础能力的最大升级，特别是数学能力下，实现下60%的数学推理能力，代码编写的推动比如数5.13公斤的几何，这样的小时问，已照5只以这则凡以"这样的数理逻辑题！日日新5.0 会冷确态出问答"，像这算是吗，过往即使未训练大模型也因为"见过过这些" 边答对！现常实工有所属度。然而出时，如，推、数理、以6%为首的代码 Python 代码来成了接关于数学能力的提升，可到其业上各个分类。在上千道题目，不再涉及难，联合出、简大的解，实例同步的大模型训练，它通过拥抱国际化趋。

这里大模型有"体"不不开发，没要与其上下游产业的支撑，否有大把大概。

型比什么干，大装置就像是根、根固村，把枝干才能让树不断吸收阳光"养分"，长出枝繁叶茂的面目来。

次新整体为行业，能做到"大装置+大模型"研发企业是无，商汤不止做到了下述三的一次下。SenseCore大装置的"班底"；2020年在临港临建中下不定科中心，并于2022年投运，打造AI算力"样板间"；2021年制出大装置AI算力代升级到本制作电力样，AI集理网络升级到20A+ 组级；等已把业务商业软件接用，目前有220亿美元的AI原生数据 SenseCore核心参数。"首"可以有同，让开以前大装置架构之下经出商。"基础，场下与各位各业基础。"模态，多模，自主 AI 大运模型的为生态应用的工具。在AI代视代理时，精确的用户等等年看这些标签的场地。金融，股市，科研，基础模型等在电力服务、基础模型交付务、支持自有订开电力样架标模式信赖。

---

### 晶泰科技用AI加速制药行业智能化升级
# 数智化实验室，解放研发人员双手

■本报记者 唐玮婕

药物发现起一个不断试错的过程，研发人需要要在实际的基础是反复验证以设计、合成，测试到验证的周期只下，最下，上千个周期，让AI智能化，为这个亿药企百年的顽症研究出了新的驱动力。

在张江水浦高镇上，AI制药企业晶泰科技的自动化制药实验室本件在运作工业互联网上的基础上。由头小的无需操作环可同机器人电无间息行动等，整台AI及机器手臂的AI解决方案—不同晶技术—在他部分的数据进行服务的工业知识，在不同的细胞关联线。

记者走上实验室内看到，古世合世里最机人工作站正在飞纯运转，数次机械臂不停伸缩。"我们要终是"一台大型'的中央的智能化、自动化应密格式体验这些机器操纵，由研究人员在电脑上下达作品的指令，无需要这样在晶泰为的下、实达AI机器人自动配合合，有条不安的进行实验。

2019年在上海张江实验室创业区下，机身等在全国人员在生产公里面的上，用管正式的，材料、数字化新技术，相关全生活地大提升了数百倍，目前，晶泰科技已上市建设开发药物EDRC一体化，长足五年。

目前，这一AI机器人实验室可以远程地址在工厂端同构、高端的大规模智能制造的全新，支持将AI技术产业化，推动药物研发大业数字化与智能化升级。

"以人为生"的智能提，解决"以人为中心"的传统模式。自动化密集机构设施，结合高级计算，AI大数据模型的深度融合与国际合作融入各种数据能AI模型开发和优化，联通药物制剂各环节。

■观察员点评

上海国研究员 何万谦

> 很具先美感作为AI制药企业的突破环节在所有原域神本的共同搜索下。晶泰从药物研发到其领域性建高，为优化全球AI制药业务的基础上，采用2004年共同加速设计、设计和实质生命科学市场创新。同时，产业、学术市场的合作，智库、产业大数据、高端物和其业方面的定位也在实现。从药物研发，已具有一定领先用户量化、规模化应用。研究员的AI技术综合对我国AI制药业务的产业化生态有重要影响，目前晶泰已构建产品服务及研发领域多元融合发展关键的智能化生态圈，这不仅有可形成技术生态、应用生态，还能创造出价化产业生态，带动上下游协同发展，同时加强多元资源的整合，推进创新成果实现产业化。

---

## 【未来产业】

### 能量奇点致力于聚变能源商业化
# "点亮"洪荒70，验证高温超导可行性

■本报记者 唐玮婕

在临港滴水湖片区，能量奇点能源科技(上海)有限公司正推进洪荒计划。全球首台全高温超导托卡马克装置实验运行于此。"从前日面世，测试运行启动至今6月，调试运行已超过200次。"

对于未来产业而言，不确定性始终是最大变数之一，想推动并可控验。但也必须主动迎难而上，迎接未知。"控电能量'洪荒70'就是这样的实践。"控电能量体将建成对可控核聚变商业化的第一台紧凑型高参数一直的第一高温超导托卡马克装置的全速的反应，第一次实现了在直接运行对较高磁场的高温超导的运行。

高温超导可控核聚变装置的突破，意味着高温超导技术未来有望低成本有实现的可能。

计划与核电业主企业合作，380亿亩临港聚能变项目建设过去，成本不会超核电可能。

能量奇点，目前正推进聚能核装置的系统，通过下列App的应用已经制式—基于高温超导"洪荒70"，运行之后，E20"高高杰飞220公斤的磁域阻隔构造达目标的五六至十倍以上。

随着"洪荒70"放运高温超导商业的新时代的来临，E20"洪荒"开始起首，大股在产业链的磁场升级到25倍磁场，包括超导性能的不同，目前正在大步迈前。

2027年建成装置175倍，目标国家聚能源核变能（Qequin）大约10倍，高度能性的能量奇点能源现在项下一条列的基本核聚变产业化的新时代。

---

### 时的科技在国内率先突破倾转旋翼技术
# "包邮区"漫游，"空中出租车"蓄势起飞

■本报记者 周渊

从上海出发前往长三角其他地区，除了开车和乘高铁外，打"飞的"或将加入"包邮区"漫游新选项。

"通过于AI App 所用运的内容化、E20 飞机大约260公里的驶旅行续时间达20分钟，完全就是低碳高效电力的新化解—。"5月22日，时的科技董事长黄亥华在近期举办的"未来论坛"上表示，"2021年我们研发的电动垂直起落飞机(eVTOL)终于开始成为现实"。

黄亥华上周介绍，Joby、Archer等海外一流主机厂都选择特别是新技术新模式化的事实，美国正在用电，"空中出租车"产业已经从"概念""、绿色、经济、复合飞机生态，"时的科技"的科技电动飞机生态产业 eVTOL的行业定位基本形成。

据黄亥华介绍，"飞机像一个批 eVTOL，主要飞机产业链企业，2021年时的科技创立，主要研发的E20 eVTOL，5座载人设计，有效载荷450公斤，续航200公里最大连续320公里巡航时间约80分钟，能完成90%以上区段，为目前国内市场上唯一能实现全业飞行的 eVTOL 机型。

据黄亥华介绍，"空中出租车""飞进现实实车比飞机便宜，一开始按上平民化"。测试资金在完全解决项目开发上，黄亥华认为今年将成电动飞机特殊年：一是2026年完成 TC 认证和 PC 认证后，正式走上如是个批起飞的 eVTOL。

# 序

闻玉梅

进入新时代，我国确立了新质生产力的发展路径，这意味着科技创新起主导作用，经济增长方式具有高科技、高效能、高质量特征。对科研工作者来说，这既是挑战，更是机遇。

习近平总书记指出，"新质生产力主要由技术革命性突破催生而成。科技创新能够催生新产业、新模式、新动能，是发展新质生产力的核心要素。生产关系必须与生产力发展要求相适应。发展新质生产力，必须进一步全面深化改革，形成与之相适应的新型生产关系。"从根本上揭示了新质生产力的重要意义，明确了我国经济社会发展的方向。发展新质生产力，既是理论创新，也及时指导着高质量发展的伟大实践，值得我们认真学习，深刻领会，并在科技创新领域全面贯彻，奋力探索。

我国高等院校拥有大量深耕基础研究的学术人才，也拥有熟悉科研成果转化经验的一线团队。为了探讨如何面对并服务于新质生产力这一特定形势下的发展新思路，文汇报记者分别走访了复旦大学、上海交通大学、同济大学、上海大学、东华大学的校长，以及上海交通大学智慧能源创新学院院长，深度挖掘高校作为培养创

探路新质生产力
New / Quality / Productive / Forces

新人才和推进新质生产力的重要基地，提炼出一些有针对性的发展设想及创新举措，并以此启动更广泛的思考与讨论。系列报道还深入采访调研一批科创实验室的当下实践、一些传统产业、新兴产业、未来产业升级培育布局的样本故事，给予社会更多的启发和信心。

书中，校长、院士们分别对如何发展新质生产力阐述了自己的思路与设想，分析了各高校的特点与优势，在改革创新方面，堪称是八仙过海，各展所长，为发展新质生产力殚精竭虑，作出贡献。大家的突出共识是，高校是源头创新供给链的起点，要优化开放的创新生态，要突出不拘一格"识"人才的优势，保护更多的"奇思妙想"，做好伯乐。对于科技创新，高校的重点应聚焦于基础性、前沿性和颠覆性的理论与技术创新，并催生接轨新兴产业、未来产业。高校应加强对发展新质生产力的落实和转化工作，要同样重视科技创新策源的"开头一公里"和科技成果转化的"最后一公里"。总之，创新离不开人才培养，人才离不开创新的培养模式。不拘一格降人才，高校应敢于改革，善于改革，切实为培养创新人才提供优质氛围，搭建好发展的平台。

"雄关漫道真如铁，而今迈步从头越"。我们伟大的祖国再一次站在了新征程的当口，昂首阔步迈向更高、更新、更伟大的奋斗目标。新质生产力的发展，并不是个一蹴而就的短期任务，而是个不断探索、不断进入操作层面，且"摸着石头过河"的创新过程。新质生产力骨干队伍应该是有创新思维并肯埋头苦干的队伍。他们可能是肯耐受失败，有团结精神、不畏艰辛的"少数"，我们高校要独具慧眼，用更创新的评价标准、更宽容的科研环境、更开放的用人胸襟，把他们"找"出来、"用"起来、"捧"上来。这支队伍可能难以快速形成，甚至他们和既有的人才成长路径和模式并不相同，但它是一个需要责任担当、需要艰难突破的人才系统工程。

面向未来的创新人才团队，还有必要从娃娃抓起，创新、宽容、开放的培养理念，要贯穿整个教育过程，我们要培养的是生机勃勃、以创新为乐趣的新一代，而不是暮气沉沉、一切围着分数转的"考试机器"。只要我们一以贯之，坚持发展新质生产力及其生产关系，坚守培养创新人才的理念，使之贯穿于教育始终，服务于伟大的新时代，我们就一定会成功，我们一定能成功。

（作者为中国工程院院士、复旦大学上海医学院教授）

# 目录

## 一、大家访谈 /001

1. 建设创新型大学 为新质生产力持续升级提供支撑 /003
   专访中国科学院院士、复旦大学校长金力
2. 贯通两个"一公里" 激发每个人的创新活力 /013
   专访中国科学院院士、上海交通大学校长丁奎岭
3. 向"新"向"质"而行 大学要善当"伯乐"给出更优解 /025
   专访中国工程院院士、同济大学校长郑庆华
4. 推动科创"关键变量"转化为新质生产力"有效增量"/035
   专访中国工程院院士、东华大学校长俞建勇
5. 拆"围墙"破"惯性" 加速科技成果向新质生产力转化 /045
   专访中国科学院院士、上海大学校长刘昌胜
6. 加快绿色科技创新 为新质生产力注入强劲动力 /055
   专访中国工程院院士、上海交通大学智慧能源创新学院院长黄震

## 二、发展启示 /065

1. 从一辆新能源车看产业升级与变革 /067
2. 一栋小楼何以走出 20 家硬科技企业 /077
3. 一场大赛背后的"有为"与"有效"/085

### 三、实验室周记 /095

1. 水系电池实验室：引领才有价值 /097
2. 三维编织实验室：为国之重器捋出"创新主线" /105
3. 干细胞实验室：知难而进蹚过"护城河" /113
4. 磁波刀实验室：通向无创治疗时代 /121
5. "黑灯"实验室：跨越合成生物学"死亡谷" /131
6. "交叉"实验室：基因测序技术有了更多可能 /139
7. 逆变器实验室：逐"绿"追光向"新"突围 /147

### 四、产业样本 /155

1. "代码"奇迹：让研发设计10倍速"快进" /157
2. "模型"奇妙：让人与数据"对话"成可能 /167
3. "低空"奇想：让"小飞机"变革出行方式 /177

## 五、智库报告 /187

1. 一组词云图 读懂新质生产力 /189
2. 专家视角 /199
   2.1 以新质生产力助力现代化产业体系建设 /199
   2.2 培育新质生产力与发展民营经济良性互促 /203
   2.3 人工智能将成发展新质生产力重要引擎 /207
3. 企业样本 /211
   3.1 传统产业：首试三维设计，在"虚拟世界"先造一遍邮轮 /211
   3.2 传统产业：全国首次！给企业算笔绿电消费账 /213
   3.3 新兴产业："大模型＋大装置"：孕育应用大生态 /215
   3.4 新兴产业：数智化实验室，解放研发人员双手 /217
   3.5 未来产业："点亮"洪荒70，验证高温超导可行性 /220
   3.6 未来产业："包邮区"漫游，"空中出租车"蓄势起飞 /222
4. 他山之石 /225
   4.1 英国：生物经济的下一波创新浪潮 /225
   4.2 新加坡：数据中心产业崛起的秘诀 /228
   4.3 日本："下一代空中交通"的愿景 /231
   4.4 北欧：软件出口激增的背后推手 /234

## 六、理论思考 /239

1. 新质生产力也是改革命题 /241
2. 新质生产力的本质是先进生产力 /244
3. 塑造与新质生产力相适应的新型生产关系 /249
4. 以科创中心引领新质生产力发展 /254
5. 培育创新型企业是一条核心路径 /258
6. 从"五个维度"提升体育高等教育向"新"力 /262
7. 学术圆桌：新质生产力释放高质量发展新动能 /266

# 1 大家访谈

1. 建设创新型大学 为新质生产力持续升级提供支撑
2. 贯通两个"一公里" 激发每个人的创新活力
3. 向"新"向"质"而行 大学要善当"伯乐"给出更优解
4. 推动科创"关键变量"转化为新质生产力"有效增量"
5. 拆"围墙"破"惯性" 加速科技成果向新质生产力转化
6. 加快绿色科技创新 为新质生产力注入强劲动力

# 建设创新型大学 为新质生产力 持续升级提供支撑

撰稿 姜澎

# 专访

## 金力
### 中国科学院院士、复旦大学校长

发展新质生产力，最重要的是强化科技创新策源功能，全力加速源头创新突破。

作为教育、科技、人才的结合点，高校该如何为加快培育新质生产力提供助力？2024年3月，中国科学院院士、复旦大学校长金力在接受文汇报记者独家专访时直言，发展新质生产力，不是对传统生产力一次性的转变，解决的也不仅是当下问题，而是要通过不断创新，实现生产力的先进质态在未来发展中不断进化、持续地催生新质生产力。

"我们要坚定不移向科技创新要新质生产力、要核心竞争力。"在金力看来，对高校而言，当务之急是要聚焦重点领域全面深化高风险、高价值的重大科学问题研究，加快形成一批原创性引领性科技成果；要全力优化开放创新生态，通过科研范式创新，推动创新链产业链资金链人才链融合发展，为新质生产力的持续升级提供支撑。其中，高水平基础研究型大学要建设世界一流大学，更应该以创新型高校为目标，通过内部体制机制变革构建新型生产关系，激活人才的创新动力。

**资源跟着人才走，**
**让交叉融合成为发展潮流和活力源泉**

问：新质生产力已展示出对经济高质量发展的强劲推动力、支撑力。加快新质生产力发展，大学能起到什么作用？

金力：新质生产力是以科技创新推动产业创新，以颠覆性技术、前沿技术等催生新产业、新模式、新动能。因此新质生产力的本质是依托于科技创新的先进生产力，产业创新是新质生产力的最终落脚点。

催生或者推动新质生产力发展，不是针对当下的传统生产力实现一次"升级"就能完成任务了，而是要解决人类未来持续发展的问题。打个比方，我们现在的新质生产力，过十年之后，也许就不再是那时的新质生产力了。但现在的新质生产力以及随之建立起来的生产关系，要在十年或者更长时间后，继续催生彼时的新质生产力。也就是说，我们要催生发展的新质生产力，应该是让生产力具有动态的、不断"进化"的能力。也就是说，我们要具备不断产生"新质生产力"的能力。

在厘清这些基本逻辑后，高校的使命也就显得非常清晰，那就是创新、不断创新。对高校来说，有两方面工作尤为重要，一是要持续推动创新，二是要用创新去服务新质生产力发展。为实现这些目标，高校要进一步深化改革，使自身具备不断创新的能力。

就复旦而言，十年前我们就思考过，学校发展目标应该是创新型大学，而不仅仅是研究型大学。创新型大学必须成为基础研究的全球高地、原始创新的重要策源地，同时具有推动不断创新的能力。

所以，复旦的定位很清晰，那就是把基础研究作为核心任务，努力达到世界顶尖，支撑国家创新体系建设。这也意味着学校要在发展架构设计、资源集聚投入等方面强化基础研究，解决创新策源的持续性能力问题。在此基础上，通过发展新工科和成果转化能力，催生和发展新质生产力。

问：大学要进一步提升创新策源能力，当前亟须重视的问题是什么？

**金力：** 最关键的是人才。没有好的人才，科技做不好，教育也做不好。高校不仅要激发科研人员从事创新创造、服务创新的活力，还要不断完善创新人才培养体系，持续培养投身创新的学生，为新质生产力发展奠定人才基础。这也是为什么教育、科技、人才要一体化推进，在我看来，核心是人才，高校是结合点。

人才队伍建设的制度核心是评价。过去两年，复旦大学废止了一批与绩效直接相关的考核制度，其中不少是昔日为解决一时问题而设立的临时方案，且与"帽子"的关系比较密切。目前，学校已重新出台近二十项人事制度。让人才评价抓住人才发展这一关键环节，让人才跟着学科布局和学科发展走、让资源跟着人才走，大学要根据人才配置资源，把自主权放给院系。

另一方面，学科建设是现代大学发展的永恒主题。推动持续创新，就必须推动学科的交叉融合。现代大学的体量和规模都比较大，老师们忙于科研、教学等日常工作，往往缺少充分的交流讨论和互相激发，而后者正是促进学科不断交叉、融合的条件。

从复旦的情况看，我们已经初步走出自己的融合创新之路，让交叉融合成为发展潮流和活力源泉。近年来，学校围绕国家战略需求和学科前沿趋势，构建了一批实体运行科研平台，为实质性推动人文、社科、理科、工科、医科交叉提供保障。这些新型研发机构覆盖的学科领域十分广泛，以领军人才和创新团队为核心，聚集不同学科力量，打破原先学科隔阂造成的心理隔阂。全校目前有30多个院系，但已建了50多个实体运行研究院，2024年，我们还会再建一批。近年，学校大量的成果，都来自这些研究院的团队。

## 引爆 AI4S 范式变革，
## 打造科学智能"发动机"的核心引擎

**问：**您曾经指出，建设创新型大学不能"小院高墙"，也不能"摊大饼"。当前，不少高校以及市级层面都新建了不少实体的新型研究机构。在创新力量规模快速扩大的同时，如何避免"膨胀性改革、通胀式创新"？

**金力：**建设创新型大学，本质是提升创新效能的内涵式发展，要全力让生产关系适应和推动新质生产力发展，以首创引领改革、激励保障创新，实现科技创新与制度创新"双轮驱动"。在此背景下，高校新建学院、新设学科，要遵循整体发展规划——既要把准国家需要和学科前沿、对准地方和产业实际需求，也要充分发挥自己的禀赋和优势，并同步加强学科的优化调整。

在这个过程中，确实要避免出现"膨胀性改革、通胀式创新"的现象。就高校治理层面而言，就是要处理好增量与存量、内涵与外延的关系。若高校只有外延式的发展，即意味着把存量"扔掉"不管，不断"另起炉灶"。这种做法有点像"熊瞎子掰棒子"，投资效率并不高。

当前，复旦大学正全力推进一场以系统集成、提能增效、先立后破为核心的内部治理改革，合力解决梗阻问题。我们的新设学院、学科遵循"多规合一、系统集成"，统筹好规模与效能的关系，用有限单元解决多重任务。

同时，大学要通过构建科学规范的管理体系，确立严谨的准入、准出标准，强化跟踪评估机制。

对于已设立的机构，要牵住评价改革"牛鼻子"，建立合理的流动与退出机制。举个例子，学校即将关闭一个实体科研机构。二十年前，这是国际生命科学的前沿领域，但当时我们没有相关研究和人才，所以引入国际团队、成立研究机构，成立之初就定位为学校创新"特区"，完全按照国际学术中心模式运行。经过二十年左右的发展，这个研究机构已深度融入了医学院和生命科学学院，可以说完成了它的历史使命。

**问：** *2023年以来，复旦大学一直在推动AI4S（AI for Science）。您曾经谈到，复旦聚焦的AI4S，是AI和科研深度融合的新兴形态。构建AI4S的良好学术生态，关键点是什么？*

**金力：** AI4S作为一种将"AI"和"科研"深度融合的新兴科研形态，是推动科学研究范式变革、提升创新策源能级的利器，对加速基础研究涌现重大突破具有划时代的重大意义，是复旦大学孕育培植新质生产力的关键抓手之一。现在我们不仅有AI4S，还有AI4SS，即AI for Social Science。

从科技史来看，基础学科的发展是一个长期进程。科学发展至今，各学科都积累了海量科学数据。AI的出现和发展，可以帮助我们在大量数据里发现两个或者多个貌似无关现象之间可能的相关性，从而快速发现并提出许多好的科学问题，颠覆传统的研究范式，大大加快科学发展的进程。

在这里，我借用"种子"和"果实"的关系来阐释。种子指的是好问题，果实则代表好成果。AI4S就是快速识别和筛选种子的方式。通过AI与各学科的结合，可以进行大规模的种子筛选，找到真正有种植价值的种子，再进一步研究和培育，结出更甜美、更丰富的果实。

当前，我们要大力推动有潜力的科学领域与 AI 技术体系相结合，辨析各领域中 AI4S 驱动范式变革的路径，聚焦数据汇聚与生成、模型构建、机理发现三个环节，逐步引爆 AI4S 科学范式变革，从而源源不断产生重大科技突破。

客观而言，要寻求 AI4S 在学科之间的均衡是比较"奢侈"的要求。AI4S 涉及文、理、工、医各学科，但对各学科发展的促进速度肯定是不一样的。我们在学校内部把 AI4S 和 AI4SS 分为三个圈层：第一个是"核心圈"，能够"玩"转 AI 的顶级学科；第二个是"进阶圈"，开始"玩"的学科；第三个是"培育圈"，感兴趣的、正在寻找发力点的学科。现阶段学校的策略是"以点带面"，面向生命科学、地球科学、物质科学、经济金融等领域的复杂问题，挖掘目前可以开展的重要模型，并迅速集中力量、组建团队开展研发，形成"示范点"，最终带动全校 AI4S 生态建设。

总体上来看，复旦正在积极全力打造科学智能"发动机"的核心引擎，在 AI 与科学的交融中，将人工智能的潜力转化为推动科技进步的强大动力。

我们要在教育、科技、人才三位一体框架下，去认识 AI4S 的重要性。其中，很重要的一点就是要建立一种生态，让科学家和学生去拥抱 AI4S，让他们能懂人工智能，学会用最好的人工智能工具，形成一种全校想用、全校能用、全校会用的科学智能生态。

## 大力发展新工科，培育和壮大自己的"果树"

**问：** 您曾经谈到，新工科是直接孕育培植新质生产力的交叉学科，复旦大学近期成立了多个新工科学院，也是基于这样的考虑吗？

**金力：** 如果说新质生产力是科技创新在其中发挥主导作用的生产力，那么新工科就是新质生产力的核心驱动力量。

这里要强调的是，新工科不是对传统工科的简单改造，而是全新的学科专业形态，代表了新质生产力的演进方向，体现了技术的革命性突破，为产业深度转型升级提供强大的推动力。

复旦的定位是建设成为原始创新能力顶尖、创新驱动能力强劲的世界一流大学，但是基础研究并不直接催生新质生产力，其间必须有个面向国家社会需求的转化，而新工科的意义在于能够"顶天立地"，融通基础与应用。

新工科的底座是基础学科。再用"果树"来作个比喻阐释，如果说新质生产力是果实，新工科就是果树的枝叶，基础学科就是主干和树根。以前我们更多是把别人的果树嫁接过来，通过传统工程方法，调整土壤里的营养配方、改造外部环境或者改善种植技术，从此来结出我们的果实。这个果实的类型、品质本身可能依赖于别人，将来嫁接果树也可能会受到限制。

所以，我们必须培育和壮大自己的果树，基于发达的根系和苗壮的主干，长出面向前沿未来的新工科枝丫，再通过嫁接，即跨界交叉融合，就能结出各式各样新的果实。一旦自有果树的问题解决了，底层的逻辑打通了，后面就能孕育无限的可能性。这是发展新工科的根本考虑。

所以，新工科的不断创新一定根植于基础学科，要让基础学科向技术延伸，推动新工科的发展，从而产生新质生产力。

而且，基础研究的成果并不解决单一应用问题，而是解决很多应用问题。基础学科与应用学科的发展互动是非线性的。比如，物理研究的理论模型和计算方法，为机器学习、计算机视觉、自然语言处理和量子计算等领域提供了底层的核心理论支撑。基础研究孕育重大突破，催生变革性技术和颠覆式创新。从这个意义上说，基础学科发展的深度，决定了新工科发展的高度，决定了培育新质生产力的速度。只有基础学科的底座更强，新工科领域成果转化的外圈出口才能衍生更多赛道，实现发展的质变与飞跃。

# 贯通两个"一公里"
# 激发每个人的
# 创新活力

撰稿 姜澎

# 专访

**丁奎岭**
中国科学院院士、上海交通大学校长

当前，围绕建设现代化产业体系，以科技创新引领产业创新，加快培育和发展新质生产力，正成为沪上高校推动发展的着力点。

究竟应该如何利用大学的科技、人才优势来服务地区乃至国家经济社会发展，服务新质生产力发展？2024年3月，中国科学院院士、上海交通大学校长丁奎岭在接受文汇报记者专访时谈到：作为国家战略科技力量的生力军和基础研究的主力军，综合性大学要进一步通过体制机制的改革，构建创新的文化，营造创新的氛围，激发每一个人的创新活力。"对大学来说，特别重要的一点，是要做好科技创新策源的'开头一公里'和科技成果转化的'最后一公里'——唯有贯通这两个'一公里'，才能真正服务发展新质生产力。"

## 打通"0到1"和"1到100"的创新链，推动成果转化"阳光化"

**问：新质生产力被写入了2024年的政府工作报告，您认为，高校在推动发展新质生产力方面可以发挥什么作用？**

**丁奎岭：** "新质生产力"的概念自从提出以来，就和科技创新紧密相连。2023年9月，习近平总书记在黑龙江考察时首次提出"新质生产力"一词，指出"整合科技创新资源，引领发展战略性新兴产业和未来产业，加快形成新质生产力"。同年12月，中央经济工作会议再次强调"要以科技创新推动产业创新，特别是以颠覆性技术和前沿技术催生新产业、新模式、新动能，发展新质生产力"。这与我们国家一直以来强调科学技术是第一生产力，可以说是一脉相承。

新质生产力并非凭空产生。高校承担着从基础研究和应用研究出发，通过创新科技成果提升产业能级，甚至创造新产业的任务，必须贯通"0到1"和"1到

100"的创新链,才有可能催生新质生产力。

作为以理工医为特色的高水平研究型大学,上海交通大学在服务发展新质生产力方面有着独特的优势。近年来,学校打通科研成果转化的各种梗节问题,孵化了一批"硬科技"企业,"大零号湾"科技创新策源功能区能级不断提升。这些都有利于服务支撑新质生产力的发展。

问:上海交大周边的"大零号湾"有一批硬核科技创业的企业,在贯通"两个一公里"方面,还有哪些堵点或者难点需要解决?

丁奎岭:上海"大零号湾"科技创新策源功能区确实有一批走通了"0到1""1到100"的教师、校友创业企业,但是在整个过程中,我们仍然在探索解决许多堵点问题,包括如何面向未来更好服务发展新质生产力,其中有许多可为之处。

对于高校来说,影响科技成果转化率高低的因素主要还是在评价,可以说,这是一个供给侧的问题。上海加快建设国际科创中心,需要重视高价值的知识产权——不仅仅要看国际知识产权的申请情况,还必须关注国际专利授权的情况。目前,上海交大正在不断优化评价激励的导向和举措,重点就是看科研成果是否解决了真问题,是否能创造真价值。我们通过出台一系列创新举措,解开束缚科研成果转化的"细绳子",建立起有助于促进科技成果转化的生态体系,推动成果转化"阳光化"。

这样才能让投资人放心，让成果所有人放心。

以"大零号湾"为例。这里原来是一个环交大的创业园区，在与上海交大的互联互通共建中逐步发展成为上海科技创新策源功能区和区域经济社会发展的增长极。目前，已有60余家交大师生的创业企业入驻"大零号湾"，总估值近600亿元，其中估值超过2亿元的企业就有30多家。

面向未来，"大零号湾"也面临着发展的问题。虽然目前我们引入了资本、基金，但是这里集中的仍然是一批初创企业，如何让这些初创企业快速成长壮大，真正产生核爆效应，仍然面临空间支持、资金支持等各种问题。

高校除了要打通"0到1""1到100"的创新链，还必须深化与创新型企业的协作融合，发挥强耦合的"双主体"作用，共同促进新质生产力发展，这也是我常常说的"并跑"。同为国家战略科技力量的重要组成部分，高校和企业应该打开边界，形成"目标共识、人事共通、任务共担、成果共享"的协作机制。在合作的过程中，还面临着一系列的挑战，比如，如何突破人才流动与考核的传统限制，如何构建成熟且具弹性的成果共享机制等。

目前，上海交大在与华为合作共同研发鸿蒙系统的过程中，确实做到了"老师不离职也能入职、不在校也能考核"，让人才能够以灵活的方式兼顾校内研究与产业落地。但是，对学校来说，还有诸多制度探索仍在进行之中。

## 打破学科边界，
## 以有组织科研破解大科学问题

**问：** 人才培养是高校的中心工作，面对服务新质生产力的需求，高校该如何培养人才？

**丁奎岭：** 发展新质生产力，核心是人才。高校必须面向未来，培养适合新质生产力发展需要的人才。未来技术究竟是什么样？很难具体描绘，但可以确定的是，要持续发展，要催生新质生产力。并且，服务新质生产力的发展，需要持续的创新。

学科建设是高校发展的重要内容，人才培养与学科同样密切相关。科学技术发展的一大趋势就是不同学科之间不断交叉融合，产生新的技术、新的行业、新的范式、新的业态。作为教育科技人才"三位一体"的重要交汇点，就大学而言，不论是科技创新还是人才培养，都必须打破学科的边界。

当然，大学里确实有一些教师习惯了传统的教学方法，有一些院系习惯了传统的发展模式，但当今世界变化一日千里，我们不改变，就是退步，以至于被淘汰。就学校内部而言，每一个院系都代表了不同的领域、不同的学科方向，现代科技发展中学科不断在交叉融合、突破边界，如果我们还守着自己的"一亩三分地"，是不可能守住的。

大学要服务新质生产力，也面临着内部的学科专业的变革、重塑。学校内部需要通过改革重构学科、院系，乃至重构未来发展的方向。尤其是在人工智能技术快速发展的当下，打破边界是必然的趋势。

同时，打破边界还意味着有更多的交叉融合。真正的交叉融合绝非"拉郎配式"，其背后有着内在的驱动力，要发现真正的科学问题，通过加强有组织科研解决这些科学问题，并进一步使科学问题的解决转化成应用技术。这里的有组织科研，不是自上而下地"点兵点将"，把不同学科凑到一起"编写"项目申请书去争取经费，一定是通过科学真问题的提出、解决，形成不同学科交叉的推动力，甚至在交叉融合中产生新的学科。

比如，我们有一个做信息存储材料的团队。在传统硅基时代，存储主要依靠芯片，科学界有人提出，是否可以用记录人类生命信息的DNA（脱氧核糖核酸）来记录人类文明信息。根据理论推算，50克DNA就能存储1000万块硬盘中的信息。那么，仅200公斤DNA就能存储整个世界的数据（约440万亿亿字节）。显然，做这件事情需要不同领域的科学家，这个信息存储材料团队中有化学家、生物学家、数学家、物理学家、电子信息领域专家等，自然形成了学科交叉。他们还建起了全新的研究机构——DNA存储研究中心，这才是真正的有组织科研。当这样的学科交叉、有组织科研越来越多，形

19

成了交叉融合的氛围，自然有更多创新的科学问题被提出、被解决，有更多的创新人才得以培养。

问：在制度设计层面，大学该怎么鼓励、引导科学家提出真正的"大问题"？

**丁奎岭：** 在我看来，大学的使命是为了人类的幸福，为了人民生活更加美好，去培养未来人才，去服务好科技创新。如果没有这样高远的目标，很难建成一流大学。大学教授同样如此，如果没有这样的胸怀，也很难找到真正的"大科学问题"。

如果我们以大学的使命为出发点，那么一定可以看到未来需要培养什么样的人才，做什么样的科学研究，找到真正的科学问题。

举个例子，每一次工业革命都与能源的变革在一定形式上产生关联。那么，高效获取新能源的方式是什么，如何通过发展绿色能源、推动可持续发展来解决能源问题？正是在这样的问题牵引下，不少科学家投身聚变能源、绿色能源、能源转化利用等方面的研究。

现在，包括风能和光伏发电在内的绿电占青海地区电力能源的100%，在甘肃、云南等地区达到了90%以上。西部一些荒漠地区建成光伏发电厂后，因为对地面的遮挡作用，水分蒸发降低，甚至长出草，形成了牧场。这个变化背后，其实就是通过基础研究，带来科技进步，并改造一条产业链，从而升级了传统产业，将传统煤炭产业链接到新能源产业，再链接到现代科技产业。从这个案例中，我们也可以进一步理解，发展新质生产力不是要忽视、放弃传统产业，而是做好新旧生产力之间的衔接和切换。

**给高校更稳定的基础科研支持，让对"异想天开"的支持成为常态**

问：我们在采访中发现，科学家尤其是一些青年科学家要在自己的领域里开拓全新的方向，经常困难重重。高校该如何给他们一个创新的文化环境？

丁奎岭：确实，科学家要做一些颠覆性的研究并不那么容易。除了要突破自身局限之外，还要突破周围环境的影响。

比如，两次摘获诺奖的化学家夏普莱斯在提出点击化学时，就遭遇过整个科学界的质疑。2000年以后，他就再也没有申请过政府的资助，而是完全依靠其所在的私立研究机构的支持。这样的天才科学家当然是极少的，但对高校来说，我们是否能够发现这样的天才科学家？如果发现了这样的天才科学家后，能否做好保障工作？这些都是值得思考的问题。

在我们引进的青年科学家中，也发现有一些年轻人非常优秀，但在原单位时，无论是申请项目经费还是人才计划，可谓"屡战屡败"。其中一个原因，就是他们做的研究太前沿了，不被自己所在的小科学共同体所支持。而来到上海交大后，由于从事交叉学科研究，与多个不同方向的科学家协同合作，很快做出了非常出色的成果。对于这些优秀青年人才的发现和支持，要依靠学校、院系科研管理者的敏感性。如何形成这样的环境，让他们自然而然地脱颖而出，需要制度性的保障。

目前，我们学校启动了"交大2030"计划，主要就是支持年轻人的"异想天开"，每个年轻人可以申请50万到500万元不等的经费资助。上海市级层面出台的"基础研究特区计划"，同样也对这样的颠覆性科研创新予以支持；推出的"基础研究先行区计划"，是聚焦顶尖人才、优秀青年人才，给予稳定支持。我们期待未来有更多对年轻人的支持，不再是新闻，而成为一种常态。

**问：对年轻人"异想天开"的创新想法予以投入，据我们所知，这些经费都是学校或上海市政府的项目式经费。如果缺少了这些项目，如何保证这些具有创新性甚至颠覆性的研究能继续得到支持？**

**丁奎岭：** 坦率说，科研经费是所有高校都面临的问题。2024年全国两会期间，我也提到了"跟跑"的问题。所谓"跟跑"，就是对高校的科研投入要跟上科技发展速度、跟上高等教育发展速度、跟上高校服务新质生产力的需求，从而发挥调结构的"杠杆"作用，推进高校有组织科研。

长期以来，部属高校都面临着科研需求和科研投入不匹配的矛盾，即稳定投入的增速跟不上高校开展有组织科研的需求增长。

有一组数据清晰地表明了这一点。就目前而言，国家层面对高校的投入主要按照生均经费拨款。从 2009 年开始，教育部启动改革，不断加强对基本科研业务费的投入，年均增长率为 9.87%。然而与此同时，高校研发投入总额的年均增长率为 13.44%——远高于基本科研业务费增幅。这说明，对于高校科研的稳定投入还有待加强。

从总量来看，目前全国部属高校的基本科研业务费一年总额是 40 多亿元人民币，其余的经费都来自竞争性经费。不少部属高校科研经费 90% 以上来自竞争性经费，一些顶尖大学甚至可能达到 95% 以上。应用研究方面，高校可以通过与企业合作获取横向经费，但是就基础科研而言，我认为，稳定的科研资助是高校科技创新的"压舱石"，是科学家坐稳冷板凳、投身长期颠覆性基础科研的"定心丸"。过多的竞争性经费，势必会让科研从"以目标为导向"向"以项目为导向"转变，影响有组织科研长期性、系统性布局，削弱科学家攻关科技难题的精力与定力，不利于形成原创性、颠覆性的创新成果。因此，提高基本科研业务费投入，可以让高校对基础研究多一些布局，让科学家静下心来做基础研究，也让年轻人在成长初期把科研基础打牢，更加有助于未来作出推动人类社会进步的贡献。

# 向"新"向"质"而行
# 大学要善当"伯乐"
# 给出更优解

撰稿 樊丽萍 吴金娇

# 专访

## 郑庆华
### 中国工程院院士、同济大学校长

当前，上海正加快推进科技创新、构建现代化产业体系、打造高水平人才高地，在发展新质生产力上勇争先、走在前。

"向'新'向'质'而行，人才是关键。"2024年3月，中国工程院院士、同济大学校长郑庆华在接受文汇报记者独家专访时谈到，高校是教育、科技、人才的关键结合带、重要交汇点。尤其是一批头部高校，拥有科技人才资源和科研创新实力等方面的独特优势，理应立足服务国家战略、区域经济和社会高质量发展，为培育壮大新质生产力，交出一份彰显高校担当、体现高校价值、诠释高校追求的精彩答卷。

访谈中，有一个词被郑庆华高频谈及，那就是——伯乐。他剖析说，加快培育新质生产力，开辟高质量发展新领域新赛道，就是要在"人无我有"的新领域做出成绩。由于引领世界科技前沿的颠覆性技术，一般表现为高风险、非共识、交叉性等特征，在现有科研管理评价体系下，有可能处于"弱势"地位，由此，"伯乐"的作用尤其重要。

"大学里有很多充满创新精神的年轻人，甚至不乏一些异想天开的'梦想家'。关键在于，谁来呵护奇思妙想？谁为他们的试错成本埋单？如何创造一个宽容失败的环境？"郑庆华说，新质生产力，特点是创新，关键在质优，本质是先进生产力，如何营造更好的创新氛围和土壤，如何汇聚强大的科技人才队伍，尤其是如何当好更多青年科技人才的"伯乐"，今天的高校必须围绕这些"必答题"，给出更优解。

**科研新范式带来新挑战，倒逼高等教育加快改革步伐**

问：作为大学校长，您认为，在培育壮大新质生产力的过程中，高校正面临哪些堵点、难点问题？

**郑庆华**：人类发展的历史就是一部不断发展生产力的历史。发展生产力本质上依靠创新，创新则需要人来完成。高校是承担教育、科技、人才三个要素的关键性力量，要为培育新质生产力提供更大助力，当下，大学需要加快"破旧立新"，直面全新的挑战。

首先是来自大学外部的挑战。当前，信息技术的迅猛发展正倒逼高等教育加快改革的步伐。尤其是随着人工智能的发展，传统科研范式越来越不能满足科学研究的需要，AI4S（AI for Science）正在成为新的研究范式。同时，随着人工智能对各行各业的深度赋能，AI for Education（教育教学改革新范式）、AI for Engineering（工程研发新范式）等也在相继涌现。这些正在发生的变革，使得大学的科研范式、人才培养模式，包括教育方式、管理方式、评价方式等，都必须顺势启动相应改革，否则，大学难以适应，更不用说培养出服务新质生产力发展的人才。

再看发生自大学内部的挑战。高校办学，很大程度上还依赖于传统的"学科化、院系制"模式。确实，在很长一段时间内，院系制确实有力地推动了学科专业的发展，成为传递知识的有效形式。但是，大量的新知识、新技术，往往出现在交叉领域和学科边缘。在新一轮科技革命潮起云涌之时，多学科交叉汇聚和跨领域技术集成创新更是成为"常态"，而目前高校的资源分配、管理模式和评价体系仍以"校、院、系"为基本架构，学科壁垒难以打破，跨界、交叉融合创新难以推进，客观上就会形成教育链、人才链、创新链、产业链的堵点、难点、盲点。显然，这和培育新质生产力是不相适应的。

## 不拘一格"识"人才，大学要保护更多"奇思妙想"

*问：培育新质生产力，大学需要抓住哪些根节问题？您认为其中最艰难的一环是什么？*

**郑庆华：**事非经过不知难。坦率说，围绕破除学科壁垒、推动学科交叉融合，包括同济大学在内，国内众多高校近年来持续探索。在这个过程中，大家遭遇了一些共性挑战，比如，如何建立科学的人才评价体系。当前我们讨论培育新质生产力时，人才评价的问题可以说比以往更加突出，也更加迫切。

举例来说，当前，高校的很多科研人员和教师实际上都被一些量化考核指标裹挟甚至"绑架"，比如，ESI学科排名、论文、项目等等。虽然在制度层面，各高校正大力实施分类评价，但一个很现实的问题是，破"五唯"后"立"什么？如果完全脱离所谓的量化指标，具体到一个个具体的人，高校如何对其贡献或某个成果的价值给出恰如其分的评价？可以说，在具体操作阶段，我们还有很多难题待破，确实也存在着在观念上需要进一步"破旧立新"的问题。

再以大学的很多研究项目举例。目前的不少研究，实际上是已有工作的延长线。而新质生产力的特点，恰恰在于"新"。想要开辟新赛道，真正做到"人无我有"或另辟蹊径，大学必须要敢冒风险，有能够容错的机制。目前，在相关部门的支持和指导下，沪上高校已经陆续出台了一些举措，但对照加快培育和壮大新质生产力的要求，目前我们出台举措的力度和覆盖面，可能还远远不够。

从近现代科学技术史看，许多重大发现和突破正是来自具备非共识、颠覆性、高风险等特征的原创项目。就我多年的工作观察来看，大学中，无论是教师还是学生，不乏一些大胆的想法，有些甚至乍听起来是"无稽之谈"或者"异想天开"，但说不定，它们就是创新的种子和火花。作为高校管理者，我们当前必须要思考的是，如何营造一个保护创新种子和奇思妙想的环境，当好颠覆性创新技术的"伯乐"？

我们要看到，有一些人才，在现有评价体系中还没有得到足够多的支持。比如，有人能够提出一个未来场景或创新想法，但目前还无法形成逻辑清晰、论证严密的论文，也匹配不到足够多的研究资源，暂时找不到人或机构愿意为此"埋单"，那么他们的想法，很可能就成为一个无效的创新。试想，如果我们把眼下刷屏全球的 Sora 这种文生视频技术和想法放到二十年前，很可能也无人问津；而现在应用广泛的 5G 通信技术，若放到三十年前可能也会吃"闭门羹"。但科学史的发展证明，曾经的很多科幻，一次次都成为如今的现实。

所以，对大学来说，不仅要在顶层设计层面加大对人才的重视和扶持力度，更重要的是能够不拘一格"识"人才。我把上述这类人才称为"善于绘制蓝图的人"，大学应该尽力保护他们的奇思妙想。

## 把更多"好问题"变成"好产品",推动"四链"深度融合

**问:** 培育新质生产力,既需要从事基础研究的科学家,也需要一流科技领军人才和创新团队,包括从事工程创新的技术人才。大学如何更好地启动分类评价,激发不同人才的创新活力?

**郑庆华:** 除了解决"破"与"立"的难题,大学还需切实把准"位"与"为"。当前,大学的科学研究存在一个"两头在外"的问题。所谓"两头在外",就是很多研究的出题者并非高校,而是来自产业;再者,研究成果的转化、落地,也不在高校。简言之,高校只是承担了研究的中间环节,这个环节最终是否有效,或许要打上一个问号。对此,无论是高校管理者,还是从事具体研究的一线科研人员,必须要有清醒的认识。

那么,怎么办?在我看来,要破解"两头在外"的难题,实现产业链、创新链、资金链、人才链"四链"融合,其中最关键的一点就是要让终点回到起点,也就是"把珍珠串成珍珠链",从而实现闭环。

举个例子来说明。就工程硕士研究生和博士研究生的培养而言,既然从事应用型研究,就不能仅满足于埋首实验室发论文。论文固然是成果的一种形式,但最终还是要形成生产力,这也是教育为新质生产力培育提供"硬支撑"的重要体现。同济大学在2023年创办国家卓越工程师学院(国际工程师学院),我们通

过制度层面的设计，推动校企深度融合，就是希望解决上述问题。

在卓越工程师培养进程中，我们也更加深切地意识到，从事工程创新的人才，同样需要"伯乐"。对于这类人才的评价，同样不能唯论文、唯文凭，而是要看他们具体提出了什么问题，问题背后有没有基础性的学术理论支撑等，这一点非常关键。为了更形象地理解这一点，我们不妨重温一下诺奖史上的这个故事。1979年诺贝尔生理学或医学奖得主高弗雷·豪斯费尔德（Godfrey N. Hounsfield）和艾伦·科马克（Allan M. Cormack），凭借为CT扫描仪研发作出的贡献而获此殊荣。其实，CT的研发，凝聚了几代诺奖成果的智慧。从物理学家伦琴发现X射线到CT机的出现，实际上就是从基础研究到重大工程领域，最后再成为一个产品的典型案例。

由此我们也可以发现，善于提出、凝练工程领域的好问题，也是高校推动创新人才培养的重要外部牵引力。

## 大力优化人才"生态圈"，
## 强化有组织科研服务科技自立自强

**问：** 2024年，新质生产力首次被写入政府工作报告，加快发展新质生产力迫切需要大批的拔尖创新人才。您认为，大学在这方面还可以有哪些新作为？

**郑庆华：** 高校应充分发挥人才培养"摇篮"作用，为培育新质生产力注入连绵不绝的"源头活水"。

调查研究表明，对科研工作者来说，25岁至40岁是一生中最富有创造性的阶段；工程类人才则稍晚，大约在35岁至50岁，因为他必须经过工程实践的锻炼。无论是"十年磨一剑"的基础研究，还是在工程项目中成长的应用研究，其过程不乏荆棘和坎坷。对于这样一批具备创新潜质的人，谁来做"伯乐"赏识他，如何保护他的兴趣，谁来管理他的成长发展，保障他的生活无忧，这些都离不开机制兜底。

目前，同济大学已全面取消上海基础研究特区计划入选者在项目执行期内的人事考核，重点支持有发展潜力的青年教师潜心基础研究、实现重大科学问题突破。此外，学校还先后实施"基础研究能力提升计划""技术攻关能力提升计划"等。2022年3月，学校宣布首次试点设立数学学科人才特区，以优化人才发展制度环境，进一步激发基础学科人才创新创造活力。

另外，步入大科学时代，科学的能级不断提升，更多创新成果的研制，离不开大数据、大装置、大算力等优质的高能级资源整合。因此，大学要做好"伯乐"，还必须在优化人才"生态圈"上下功夫。近年来，同济大学以"同济特聘教授"及"青年百人计划"两类岗位统筹整合各类人才计划，通过汇聚大团队、构建大平台、承担大项目、催生大成果等有组织的科研，优化战略科学家成长环境，形成成长梯队，加快实现高水平科技自立自强。

# 推动科创"关键变量"转化为新质生产力"有效增量"

撰稿 储舒婷

**专访**

**俞建勇**

中国工程院院士、东华大学校长

在培育发展战略性新兴产业与未来产业的过程中，大学如何更好发挥支撑与引领作用，促进新质生产力加快形成？

中国工程院院士、东华大学校长俞建勇在接受文汇报记者专访时指出，推动新质生产力发展的关键在于创新——应突出强化创新的革命性突破，同时，要特别注重创新的系统性实现。

结合自身的科研经历和高校治理经验，他剖析说，对高校而言，首先要把握创新的重点，即聚焦于基础性、前沿性和颠覆性的创新，催生新产业、新业态、新动能，并推动产业深度转型升级，实现产业应用上的突出成效。

在整个访谈中，让记者印象尤其深刻的是，俞建勇多次提及，要充分重视并研究"创新的系统性问题"，即要有效应对新技术应用面临的多学科融合、多领域协同的挑战，切实把创新成果转化为现实生产力。

## 打通堵点：原始创新和体系性创新相结合是关键所在

**问**：在推动新质生产力发展的过程中，提高创新效率的关键是什么？在各个环节中，还存在哪些堵点、难点？

**俞建勇**：新质生产力的形成过程，涵盖技术上的革命性突破、生产要素的创新配置以及产业的深度转型升级，原始创新和体系性创新相结合是关键所在。

首先，我们必须高度重视原始创新。当前，国际科技竞争向基础前沿前移，如果说过去我们在很多领域还可以跟随别人的步伐前进，那么从现在开始，我们必须更加强调自主创新，努力实现科学新发现、技术新发明、产业新方向、发展新理念"从无到有"的跨越以及关键核心技术自主可控。

其次，我们必须更加重视体系性创新。发展新质生产力，"从0到1"源头创新的重要性毋庸讳言，同时，在"从1到100"的转化过程中，我们往往面临来自多学科、多领域的挑战，且每个环节都可能存在瓶颈。

举例来说，即便有了原型技术，如何将其转化为规模化生产，确保品质可靠、过程绿色清洁、产能高效、成本可控以及相关制造产业链的完善——这些都是一个个具体的卡点、必须逐一加以解决。这实际上也意味着，除了做大原始创新和成果转化的"两头"，更要对系统性问题给予充分重视，加强体系性的交叉性研究。

最后，我们要把创新落脚在推动产业形成先进生产力上。科技创新能够催生新产业、新模式、新动能，发展新质生产力，既要推动量大面广的传统产业转型升级，不断拓展领域内涵、提升产业竞争力，又要大力发展战略性新兴产业与未来产业，把科技创新优势转化为产业竞争优势，努力占领产业发展竞争的制高点。

**问：** 在您看来，该如何把握新一轮科技革命和产业变革机遇，将更多创新成果转化为新质生产力？

**俞建勇：** 科技革命引领产业变革，形成了诸多时代热点。比如，人工智能和信息技术的高速发展，正广泛覆及各个领域、赋能千行百业；生物与化学技术的交叉融合，在生命健康领域扮演着日益重要的角色；新材料作为基础性、先导性产业，其在各领域的应用场景不断拓展，业界俗称的"一代装备一代材料"也正在发生转型、向着"一代材料一代装备"快速演进……可以说，从宏观到微观，每个领域都在经历深度分化与变革，而要把握好科技革命的脉搏，关键在于创新。

面对新一轮科技革命和产业变革机遇，要将更多创新成果转化为新质生产力，就必须着力强化原始创新，不断提升创新策源能力；同时，在体系性创新方面取得更大突破，加快构建全链条、全过程、全要素创新体系，全面提升科技成果转化能力，推动科技创新"关键变量"转化为新质生产力"有效增量"。

以东华大学在碳纤维技术方面的创新为例，科研人员在突破碳纤维制备核心技术的基础上，持续推进规模化制造、装备及配套原材料技术提升，先后解决了碳纤维性能、品质稳定性、加工效能等突出瓶颈，最终实现碳纤维战略材料的产业化生产与应用。

## 因地制宜：前瞻谋划精准培育，对要素集聚的新产业要加大投入

**问：** 在您看来，在从事科技创新活动的过程中，该如何实现对未来技术的前瞻性思考和探索，助力我国在全球科技竞争中保持领先地位？

**俞建勇：** 这实际上是提出了更高的要求，即在引领性技术上要走在世界前列，把握未来技术发展趋势，前瞻性地思考和探索未来数十年可能的技术变革，并进行超前布局。

过去，我们通过充分吸收国际先进技术，跟上时代步伐。然而，在当今日益激烈的国际科技和产业竞争中，简单的跟随式创新已不再能满足新时代的发展需求。此外，我们还需意识到，"卡脖子"问题往往具有时间上的延滞性，老的问题解决后，新的问题又会出现。因此，我们必须加大自主创新力度，在传统赛道上追赶超越的同时，前瞻布局新的创新领域和技术路线，努力拓展未来发展空间。

为进一步增强科技创新的驱动力，我们需要从思想上深化对创新规律的认识，确保在未来产业布局上实现深度突破。首先，要鼓励科学家对基础研究展开自由探索、争取取得重大原理性突破，这是整个科技创新体系的源头活水。其次，要鼓励科学家保持对当代各领域前沿科学的高度敏感，捕捉最新技术动态，并预见其潜在价值——这种对前沿科学的敏锐洞察和精准把握，要求

科学家不仅要关注、解决当下的重大问题，更要关注、抢占未来技术发展的制高点。

在新能源领域，当前，锂电池技术被广泛应用，但其性能已近极限。业界预计，下一阶段，也就是未来的五至十年内，固态电池有望取代锂电池并进一步发展。但另一方面，我们也要看到，氢能源因其高能量密度，正展现出广阔的应用前景，未来一二十年有望突破制氢、储能等关键技术瓶颈，进一步实现大规模产业化应用。由此可见，创新的过程往往面临安全问题、可靠性问题以及成本问题等诸多挑战，且创新并非一劳永逸，而是要经历反复迭代升级，并关注不同领域的革命性变化，从而实现可持续的升级与创新。

具体到高校，要实现可持续的创新，必须大力倡导学科交叉。当今世界，科技领域呈现出一个显著趋势，那就是越来越多的重要突破来自跨学科和交叉领域。这就需要从顶层设计层面，进一步支持和鼓励学科交叉，引导科学家理解不同学科科研范式的差异，并紧跟相关学科的最新进展。在革命性科技萌芽或初露端倪之时，便需考虑到其未来对其他领域的影响，从而作出超前布局和深度研究。

问：要发展新质生产力，城市也面临着产业升级更新的需求。上海正聚焦建设国际经济中心、金融中心、贸易中心、航运中心、科技创新中心的重要使命，可否谈谈城市应该如何因地制宜、加强对未来产业的前瞻谋划？

**俞建勇：**上海具有培育未来产业、发展新质生产力的良好基础和条件，比如，我们具备强大的基础研究力量、丰富的高校资源以及多学科交叉的创新能力等。上海要充分发挥这些特色优势，结合地方产业基础和资源禀赋，合理规划、精准培育未来产业，积极探索富有上海特色的新质生产力发展路径。

高水平大学、顶尖科研机构、企业总部等各方资源汇聚于此，为上海发展知识密集、技术密集、人才密集的未来产业，打下坚实的发展基础。以未来材料为例，上海重点布局高性能复合材料细分领域的产业发展，跟东华大学具有很高的契合度，学校在这个领域拥有深厚的学术底蕴，完全有基础也有能力为上海做强高性能纤维及其复合材料产业链提供关键支撑。

在新兴领域，上海要充分发挥技术革命突破的优势，整合优势力量聚焦战略产业和未来产业的发展，努力在世界级技术变革中占据前沿位置。为了实现这一目标，需要做好各方面的协同工作，确保深度创新的科技与新兴战略产业能够更好地融合衔接。

打通科技布局与产业布局的链接，这是一个系统性工程，要因地制宜、合理选择一些要素集聚的新产业，加大资源和力量的投入。当某一类新技术取得进展时，我们应科学地研判和选择产业发展路径，优先发展要素集聚度高、产出效益好、技术竞争力强且绿色可持续的新产业。

## 应对挑战：适应融合创新特征，高校要营造更良好氛围

**问：培育发展新质生产力，大学肩负着科技创新和人才培养的重任，如何把握新机遇、承担新使命？**

**俞建勇：** 高校是创新人才培养的重镇，尤其是高水平研究型大学，作为基础研究的主力军和重大科技突破的生力军，在服务新质生产力发展中发挥着举足轻重的作用。

在科技创新方面，高校要特别重视基础研究与源头创新，这是形成新质生产力突破的关键。要更加重视多学科、交叉性研究，因为这些"边缘"地带往往孕育着突破性成果。此外，高校也要着力加强组织形式、文化氛围与科研导向的建设，形成针对重大问题的集成攻关机制，营造更加良好的创新氛围。

目前，东华大学正在建立健全适应基础研究特点的选题选人机制、科研评价体系和内部管理制度，营造有利于基础研究发展和青年人才成长的良好生态。积极推动学科交叉融合，在保持纵向学科组织架构的同时，构建柔性组织形式，以更好地应对重大问题挑战。

面对复杂技术问题，企业与高校的深度融合是"破题"关键。以复合材料在大飞机上的应用为例，东华大学与中国商飞合作共建协同创新中心，明确共同目标，全程

参与从原材料到设计、制造、评估等关键环节，不断提升科技创新有效供给能力。在这一过程中，高校承担了重要的、基础性的研究工作，而企业则更多承担了生产技术的整体达成。

近年来，学校顺应国家和区域发展战略以及产业高端化、智能化、绿色化发展需求，依托纺织、材料两个"双一流"学科，统筹推进优势提升学科、高原培育学科、战略发展学科等三个层次重点学科建设，科技创新有效供给能力显著增强，为推动区域高质量发展、引领产业转型升级作出了重要贡献。

**问：培养更多适应新质生产力发展需求的人才，高等教育该如何与时俱进？高校在升级人才培养方案时又有哪些新思考、新布点？**

**俞建勇：** 高校在改革发展中，要始终处理好特色化发展与时代化发展的问题，只有这样才能永葆创新活力，不断输出创新知识，培养适应新时代发展需求的人才。

对高校而言，学科专业布局是关键。目前，东华大学正在深入推进学科专业设置调整优化改革，坚持特色发展与服务需求相结合，主动调整学科专业设置和招生结构，加大战略性新兴领域和急需紧缺领域学科专业布局，加快构建契合国家战略和上海发展急需、与高水平研究型大学相适应的学科专业体系，努力提升学校服务经济社会发展的支撑力、贡献力。

## 探路新质生产力
New / Quality / Productive / Forces

新质生产力的发展，到底需要培养什么样的人才？对此，教育界、科技界、产业界都从不同角度提出了不同标准，在我看来，其中最核心的，应是培育学生的创新思维和创新能力。培养适应新时代需求的人才，需要我们注重教育思想的更新、组织资源的集聚与投入，以及教育范式的升级调整，使学校教育更好地适应知识交叉融合创新的特征。

当前，高等教育十分强调培养"强基础、宽口径、重创新"的复合型人才。从人才培养的理念上来说，"复合型"绝不是多学科知识的简单叠加，而是系统集成，重在培养学生综合运用各种知识解决复杂实际问题的能力。目前，教育变革很重要的一点是强化场景教育。人工智能时代，将为全体劳动者创造一个全新的智能化场景，高校培养学生也不能"闭门造车"，而要创造条件丰富的人工智能教育场景和应用场景。要创新实践"人工智能+"，鼓励学生在新的智能场景中培养思辨力、学习力、创新力、领导力。目前，东华大学已在教育教学中积极融入人工智能有关课程，开展相关专业培养，通过场景育人、项目育人、平台育人等多种方式，提高人工智能教育的可及性，鼓励更多学生主动拥抱科技变革。

# 拆"围墙" 破"惯性"
# 加速科技成果
# 向新质生产力转化

撰稿 储舒婷

# 专访

## 刘昌胜
### 中国科学院院士、上海大学校长

大力培育新质生产力，必须牢牢抓住科技创新牛鼻子。在前沿科技领域和关键技术领域，产业的力量日益凸显，发挥着越来越重要的作用，许多突破性的创新成果都诞生于此。过去，高校是创新的引领者，但现在，高校想继续担当引领者，正面临着严峻的挑战。

中国科学院院士、上海大学校长刘昌胜在接受文汇报记者专访时谈到，推动新质生产力加快发展，高校的首要任务是从源头加大原始创新的供给：一方面，要充分认识创新本身具有高度的不确定性，进一步重视深层次的"科学学研究"（Science of Science），即从宏观层面总结原始创新发生的规律，以应对局部的不确定性；另一方面，大学亟须打破教育的固有"惯性"，采取更果断的行动开放办学，拆除大学的"围墙"，让科技变革的思潮涌入这座"象牙塔"，培养一批能够适应新质生产力发展所需的高质量人才。

## 高度重视"科学学研究",科学评估创新的"成败"

**问**:科技创新能催生新产业、新模式、新动能,是发展新质生产力的核心要素。在您看来,要进一步促进新质生产力的释放,在加大原始创新方面,我们还可以有哪些新作为?

**刘昌胜**:纵览全球,科技浪潮滚滚而来,整个社会的生产力发展和生活方式都正在或即将发生巨大的变革。认识、把握并推动变革,起支撑作用的就是科技创新。如果把生产力比作一座金字塔,那么引领生产力发展的正是金字塔的尖端——那些影响力大、冲击力强、引领性高的创新,能加快形成新质生产力并促进其发展。

可以说,没有源源不断的原始创新供给,新质生产力的发展便无从谈起。事实上,无论科学发现还是原始创新本身,都遵循着一定的轨迹和规律。然而,当前科学界对原始创新发生规律的研究尚显不足。由于颠覆性、革命性的创新具有高度不确定性,我们更需要从宏观层面总结规律,在一定程度上解决局部的不确定性。因此,"科学学研究"作为研究科学和科学活动发展规律及其社会功能、影响的新兴研究领域,将提供重要的理论支撑。

要知道,科技创新的过程复杂且充满挑战。一般情况下,从资源分配来说,发现问题、解决问题和总结成果各占 1/3——这是一个较为合理的资源分配比例。然而,根据我的长期观察，现在不少研究往往是"5%的发现、80%的解决、15%的总结"。讲得更直接一点，我们在如何发现关键的科学和技术问题上，做得还远远不够。

不言而喻，只有找对了问题，才能确定正确的方向，并进行有效的、前瞻的科研布局。这就要求科学家本身要具备提炼现象背后科学问题的能力，然后组织一批科研人员共同攻克难关，方能事半功倍。具体而言，要组织战略科学家加强战略研究，从具体的现象或国家重大需求出发，分析和提出关键的、抽象的科学问题，并制定正确的战略研究方向和科学目标。这或将一定程度上破解原始创新难的问题。

问：在从原始创新成果转化为新质生产力的过程中，您认为目前还存在哪些梗节和堵点？

**刘昌胜**：原始创新之所以困难，不仅在于我们对其发现规律缺乏深入研究，对相应的科研资助、管理和评价等问题，也缺乏系统的科学研究。

科技成果转化率之所以偏低，一方面是因为原始创新的成果转化周期长，甚至有些并不具有可转化性，即转化为人类的新知识或对世界的新认知；另一方面，它也反映了一个科研活动的真相——失败是原始创新和前沿基础研究的常态，而成功只是少数。

打个比方，基础研究和成果转化的过程，犹如探矿和挖矿。我们通常只注重挖矿的成绩而忽略了探矿的作用，而实际上，恰恰是探矿者的失败，排除了大量的错误探索方向，定位正确的矿源，从而为后来的挖矿者铺平了道路。同时，我们还需综合分析科研失败的原因。

例如，有些科研失败，是因为受限于当时的认知能力或技术水平，对这些科研活动开展评价时，应当站在历史的角度，而非事后诸葛亮。

我们同样以勘探举例。过去，地下勘探的深度可能仅限于3000米，但随着技术的进步，现在已经能够钻探到5000米甚至10000米。那么，如果当初在3000米深处未发现金矿，而最终在5000米或10000米深处找到了，这并不意味当时技术水平的3000米深度勘探工作没有找到矿是探索方向有误或科研工作失败。

可见，创新是一项失败率高、充满艰辛的任务。直面这个事实后，接下去我们要思考的是：到底是去做相对容易的事，还是去做难的事？可见，我们不仅需要全社会大力弘扬科学家那种百折不挠、甘于奉献的精神，同时也需要营造一个更加宽容失败的环境。要知道，有些科研人员默默无闻地奉献一生，或许未能取得世俗眼中的成功，但问题是，谁又不渴望成功呢？那些经过努力却依然失败的尝试，同样具有意义，只是往往缺乏正面的认可。所以，评估失败并非易事，需要区分是客观条件限制还是工作敷衍了事，不能一概而论。

鼓励更多的创新，需要有适宜的环境。其实，我们目前依然面临着制度层面的刚性束缚等问题。例如，科研项目预算的精细管理，有时会限制研究的灵活性。基于基础研究的不确定性，近年来，部分研究项目已开始实施项目经费包干制，这就是一项很好的探索，可避免研究过程中需要使用新的实验材料和方案产生的经费报销困难问题。

## 不同领域成果转化速度不同，
## 要善用分类管理"指挥棒"

问：如何优化科技成果转化的机制，以应对研发周期长、风险高以及市场需求快速变化等多重挑战？

**刘昌胜：**古语云"厚积薄发"，基础研究尤其如此，其创新成果同样需要长时间累积，方能结出生产力的硕果。为促进新质生产力的发展，不同领域的科技成果转化具有各自的特点和需求，这就要求我们善用分类管理的"指挥棒"，营造一个良好的制度环境。

就拿生物医药和人工智能领域来分析，两者在转化方面呈现出截然不同的特征。首先，生物医药领域的研发周期长，一款新药的研发到上市往往需要五至十年，甚至十五年以上，这是因为药品的安全性测试必须经历漫长而严格的过程。相比之下，人工智能领域的技术转化速度则快得多，甚至半年都算慢了。其次，从科研"高产期"来看，生物医药领域的科研人员往往需要长时间的积累和学习，成果产出通常在四五十岁左右；而人工智能领域的创新人员则呈现出更年轻化的特征，比如，视频生成大模型 Sora 团队的成员仅二十多岁，便取得了令人惊艳的成绩。

尽管短期内，人工智能领域在产业规模及影响力方面创造了更为亮眼的成绩，但生物医药领域的科技成果转化同样具有不可替代的价值和意义。从长远来看，生物医药对生命健康的贡献无法估量。而且，值得注意的是，人工智能领域的发展其实也面临着一系列挑战。比如，其迭代过程需要大算力、大数据和大模型的支持，这就对硬件和电力资源提出了极高的要求。相比之下，人类大脑功耗低但运转速度快，这是目前人工智能无法比拟的优势。

不同领域的创新各具特色，转化过程也各不相同。因此，在推动高质量创新的过程中，我们必须深入了解各个领域的实际需求，从不同角度探索适合的解决方案。无论是顶层设计、管理制度、评价体系还是政策支持，都不能简单地一刀切，而应结合各领域的实际情况，综合考虑短期和长期效益，以更加科学和全面的方式评价其意义。

**问：高校作为科技创新的策源地，却一直面临科技成果转化率偏低的问题。对此，能否结合上海大学的探索，谈谈您的看法和建议？**

**刘昌胜：**长期以来，高校科技成果转化率低的问题受到关注和讨论。一方面，我们确实需要研究科技成果的转化规律，提供有针对性的制度供给，解决其中的梗节、堵点，促进科研成果的产业化。另一方面，从科学的视角来看，转化率不高也有创新规律本身的影响，因为成功往往来自无数次的失败探索。从基础研究到新质生产力的转化，是一个漫长而复杂的过程，成果转化率难以

**探路新质生产力**
New / Quality / Productive / Forces

上海大学嘉定校区集成电路产教融合人才培养与协同创新中心效果图　上海大学 供图

高企,对此需要有正确的认知。我们需要深入研究科学学的深层次内容,按照创新规律配置投放创新资源,多产出一些高质量的原创成果,提高创新成果有效转化率。

坦率地说,目前虽然有很多人在"挖矿",但真正勇于探索的"探矿人"较为稀缺。一旦某个领域发现了丰富的"金矿",各种资源和关注便会纷至沓来。然而,在此之前,那些长时间、默默无闻的探索工作,却往往被忽视。原始创新的重要性不言而喻,但如何巧妙地运用政策工具来支持并促进创新成果源源不断地产生,仍然是一个值得深入思考的问题。

上海大学在价值文化层面倡导做有用的学问,瞄准国家重大战略需求和上海经济社会发展所需,开展有组织的科研,促进高价值的科研成果的产出。同时,学校也注重与校区所在区的协调,大力建设环上大科技园,针对科技成果的转化规律和学科特征,加强扶持政策的精准供给,并提供专业化的服务,提高科技成果的转化率,促进新质生产力的形成。

## 国家需要什么就布局什么，大力培养未来领军人才

**问**：发展新质生产力，亟须进一步畅通教育、科技、人才的良性循环。您认为大学应该在其中发挥哪些作用、做出哪些改变？

**刘昌胜**：无论是原始创新还是成果转化，人才始终是核心。高校作为人才培养的摇篮，肩负着培养适应新质生产力发展所需的高质量人才的职责和使命。如果大学仍旧"穿旧鞋、走老路"，显然无法跟上时代的步伐。

打造立体式的拔尖创新人才培养体系，大学要有切实的作为。在上海大学，我们构建了"四层"卓越创新人才培养体系：依托首批国家试点学院——钱伟长学院，致力于培养基础学科拔尖人才；为适应未来技术发展的人才需要，成立未来技术学院，培养引领未来的科技领军人才；针对集成电路等"卡脖子"领域的人才急需，设立微电子学院，培养卓越工程创新人才；面向全体学生，注重培养全面发展的创新人才。通过分层分类的人才培养模式，为学生提供了多样化、个性化的发展选择。

同时，上海大学还采取更果断的行动开放办学，积极对接新业态。学校改革教育模式，拆除大学的"围墙"，通过引入产业界的头部企业，建设卓越工程师学院，推动产教融合模式创新，构建产学研合作平台，并优化课程体系，共同培养面向未来的卓越工程师。通过教育模

式的创新,学校致力于培养能够引领未来新质生产力发展的人才。

**问:** 发展新质生产力、实现现代化,需要各方面的拔尖创新人才。高校该如何通过教育变革,培养创造新质生产力的战略人才及应用型人才?

**刘昌胜:** 首先,基础学科的根基要树牢,大学应进一步强化基础学科拔尖人才的培育。其次,大学再也不能关起门来"自娱自乐",要站在国家战略、社会需求的角度看教育。国家需要什么、社会需要什么,大学就布局什么、发展什么,不符合社会需求的学科专业,要大胆地关、及时地停。

对大学而言,还有一点很重要,那就是要跳出眼前的短期利益,站在未来看现在,从长远发展的需求角度,前瞻布局具有发展潜力的未来学科、未来专业。

近年来,学校加快了教育改革的步伐。在基础学科拔尖人才培养方面,依托国家重点实验室和省部级基地,并强化与国家实验室、中国科学院相关研究所的合作,致力于提高科教融汇对教育教学的支撑反哺作用。与此同时,我们也在逐步优化学科布局和专业结构,加大本科专业动态结构调整的力度,布局"四新"专业,逐步淘汰传统专业,力争在"十四五"末,将现有本科专业数压缩20%,并积极构建学科交叉的新格局,培养复合型创新人才。进一步完善产教融合,目前,我们还与行业龙头企业共建一流育人平台,形成以国家战略需求、产业需求为导向的人才培养机制。依据学校的战略规划,上海大学将通过优先布局人工智能、大数据、智能制造、数字经济等专业,强化个性培养,培养未来领军人才。

# 加快绿色科技创新
# 为新质生产力
# 注入强劲动力

撰稿 姜澎

# 专访

## 黄震
### 中国工程院院士、上海交通大学智慧能源创新学院院长

习近平总书记在主持中共中央政治局第十一次集体学习时指出："绿色发展是高质量发展的底色，新质生产力本身就是绿色生产力。"在对新质生产力内涵的阐释中，"加快发展方式绿色转型"备受关注。

"从历史看，每一次能源科技的重大突破都是人类文明发展和进步的重要驱动力。当今，我们正面临新的能源绿色转型与变革，加快新能源科技发展，将为新质生产力发展注入强劲动力。"中国工程院院士、上海交通大学智慧能源创新学院院长、碳中和发展研究院院长黄震教授在接受文汇报记者专访时强调，当前，我们亟须大力推进新能源科技创新与制度创新。要加快绿色科技创新和先进绿色技术推广应用，做强绿色制造业，发展绿色服务业，壮大绿色能源产业，发展绿色低碳产业和供应链，构建绿色低碳循环经济体系，以绿色发展的新成效，不断推动新质生产力加快发展。

## 能源科技创新，是实现高质量发展的重要引擎

<u>问：在各界对新质生产力的解读中，绿色科技、新能源科技被频频提及。为什么新质生产力与绿色科技、新能源科技密切相关？</u>

**黄震：** 发展新质生产力的核心要素是科技创新，尤其是原创性、变革性、颠覆性的科技突破，可以引领和催生新产业、新业态、新商业模式，形成推动经济社会发展的新动能。在我看来，加快培育发展新质生产力，最重要的是实现"两个转型"：一是数字化转型，二是绿色低碳转型。高质量发展一定是绿色发展，新质生产力本身也一定是绿色生产力。

作为绿色科技的重要内涵，能源科技创新对新质生产力发展十分重要。

从人类发展史看，18世纪70年代，瓦特改良蒸汽机，人类第一次将煤炭转化为"动力"，开创了以机器代替手工工具的时代，开启了第一次工业革命；19世纪30年代，法拉第发现电磁感应现象，进而发明了人类第一台发电机，人类进入"电气化时代"，社会面貌以前所未有的速度发生改变，并开启了第二次工业革命；20世纪30年代，奥托·哈恩用中子冲击重元素铀，发现核裂变时会释放出巨大的能量，核能的利用变成了现实，以原子能、电子计算机、空间技术等科技突破为主要标志，

掀起了第三次工业革命，促进了人类社会大繁荣与大发展。可以发现，能源科技的重大突破，是历次人类工业革命的重要驱动力，带来了生产力的突飞猛进和生产关系的重构。

再从现实来看，进入21世纪后，在应对气候变化、保护地球家园等全球共识的引领下，新能源科技快速发展，特别是光伏技术、风电技术、新型储能技术的突飞猛进，带动了相关产业的蓬勃发展。2023年，我国可再生能源发电装机达到14.5亿千瓦，历史性地超过火电装机，占全国发电总装机比重首次超过五成；可再生能源发电量3万亿千瓦时，约占全社会用电量的1/3，成为保障电力供应的新力量。

2023年，我国光伏、风电装机达2.9亿千瓦，占全球新增装机一半以上；电动汽车、锂电池和光伏产品，"新三样"产业不断壮大，"新三样"产品2023年合计出口1.06万亿元，首次突破万亿大关。

可以说，新能源产业已经成为战略性新兴产业，是我国高质量发展的重要引擎。

**问**：新质生产力具有高科技、高效能和高质量特征，那么"双碳"目标和新能源科技发展，如何为新质生产力发展注入强劲动力？

**黄震**：2023年，我参加了在迪拜举行的《联合国气候变化框架公约》第二十八次缔约方大会（简称COP28）相关活动，感触颇深。在以石油为经济命脉的中东地区召开的COP28上，全世界达成了一个重要共识——要转型脱离化石能源。这是具有划时代和里程碑意义的，目前已有

150余个国家先后宣布要在2050年前后实现碳中和。

如果说碳达峰是量变的话，那么碳中和就是质变的过程，而实现"双碳"目标，关键是要能实现电力脱碳和零碳化。在这过程中，尤其重要的一点是要发展以新能源为主体的新型电力系统技术，使新能源从补充能源走向主体能源。

碳中和与能源绿色转型，将引领构建全新的零碳产业体系，这将引发数百万亿投资与产业机遇。当然，这也会带来生产关系的改变。可以预见，一大批新技术、新产业、新金融、新商业模式，如新型电力系统、再电气化技术、新型储能、可再生燃料、氢能与燃料电池、碳捕集和利用、气候投融资、碳信用、碳信贷、碳保险、碳债券、碳基金、碳期货等等，都将快速发展。

这里，我们就以"再电气化技术"为例分析一二。再电气化是实现各行各业脱碳和零碳的重要途径。如前所述，第二次工业革命把人类社会带入到电气化时代，但至今为止，全球电气化水平，或者说电能占终端能源消费的比重只有20%左右，我国为27%左右。而所谓的"再电气化"，就是基于绿电，"以电代煤""以电代油""以电代气"，能电气化尽电气化，加快电炉钢、电锅炉、电窑炉、电加热等技术应用，加快工业、建筑、交通等领域的再电气化，未来终端所用的能源中电力将达到70%，这将给各行各业带来深刻的绿色革命。

同时，随着供给侧新能源比例的不断升高，需求侧的灵活性就越来越重要。近年来正不断催生新的业态和商业模式，如负荷聚合服务、虚拟电厂、工商业储能等快速发展，逐渐形成规模化储能调峰资源，助力能源绿色转型。

在上海，虚拟电厂近年来发展较快。我们知道，每年盛夏都是用电高峰期，一些大城市在电力紧张时往往需要向其他地区购买用电。而所谓虚拟电厂，就是把工厂、商场甚至居民家的屋顶光伏、空调、电动汽车等各类分散、可调节资源汇聚起来。比如，在盛夏高温、电网供电紧张时，将商场空调温度上调1℃至2℃可减少用电需求，或者将聚合的分布式发电、储能设施向电网送电，配合电网削峰，同时取得高峰时的高电价收益。

要实现燃料脱碳与零碳化，最重要的是可再生燃料技术，以太阳能、风能等可再生能源为能量制取可再生燃料，包括氢、氨和合成燃料等。比如，我们目前承担的上海市重大科技专项正是研发用绿电制取合成柴油和航空煤油技术。简言之，就是通过变革性颠覆性技术，采用绿电将水和二氧化碳"合成"燃油，这将使交通和工业燃料独立于化石能源，实现燃料的零碳或净零碳排放。基于绿电的可再生燃料制取，能大大提升可再生能源利用率和就地消纳水平，既提供绿色燃料，又是一种新型储能方式，可实现跨季节大规模储能与广域共享。

可见，新能源科技创新与发展，将推动能源绿色转型和变革，让我们摆脱传统的高能耗、高资源消耗的经济增长模式，为新质生产力发展注入强劲动力，推动经济社会的高质量发展。

## 能源绿色转型，亟须多层面统筹推进

**问**：加快新能源科技创新与发展、实现"双碳"目标，有什么难点问题需要解决吗？

**黄震**：我认为有三个方面的问题值得关注。

首先，要加快构建我国碳达峰碳中和法律法规体系，"双碳"目标实现与能源绿色转型，要从政策主导走向法律法规主导。我国能源消费总量位居世界第一，仍以煤炭等化石能源为主，而且我国在发展经济、改善民生过程中能源需求将持续增长，碳排放尚未下行。

在经济社会发展的同时，如何转变能源结构、先立后破，实现绿色转型，按时实现碳达峰，并要在较短时间内实现从碳达峰到碳中和——可以说，这远超发达国家减排的速度和难度，时间紧、任务重，需要有更加完善的制度保障。要通过法律的稳定性、持续性和强制性来保障"双碳"目标与能源绿色转型的实现，向社会和产业界传递清晰且明确的未来绿色发展预期，凝聚起更加广泛的共识。要加快"碳中和促进法""能源绿色转型法"等专门性立法和相关行政法规的制定，为相关的政策、规章、条例、规范性文件等提供上位法依据。

其次，要大力推进能源科技创新与发展。实现"双碳"目标和能源绿色转型，必须紧紧依靠一系列颠覆性、变革性能源技术突破作为战略支撑，要高度重视科技第一

上海交通大学产教融合平台——智慧能源创新学院，学院建筑顶部铺满光伏板，提供部分用电　　　　上海交通大学　供图

生产力的作用，在长期总体框架下设定短期、中期、长期的科技发展目标，加大对新能源科技的投入，包括基础研究、应用研究、成果转化和技术转移的投入以及制度性的支持，同时要建立完善绿色低碳技术评估、交易体系，加快创新成果转化与应用。

第三，要发挥市场对资源配置的作用。要加快碳市场建设与发展，进一步通过碳配额、碳税，提高化石能源环境成本，让绿色溢价越来越小，助力绿色转型。要加快电力市场建设，还原电力的商品属性，让电力价格真正反映市场供需及碳减排成本，充分反映电力稀缺性与绿色性，激励发电侧清洁能源投资和建设，用户侧挖掘灵活性潜力。

## 产教深度融合，为现代能源产业提供人才保障

**问**：您是上海交通大学产教融合平台、国家电投智慧能源创新学院的创始院长，在您看来，高校该如何为绿色转型和新能源发展培养符合国家需求的创新人才，助力新质生产力的发展？

**黄震**：要为绿色转型和新能源发展培养符合国家需求的创新人才，当前最重要的是大力推进产教融合。随着我国经济社会的快速发展，企业已成为创新主体，推动产教协同育人是高等教育提高人才培养质量的必然要求。国家多次提出要推动产教融合培养人才，但客观来说，高校与企业作为两个完全不同的社会组织，产教融合，并非易事。而新能源发展更是如此，需要全新的人才培养模式。

智慧能源创新学院是在我国宣布碳达峰碳中和目标后，也就是 2020 年 12 月 29 日，由上海交大与国家电投共同创建的一个产教融合平台和办学特区。国家电投集团拿出紧邻交大的 130 亩园区作为办学用地，双方倾力通过产学合作，着力促进教育链、人才链、产业链和创新链有效衔接，培养引领现代能源产业发展的复合型、创新型、实践型人才，为国家的碳达峰碳中和提供有力的科技和人才支撑。

建院三年多，我们进行了许多新的有益探索，努力做好试点样板。由校企共同出资设立的"未来能源基金"，为双方在人才培养和科研合作上提供强有力支撑。学院积极探索本、硕、博各类学生全部采用校企产教融合培养模

式。为解决课程设置、课程内容和行业发展脱节的问题，校企在人才培养方案设计、课程设置和建设、教材编撰选用等各方面开展深入合作，学生培养实行校企"双导师"制。目前，学院聘请了112位具有高级职称、拥有丰富产业研发背景的行业导师，负责为学生授课、指导学生。

新能源科技的最大特点就是学科交叉，这也是其生命力所在。三年多来，学院成功招揽了一批海内外来自能源、信息、电气、材料、化学化工等不同学科的优秀人才，已建成一支学科高度交叉融合的高水平师资队伍。我们成功申办了本科新专业"智慧能源工程"。在培养方案设计和课程设置上，以"能源类"和"信息类"课程为主线，且十分注重能源技术与信息化技术交叉融合、能源技术与材料、化学化工的交叉融合。通过实施"本科生导师制"，教师全员参与创新人才培养。

与此同时，学院充分利用、挖掘校企双方各类前沿教学软硬件资源与实习实训基地，学生的毕业设计研究题目全部来自企业的"真问题"。学生在学校导师与企业导师的联合指导下开展毕业设计研究，已取得了良好育人与研发成效。比如，我们的两名本科生，已经通过科研，为企业的新能源和减碳工作提供了创新解决方案，且分别获评2022年度和2023年度上海交通大学优异学士学位论文。

以产教融合提升人才培养质量，是高校服务国家经济社会发展的必然要求。当然，如何通过制度保障来推动更大范围、更深层次的产教融合协同育人，仍然需要更多的探索。

# 2 / 发展启示

1. 从一辆新能源车看产业升级与变革
2. 一栋小楼何以走出 20 家硬科技企业
3. 一场大赛背后的"有为"与"有效"

以"链式"思维进一步思考培育和发展新质生产力

# 从一辆新能源车看产业升级与变革

撰稿 沈湫莎

"如果没有海量的新能源汽车芯片测试需求,我们不可能发展这么快。"上海菲莱测试有限公司创始人薛银飞有感而发。这家位于上海张江的半导体可靠性测试解决方案提供商,因为抓住了车规芯片市场爆发的机遇,正迎来成立五年来的"第二增长曲线"。

在临港,一座特斯拉上海超级工厂带动的零部件配套企业达数百家,在长三角形成了"4小时供应圈",产业链本土化率高达95%。

汽车领域也有一个"双十定律":一个汽车产业发达的国家,GDP的10%来自汽车产业,10%的就业人口与汽车相关,可见汽车的产业链之长。在对上下游产业的拉动上,以电动化、智能化为发展方向的新能源汽车比传统汽车的能量更大。

2023年,我国新能源汽车销量同比增长37.9%,占全球市场份额60%以上。"爆单"的新能源汽车既推动了电池、电机、电控等核心零部件的技术创新,也带来了对新材料、新工艺的需求,催生前沿领域新赛道萌发,一批新企业、新产业或由此孕育,或乘风而起。以新育新,围绕新质生产力布局产业链、培育链主企业,通过强链补链延链做强主导产业,一辆新能源汽车背后是一篇产业升级与变革的大文章。

汽车产业不仅产业链长,而且关联度高、带动性强。以"链式"思维进一步思考培育和发展新质生产力,传统产业、新兴产业、未来产业如接力棒环环相扣、互相关联——如果没有传统汽车产业的扎实基础,新能源汽车无法成为当下我国的战略性新兴产业并支撑起出口"新三样";而以新能源汽车、智能网联汽车为代表的"未来车"

不仅蕴含着数字化、智能化、绿色化新机遇，还关乎未来科技竞争的两张"底牌"——能源和下一代信息技术，大批未来产业都将从一辆车里"长"出来。

**走稳今天：芯片"上车"牵引车芯联动发展新模式**

"新能源汽车'新'在何处，何处就会形成一个新的产业群。"同济大学汽车学院教授、国家智能型新能源汽车协同创新中心主任余卓平说，随着汽车"心脏"被电池替代，电子设备在整车中的比重已超过50%。

传统汽车向新能源车的转型升级，为汽车芯片的发展孕育了巨大增量市场和创新机会。根据上海提出的"车芯联动"产业协同发展目标，2025年将形成较完善的汽车芯片产业体系，更多本地供应链成熟芯片产品将实现装车应用。

菲莱测试是芯片"上车"的直接受益者。自2022年起，公司的销售额就开始逐年倍增，这主要得益于汽车芯片测试需求的激增。新能源汽车芯片数量是常规汽车的8倍，几乎每一颗车规芯片都有检测需求，这就催生出一个全新的、巨大的检测市场。

新需求催生新产品。比如，自动驾驶激光雷达芯片中的光收发芯片要求做到纳秒级测试，这在传统汽车上是没有的，需要从头研发。菲莱测试从软硬件、精密治具、电器链路等方面做了大量分析，开发出了纳秒晶圆测试系统，成为全球少数几家掌握该技术的公司之一。

上海探索"车芯联动"有良好的产业基础。目前上海已布局8家整车企业，600多家国内外主要零部件企业，

## 探路新质生产力
### New / Quality / Productive / Forces

2023年全市新能源车产量达128万辆，同比增长35%，约占全国的1/7。同时，上海拥有我国最完整、产业集中度最高、综合技术能力最强的集成电路产业链，产业规模约占全国的1/4。

在新能源汽车产业规模高速增长的基础上，上海也在产业链关键环节实现了全面布局。比如，在汽车芯片领域拥有超50家重点企业，涵盖设计、制造、封装等全产业链环节，华大半导体、地平线、欣旺达、加特兰等企业推出了158款较为成熟的汽车芯片产品，普华软件、中创创达、斑马智行等企业布局了车载操作系统等汽车软件。

如果说过去汽车和集成电路行业之间是买卖关系，那么现在双方有望发展出上下游协同的新模式，共同构筑汽车芯片的产业生态，而这与处于"链主"地位的整车厂的实力壮大密不可分。余卓平说，以前汽车摇窗机、雨刮器、安全气囊、转向控制器里的电子零部件要从国外进口，有些并不是国内企业无法生产，而是安装什么品牌的零部件由整车厂说了算。如今，随着国内一批造车新势力的崛起，越来越多新能源汽车整车品牌有了自主"选品"话语权，产业链上下游企业有了"上桌吃饭"的机会，供应链本土化率迅速提升。

**铺路明天：低空经济跳动着一颗新能源车"心脏"**

2024年2月，全球首条跨海跨城的电动垂直起降飞行器（eVTOL）航线完成公开演示飞行，将原本3小时的车程缩短至20分钟。4月，中国民用航空中南地区管理局颁出全球首张无人驾驶载人航空器生产许可证，低空经济已到了"起飞"之时。

托举低空经济的关键技术和部件与新能源汽车有许多交集，eVTOL的快速发展，很大程度上得益于随新能源汽车崛起而发育成熟的电池、电机、电控体系化供应链。其中，以电池为核心的动力系统是整架eVTOL的重中之重。

2023年在沪实现eVTOL成功首飞的御风未来创始人兼首席执行官谢陵透露，他们的动力系统合作伙伴臻驱科技，原本就是一家做新能源汽车动力系统集成的公司。该公司电驱动研发总监申仲旸说，新能源汽车的成熟技术储备为eVTOL这个新赛道打下了扎实基础，相当于给低空经济"建好了两层楼"。

巨大的市场前景催生企业创新动力。相比汽车，eVTOL对动力系统的要求更加严苛——重量要求是汽车动力系统的1/3左右，体积是汽车的1/5左右。臻驱科技在已有新能源汽车动力系统的成熟技术基础上进行了多次迭代，在决定功率大小的核心部件铜基板上实现了40多道关键参数和工序处理，三层材料叠加在一起的整板厚度不超过1毫米。

当前，液态锂电池能量密度已接近"天花板"，兼顾高安全性与高能量密度的固态电池被寄予厚望。据国家知识产权局统计，近五年我国固态电池全球专利申请量年均增长20.8%，增速位列世界第一。截至2023年5月，我国固态电池关键技术专利申请量为7640项，占全球总量的36.7%。全球排名前十的新能源电池厂家中，有4家来自中国，且居于"头阵"。

余卓平表示，下一代电池技术是新能源汽车竞争的

探路新质生产力 New / Quality / Productive / Forces

制高点,全固态电池的商业化落地对电动汽车续航、安全性方面的提升将是颠覆性的。这条从基础研究起步的创新之路往近看将带动新能源汽车的"二次起飞",而算力的背后是能源,往远看可能会影响算力发展格局。

眼下,这颗"跳动的心脏"不仅倒逼一批老牌车企倾情投入,也吸引一批造车新势力和初创企业躬身入局,产业链舞动的涟漪从源头的新材料、新工艺一路延伸至低空经济、下一代互联网等领域。

上海海通码头,大批中国新能源汽车正整装出发,远渡重洋"抢攻"欧洲市场
张伊辰 摄

## 播种后天:"行走的手机"会催生下一个"苹果"吗?

智能化是新能源汽车一个重要发展方向。越来越多人相信,未来汽车不仅仅是一台交通工具,而是一部"行走的手机",即下一代智能终端。基于这一趋势判断,一批产业资本、高端人才正在向新能源汽车行业集聚,期待一系列技术变革催生下一个"苹果"。

上海首屈一指的汽车产业链对智能网联汽车上下游企业有着极强吸引力。扎根上海十五年的博泰车联网一路从整车一级供应商发展到与众多汽车品牌深度绑定。公司开发的智能座舱产品已获得十余款车型的量产项目定点,综合型智能座舱全栈解决方案覆盖近30个汽车品牌。

同样在上海成长壮大的禾赛科技,其激光雷达在国内市场的搭载量已超37%,位居业内第一。公司CEO李一帆说,上海强大的产业链基础和人才、制造等资源要素支撑,让公司的很多创新在两小时车程范围内就形成了闭环。

沿着智能化之路向前眺望,新能源车企近几年纷纷布局人形机器人赛道。比如,小鹏发布了自研人形机器人PX5,小米发布了人形仿生机器人CyberOne,比亚迪成了上海人形机器人初创公司"智元机器人"的投资人。

目光长远的埃隆·马斯克将特斯拉定义为最大的机

器人——一种装有轮子的机器人。在他看来，未来特斯拉的长期价值将大部分体现在人形机器人"擎天柱"上。其背后的逻辑是，新能源汽车与人形机器人两者看似差别较大，其实技术是相通的。

上海交通大学机器人研究所副研究员闫维新表示，在硬件层面，新能源汽车使用的算力芯片、控制板、高性能电池、能源管理系统以及多种传感器都可"平移"到人形机器人身上；在软件层面，基于智能汽车发展的目标识别、感知算法等也能在人形机器人身上得以应用。

据中国电子学会预测，2030年我国人形机器人市场规模将达8700亿元。在新能源汽车上的领先"身位"，有助于让我国在下一场产业竞争中保持优势。

欧美汽车保有量达每千人600-700辆，我国刚刚越过每千人200辆的关口，市场增长空间巨大。余卓平说，智能网联汽车将产生大量数据，而数据是信息时代的燃料。当新能源汽车的密度达到一定程度，是否会催生一批数据掘金企业？会不会从中产生新的行业类型？一切皆有可能。

## —专家观点—
## 链式创新的未来意义

受访专家： **陈强**
同济大学经济与管理学院教授
上海市产业创新生态系统研究中心执行主任

近年来，我国新能源汽车产业发展迅猛，依靠科技创新，一批传统整车企业顺势崛起，一批造车新势力争相涌现，基本形成了完备且具有竞争力的产业链。新能源汽车可以说是"全产业链型"产业，我们能实实在在感受到它的能量释放。

首先，它的"链主"牵引力很明显，而产业链上任何一处点的突破，都会给产业带来颠覆性影响。其次，这一轮技术创新的明显特征是，核心技术突破是在本土完成的，不少造车新势力都形成了独特竞争力。这使得新能源汽车的本土供应链更强、产业链更长，带动的相关企业更多。

新能源汽车发展呈现出的"链式创新"特征，为我们发展新质生产力、布局未来产业带来许多启示。未来产业不能简单去看某一个产业，要看哪一个生产要素占据主导地位。比如数据作为生产要素释放出来的能量可见一斑，还有算力，它很可能成为未来产业和产业之间、国家和国家之间竞争的重要元素。而算力的背后是能源，信息和能源有比较明显的交替特征，会不断以新的面貌呈现。

当然，未来产业不是凭空出现的，其发展并非一蹴而就。它可能发端于某一颠覆性技术的横空出世，但更多是从过去布局的产业里"长"出来的。技术创新、产业迭代靠的是一步步积累，要以科技创新为引领，统筹推进传统产业升级、新兴产业壮大、未来产业培育。过去、现在、未来产业循序渐进地发展，某种意义上也是一种"链式创新"。

推动"链式创新"归根到底要靠生态，以前是产品、服务等的比拼，现在是体系和体系之间、生态和生态之间的竞争。所以要从底层逻辑入手把生态做好，为各种创新玩家创造各种可能性。

用一种新型研发组织模式策源未来产业

# 一栋小楼何以走出20家硬科技企业

撰稿 沈湫莎

成立半年即发布首台样机，一年被资本"追投"7轮；2024年3月，落户临港打造上海首座人形机器人量产工厂，预计年内实现首台商用——具身智能独角兽企业智元机器人出生至今14个月的发展可谓"风驰电掣"。

一骑绝尘的速度背后，有一张精细打磨的图纸。很多人不知道，这家一出生就吸引万千目光的明星企业是上海人工智能研究院一手"设计"出来的。2022年，研究院专家判断人形机器人的风口正在形成，基于已有的机器人研发基础和科研力量，他们立刻组建了一个由科学家、工程师、产品经理、技术经纪人等共同参与的人形机器人工作专班。后来，专班成为智元机器人的"创始班底"。

坐落在剑川路930号的上海人工智能研究院是一栋4层小楼，面积不过6000多平方米，经过四年多发展，这里已成为"大零号湾"科创密度最高的地方之一：20余家硬科技企业在小楼里孕育、成长并成功走出，企业总估值超过200亿元。

小楼中，一支由各领域优秀人才组成的400人团队正敏锐捕捉着全球科技前沿的发展，紧盯市场变化。他们以策源未来产业为目标，为科研团队系统、精准匹配科研与产业资源，在全过程创新中"搭建"一个又一个"智元"。

在上海人工智能研究院院长宋海涛看来，这种模式是一种新型市场化的"有组织研发"，从创新的第一步开始，就以"全要素推进"的方式实现从研发到产业的"全链条加速"。

## "开箱即用",探索"新一代"平台的新意

时间拨回到五年前。2019年世界人工智能大会上,由上海交通大学、闵行区政府、临港集团等共同发起的上海人工智能研究院揭牌。作为一家新型研发机构,研究院以"新一代高端专业智库、研发与产业转化创新平台、产融与生态创新平台"为定位,承担上海市人工智能研发与产业转化功能型平台培育建设任务,支撑上海科创中心建设,服务国家人工智能重大战略部署。

什么样的平台才能称得上"新一代"?宋海涛一直在思考。"创新理论之父"熊彼特的话给了他启发:无论你把多少辆马车连续相加,也带不来一辆火车。这意味着只有打破惯性思维,才能实现"破坏式创新"。

"从0到10"的创新路上,什么才是一个生态位处于高校和企业之间的平台赖以生存的基础?带着这个问题,宋海涛用一年半时间拜访了200多位教授和科研人员。在了解了大量研究、创业经历后,得出的关键词是:有组织、系统性、全链条、多学科、广交叉,做科研与工程结合的研发与产业转化。

"一项基础研究从做成样机到走出实验室,距离最终交付市场还有80%的路要走。企业需要的不仅是技术和专利,更需要'开箱即用'的产品和解决方案,'从1到10'的阶段需要解决工程、设计、安全、交付等一系列问题。"宋海涛说。

凭借着与上海交大一条马路之隔的区位优势以及前期的"校园调查",不少交大教授陆续来研究院建了工位。围绕着"探索无尽前沿,突破行业边界,破冰未来产业"

的共同目标，研究院通过灵活的弹性双聘机制集结了一支近 400 人、平均年龄仅 35 岁的科创团队，包括战略科学家、领军科学家、青年科研工作者、工程师、产品经理、技术经纪人及产业领军人才，他们分布于创新链条上的每一处关键节点，让创新接力棒得以高效传递。

**一年建厂，"疯狂速度"背后是"定制式孵化"**

2023 年 2 月，智元机器人宣告成立；2024 年 3 月，它在上海打造的国内第一座人形机器人量产工厂落户临港。一年时间从出生到量产，这样的成长速度实属罕见。

"疯狂速度"何以实现？镜头拉回到两年前：2022 年 6 月，研究院所在的小楼四楼会议室内，一场关于人形机器人的头脑风暴正在进行，上海人工智能研究院首席科学家闫维新提议成立一家人形机器人公司。当时大家的观点非常一致，认为应该基于研究院现有的科研基础开展联合攻关，着手部署人形机器人这一未来赛道。8 个月后，一家"量身定制"的企业由此诞生，它就是智元机器人。

成功孵化的关键在于创新资源配置，而核心则是组建团队：创始人——华为"天才少年"、从小痴迷机器人的 B 站 UP 主"稚晖君"彭志辉受邀加盟；初创团队——研究院以院内选拔和院外招聘的形式，搭建了一支 20 多人的团队，创业期间他们的工资均由研究院承担；投资人和产业合作伙伴——研究院集结了高瓴创投、比亚迪、三花控股、立讯精密等产业资本，其中不少还自带产业需求。

2022年底，以ChatGPT为代表的大语言模型的横空出世，让人形机器人这把火烧得更旺了。在许多人拿着真金白银想要寻找一家好的人形机器人公司时，智元很难不成为众人争投的"宠儿"，一年7轮融资的"奇迹"由此展开。

宋海涛说，相比于以往按部就班地一步步将科技成果推向市场的孵化，研究院更强调需求导向、场景驱动。"我们的很多项目在前期布局时就得到了大量来自产业方的真实数据、真实需求和真实场景，创业团队在研究院里孵化时就针对这些实际需求对产品进行打磨，也就是公司还未成立，已经有了来自产业方的'埋单人'。"宋海涛说。

面向产业的研发与转化，让一群年轻人逐渐成为研究院的创新活力因子，那就是教授们带教的硕士生、博士生和博士后，目前院里已经吸引了100多人。他们30岁上下，正是创新活力旺盛的时候，动手能力也很强。研究院牵头建设的上海昇思AI框架＆大模型创新中心、全国首个智能机器人中试验证平台、上海人工智能生态赋能中心、上海算力联合体等平台机构中都有他们的身影。有时，大家上一刻还在为某个观点争得面红耳赤甚至拍案而起，10分钟后已经相约吃火锅去了。

这群年轻人是新赛道初创公司"天生"的首席执行官、首席技术官、首席产品官。除了技术方向的青年科研力量，研究院还与交大安泰、上海高级金融学院、华东师大CTO学院等开展合作，创办国内首个AI MBA项目，培育具备"管理经验＋技术能力＋产业实践"的AI高端产业化人才。

由研究院孵化的虚拟电厂与储能技术科技公司"申沁

鑫能"的董事长，就是从 AI MBA 项目中遴选出来的学生。如今，公司已拿下电力行业央企的订单。因看好虚拟电厂这一方向，国网英大也成为他们的投资人之一。

### 从"-10"开始，"快人一步"前瞻布局

正如人形机器人最终比拼的是"大脑"的智能水平，上海人工智能研究院也有自己的"大脑"——高端专业智库平台，也是研究院重点布局的三大功能平台之一。目前智库平台汇集了 8 名院士、5 位 IEEE（电气与电子工程师协会）会士、8 位长江学者和国家杰青等 30 多位战略科学家和领军科学家。

为什么要设智库？为了研判产业发展前沿趋势，提前战略布局，在全过程创新中寻找各种机会。"其实我们的科创之路是从'-10'开始的。"宋海涛说。智元机器人就是"快人一步"布局的典型代表。

"人人都必须学会计算机的时代过去了，人类生物学才是未来。"不久前，英伟达创始人黄仁勋的"预言"让信息（IT）与生物（BT）的交叉学科成为"下一个黄金赛道"，也带火了 DNA 存储。

早在数年前，研究院的首席科学家、上海交通大学讲席教授、中国科学院院士樊春海就将 DNA 存储作为未来的重点突破方向，研究院围绕 IT 与 BT 的深度融合，推进"从 1 到 10"的产业转化。2023 年，研究院联手祥符实验室、转化医学国家科学中心（上海）推出了国内首个自主研发的 DNA 存储领域预训练大模型 ChatDNA，从中有望走出基因编辑、药物设计、智

能诊断等新赛道企业。

依托上海交通大学，研究院还组建起了数据智能、算力基础设施、AI-转化医学等多个技术与创新中心，瞄准人形机器人、合成生物学、智能仿生视觉、全固态电池等前沿领域开展有组织的研发与转化，未来三至五年，有望继续培育出一批独角兽和准独角兽公司。

伴随不断涌入的需求，拥挤的小楼开始在物理层面进行扩张。眼下，位于漕河泾科技绿洲的上海昇思AI框架&大模型创新中心，研究院嘉兴分院、新加坡分院等已经建成。未来，研究院的独特模式将会覆盖更多领域，朝着国际化目标，在更大尺度上探索创新资源的高效配置。

## 对话院长
### 模式创新的吸引力

转化经验丰富的科学家、跨学科交叉人才、创投人才、职业经理人……在上海人工智能研究院，各路孵化人才齐聚。不算大的办公空间里，密密麻麻的工位、抢手难约的会议室、络绎不绝的访客……一栋小楼为何会有如此大的吸引力？记者与院长宋海涛进行了对话。

**问**：上海人工智能研究院目前的人员构成是怎样的？

**宋海涛**：我们有近200名双聘科研人员和200人左右的综合性团队。我们鼓励大交叉、广交叉，一个课题项目在内部研发、早期孵化过程中都会配一个综合性团队去支撑。在综合性团队中，有技术经理人、全职工程师和产品经理，还招募了一批世界500强高管、上市公司联合创始人全职加盟研究院，由他们带领我们的事业群方向。可以说，我们建立了一整套从基础研究到产品交付的体系，让"专业的人做专业的事"贯穿至"从0到10"的每一个环节。

**问：研究院孵化的20余家硬科技企业中70%获得了市场化基金投资，这是如何做到的？**

**宋海涛：**资本关注的是你能不能给他带去好的回报率。通过几年探索，我们逐步走上了一个良性循环的发展阶段。基于龙头企业的真实需求、真实数据，开展产业化部署，完成原理样机或解决方案后，再返回到真实应用场景中进行测试，测试调优后再产品化部署投入市场——这样，我们从研发到产业化是有方向的、知道为谁做，因此企业的存活率比较高，给投资人带去的回报也比较高。那么，孵化下一个公司时，这些投资人还愿意投，甚至很多甲方企业直接成了这些初创公司的投资人。

我们紧扣国家的产业布局、上海的重点产业方向，用好上海交通大学良好的工科基础，把创新链上的所有要素都打通并链接起来，在研究院做新型市场化的"有组织研发"。

**问：不管是初出茅庐的大学生还是功成名就的企业高管，如何吸引他们加盟研究院？**

**宋海涛：**我觉得研究院的吸引力主要有三点：第一是价值观认同，要么不做，要做就做到最好；第二是产业方向找到共识，我们有智库，会不断研判这个方向到底值不值得投入，一旦决定启动，就会很高效；第三是持续的成功带来正向激励、科研、产业、资本的无缝连接，极大提高了创新项目的成功率与市场竞争力，已有的成功案例证明这条路是通的，所以大家的积极性很高。

科技创新到产业创新，比拼的是"体系化作战"能力。每个人都有自己的定位，每个人都能在专业领域发挥作用，且不同专业的人有不同的成长序列，即使后勤人员也有自己的晋升通道。

探索新型生产关系，政府与市场如何更加协同

# 一场大赛背后的"有为"与"有效"

撰稿 任荃

## 探路新质生产力
New / Quality / Productive / Forces

首届上海国际计算生物学创新大赛让一群热衷于药物发现的"算法极客"汇聚上海。2024年4月，86支团队递交的1023个由AI筛选出的化合物分子，正在中国科学院上海药物所的实验室里接受活性验证。它们中有望诞生原创新靶点候选药物，被行业高度认可的AI药物发现平台或将脱颖而出。

为何要发起这项创新赛事？上海市生物医药科技发展中心主任李积宗表示，办赛的目的是选人，很多时候"高手在民间"。为了发现和聚拢高手，主办方开设了一条"绿色通道"，符合条件的获奖者将直接纳入上海市"科技创新行动计划"计算生物学专项，得到后续支持。在"政策彩蛋"的加持下，初次试水的大赛人气超预期：从330多个报名团队中脱颖而出的86支晋级团队，70%来自上海以外，企业及个人占比30%。

作为一门新兴学科，计算生物学站在学术与产业的交叉点，正在颠覆生物医药研发的底层逻辑，孕育并推动新质生产力的形成。放眼全球，兼具"硅谷+药谷"产业优势的上海，在这一新赛道上潜力无限。以赛选人、以赛选项机制的背后，正是有为政府与有效市场的默契配合。

发展新质生产力需要形成与之相适应的新型生产关系，创新生产要素配置方式。当科研范式转换、产业范式变革势不可挡，政府的"有形之手"与主导资源配置的"无形之手"如何更加协同，无疑是一道新考题。为顺应时代之变、创新之变，培育发展新质生产力，一场科技治理的"范式创新"就在眼前。

## 识变：当产业需求驱动创新，如何源头牵引

得益于生物技术与人工智能、大数据等信息技术的相互赋能，计算生物学正进入加速发展期。2023年5月，市科委发布《上海市计算生物学创新发展行动计划（2023-2025年）》，围绕算法开发、模型构建、AI药物设计等方向作出前瞻布局。"设立该领域的上海大赛"正是《行动计划》提出的衔接创新链与产业链、联动各方资源、加强要素集聚的一大举措。

作为一个应用潜力极强的学科领域，计算生物学在学术界与产业界几乎同时热起来，其发展之快消弭了从实验室到市场的"时差"与"温差"，而上海的优势得天独厚。以AI制药为例，目前上海企业推进的AI制药项目占全国比重超过50%。业界普遍预计，AI制药价值的充分释放，关键在未来三至五年。

如何抓住关键这几年？在产业爆发前夜，需要有组织地推进前沿导向的底层技术开发、战略导向的工具迭代优化、应用导向的平台体系建设，实现技术方法、算法模型、数据基础设施等的自主可控，需要有为政府与有效市场的协力同行。

不止计算生物学。近一年，立足自身资源禀赋和特色优势，上海围绕基因治疗、合成生物与生物制造、元宇宙、区块链等新赛道连续出台一系列创新与产业发展行动方案，谋划市级重大专项，抢抓战略机遇，培育发展新质生产力。这些聚焦细分领域全链条创新的政策举措，不仅靶向性更强，而且十分强调研发、技术、产品、场景、生态的系统推进。其背后的趋势是，越来越多的

## 探路新质生产力
### New / Quality / Productive / Forces

创新正由产业需求推动。

"从科学发现、技术发明到现实生产力，过去创新链条是接力棒式的，现在科技创新与产业发展更多是一种并行关系。"同济大学经济与管理学院教授、上海市产业创新生态系统研究中心执行主任陈强认为，当创新的牵引主体更多由产业界扮演，围绕产业链布局创新链，推动创新链、产业链、人才链、资金链"四链"融合，才能最大限度提升创新体系的整体效能。

实际上，新赛道与未来产业很多都刚刚脱胎于实验室技术。此前，它们可能需要很长时间来发育、成熟，而今在新范式的支持下，新技术被推上转化应用的"高速公路"。顺应这一范式变革，上海在新一轮市级重点实验室规划布局中，坚持价值导向，强化全过程创新，注重产业赋能。

依托中国科学院上海微系统与信息技术所建设的上海市超导集成电路技术重点实验室，是2023年上海立项新建的15家市级重点实验室之一。作为国产量子计算原型机"九章"的幕后功臣，实验室不仅打破了国外技术封锁，还有着不同寻常的产品思维，孵化出了曼迪医疗、新联超导、赋同量子3家科技公司，推动超导电子技术的商业化应用，为后摩尔时代集成电路的大规模产业化探路。

**应变：面对更多不确定性，如何寻找确定**

前沿科技正在重塑产业体系并催生"核爆点"。加强前沿领域和未来产业布局，保持战略敏捷性，在细分领域持续深耕，才能形成新质生产力的接续力量。

随着应用场景不断拓展,低空经济的发展前景更加广阔。图为御风未来发布的载人电动垂直起降飞行器　　　　　　张伊辰 摄

然而,全球"同步起跑"的未来产业,其规律极难捕捉,具有很强的不确定性,上海唯二的选择是人才和土壤。作为全国率先布局未来产业的城市,上海在张江、临港、大零号湾设立首批未来产业先导区,同时启动面向全球的未来产业之星大赛,由此抢挖顶尖人才和硬核项目,而这正是有为政府与有效市场的同向同行。

上海中创产业创新研究院高级副院长丁国杰表示,未来产业来势之快超乎想象,但始终存在"雾里看花"的挑战。因此,上海对未来产业的支持方式也有别于"今天产业":一方面强化前沿技术的创新部署,挖掘一批代表未来潜力的"种子企业";另一方面,积极探索企业+项目、场景+平台、载体+孵化、人才+资本等多种培育路径,为跑赢未来营造生态。

为了网罗到真正的药物筛选 AI 算法高手，上海计算生物学大赛对参赛者的身份不设门槛，不限年龄、国籍，不属于任何机构的个人也能组队参赛。在想法不设限的创新赛制下，晋级初赛的 1023 个候选药物分子中，有 20 个是由参赛团队自行设计合成的全新分子，甚至有团队提交了算法源代码。

以赛选人的背后，凸显了人才在创新生产要素配置中的核心地位。尤其当创新驶入"无人区"，产业发展从"跟跑"走向"并跑"，无论是有为政府还是有效市场都越来越意识到"找到对的人"之于未来的非凡意义。

在"从0到1"的基础研究领域，往往越是天马行空的项目越不被看好，而许多重大发现和突破恰恰来自这样的非共识项目。如何尊重科学发展的规律，让原创的种子自然萌发？

上海给出的答案是：寻找对的人，聚焦好奇心，下放自主权。上海在全国首创基础研究先行区建设，围绕立项机制、支持方式、管理模式、成果评价等环节，提出了一系列更加符合基础研究规律的举措。"先行区"坚持选人而非选项目，以长期稳定支持和长周期评价等方式支持探路者心无旁骛开展高风险、高价值基础研究，让科学家找到敢闯的底气和动力。

**求变：引导创新要素流动，如何激发活力**

上海科技大学副教授叶朝锋有两次不同的创业经历。第一次，由于他的电磁传感器技术过于前沿，市场上没有准确的国外对标产品，投资方觉得很难估值，创业计划不得不中止。第二次，通过"拨投结合"机制，上海长三角技术创新研究院以科研项目投入的方式与科研团队共同出资，成立项目公司"渺知科技"，待公司产品获得市场认可、进入社会化融资阶段，长三院再将前期研发资金转化为股权。

这一次，他的创业之路走通了。2023年底，渺知科技斩获大飞机创新创业大赛一等奖，与中国商飞、中广核、国家电网等签约。

叶朝锋坦言，让他再次下决心创业的是"拨投结合"的容错机制：如果项目完成既定研发任务，但未如期获得市场投资，项目结题验收，宽容失败。这种针对早期科创项目的投资机制创新，既解决了创业团队的资金难题，又让创业者敢于冒险一博。

创新生产要素配置方式，更好统筹有效市场和有为政府，为的是让各类先进优质生产要素向发展新质生产力顺畅流动。从这几年冒出的新词、热词中，可以看到上海在创新要素配置上的一系列积极作为：

比如"超前孵化"。2023年7月发布的《上海市高质量孵化器培育实施方案》提出，引导高质量孵化器与高水平科技智库合作，发现一批细分赛道未来发展新趋势，实现"超前发现""超前布局"；加强对基础研究的跟踪对接，从"选育项目"向"创造项目"转变，提升孵化策源功能。

比如"揭榜挂帅"。两年多来，沪苏浙皖三省一市通过联合攻关计划发布48项跨省揭榜任务，参与揭榜的单位超过380家，企业研发投入超过10亿元。这条"企业出题、政府选题、联合答题"的新路径，既激发了企业创新主体地位,又确保政府资金用到"真需求"上。

比如"探索者计划"。2021年,市科委与联影集团联合设立"探索者计划",开启政府引导、企业出题、共同出资投入基础研究的全新探索。如今,这一基础研究多元投入机制正吸引越来越多重点行业领军企业加入。

事实上,热度一路走高的各类创新创业大赛所提供的不仅仅是一个"被看见"的舞台,而是各种要素的系统赋能。除了有机会获得政府立项,上海计算生物学大赛还提供培训辅导、成果转化与孵化、投融资对接等服务,甚至在大赛的组织机制中有意让潜在用户参与进来。

中国科协决策咨询首席专家姚强说,培育创新只要记住一句话:"环境、环境,还是环境。"营造好的创新环境,如何协同政策和市场则是最关键的问题。他认为,政府可以推出政策支持创新、吸引人才、引导资本,但内在逻辑还得依靠市场,激发全社会活力。

—采访手记—
## 范式创新的方法论

OpenAI科学家在《为什么伟大不能被计划》一书中提出,创造力是一种"搜索"。而创新就是在人类未知领域中的深入搜索,找到看似与最终目的不相关的"踏脚石",进而离正确答案越来越近。

着力为前沿科技、未来产业提供最佳的环境和生态,这是包括上海在内的许多地区努力追求的目标,关键是如何发力才最有效?答案或许就在"多制造些踏脚石"。

比如,为潜心科研、甘坐冷板凳的科学家提供充足的经费和一张安静的书桌,对早期科创幼苗呵护有加,给予足够的耐心与陪伴,这其实是一种基于信任的放手。而搭建平台、开放场景、链接资源、减负松绑、宽容失败都是孵化创新的"踏脚石"。

有专家把"钢铁侠"马斯克的创新称为"愿景式创新"。即从"我要做成一件什么事"的愿景出发,以最有效的方式组织科研架构、配置产业资源,不断试错。在接近目标的过程中,会自觉或不自觉地带动一系列前沿科技的发展,"莫名其妙"就能把许多产业提纲挈领地带动起来。其中的"莫名其妙"也许也在于"踏脚石"。

科技创新能够催生新产业、新模式、新动能,是发展新质生产力的核心要素。创新需要政府发力,也要拿捏有度,避免用力过猛,从而对市场机制造成过度干扰。"踏脚石"背后的底层逻辑是尊重科学规律。科技创新、产业发展有其自身演进的内在规律,市场机制说到底也是一种经济运行的内在规律。只有研究规律、读懂规律,才能按规律解题,做好政策"加减法",更好统筹有效市场和有为政府。

新一轮科技创新与产业革命有着不同以往的特征和发展范式。当创新时常在意料之外,政府何为?伴随社会化多元创新力量的崛起,这道关于科技治理"范式创新"的考题不仅考验智慧,更考验气度。

# 3 / 实验室周记

1. 水系电池实验室:引领才有价值
2. 三维编织实验室:为国之重器捋出"创新主线"
3. 干细胞实验室:知难而进蹚过"护城河"
4. 磁波刀实验室:通向无创治疗时代
5. "黑灯"实验室:跨越合成生物学"死亡谷"
6. "交叉"实验室:基因测序技术有了更多可能
7. 逆变器实验室:逐"绿"追光向"新"突围

# 水系电池实验室：
# 引领才有价值

撰稿 顾一琼 王嘉旖

每天早晨，你必须重新掀开废弃的砖石，碰触到生机盎然的种子。科研尤须如此。

时间的流速，放诸不同场景、不同个体，亦不尽相同。

某个角度看晁栋梁，他是静态的，春季衣着几乎是清一色灯芯绒衬衫、运动裤加板鞋，因为实用好穿。对于市场抛来的合作、投资、入股意向，他的第一反应永远是"找我同事聊吧，我这方面不在行"。

但另一个角度，他又是极其敏锐而神速的，特别是戴上护目镜、穿上白大褂，一头扎进实验室；抑或查阅顶刊跟踪科研动态、捕捉专业信息，有些天甚至上午在实验室琢磨"催化"，下午一张机票飞去学术论坛搜集"源头活水"。

水系电池，是晁栋梁团队的主攻方向，也是基于赵东元院士领衔的介孔材料技术基座"长"出的安全储能设施应用，一个国际材料科学界的前沿领域。

2024年3月以来，好消息便绵绵不断——水系电池技术得到国家重点研发计划支持，中国、新加坡两国政府将对该项目共计投入3000万元人民币；携手宝山区成立相关公司，培养职业经理人专门服务该实验室成果转化和技术转移；同时，加大区校合作力度，将在宝山区设立规模更大的中试实验室，直接接驳产线，也离市场更近。

迈出的这一小步，很快引发溢出效应。十多天前，国内某企业慕名而来，三年投资1000万元支持该实验室关于水系电池的基础研究。"不设预期、不定制方向，只有一个诉求：成果直接应用。"

晁栋梁眼里，这却是实实在在的一大步——市场有需求，企业有魄力，政府有支撑，对基础研究来说，这是理想的催化剂。

## 看准了就抓紧干

不喜欢"卷"的年轻科学家,却"卷"出了一片新天地。

要搞懂实验室发力研究的水系电池,还得回到其"母技术"——介孔材料。

复旦大学先进材料实验室,赵东元率领团队二十年如一日磨砥刻厉,在介孔材料领域取得"从0到1"的原创性突破,领跑国际同类研究。

扎实的技术底座,滋养出万种可能。如今,介孔材料可广泛应用于生物医药、储能、电子材料、化妆品等领域。目下,多位年轻科学家领衔科研团队在不同领域持续"开枝散叶"。水系电池,正是该技术在安全储能新赛道的一项重要应用研究。

不难理解,水系电池正因其主体材质为水溶液,对比其他电池技术,最核心的优点是安全。防火抗摔耐磨损,即便遭遇外界应力破坏也能维持性能相对稳定。

还有一个特点是环境友好。新型水系电池废弃后能够自行降解,甚至可以归为生活垃圾,对环境几乎没有负担。它将在高安全需求的基站电源、生物电源、水域海域移动储能,以及低成本动力需求的两轮电动车、电动汽车等领域投入应用示范和规模利用。

凭借水系电池相关研究,晁栋梁曾入选权威的《麻省理工科技评论》"35岁以下科技创新35人"。当下,他正带领团队持续攻关,在确保稳定安全的前提下,进一步提高水系电池所承载的能量密度。

回溯缘何聚焦这一领域,值得咀嚼一番。

大学本科主修材料学专业的晁栋梁,读博期间最先

探路新质生产力
New / Quality / Productive / Forces

实验室里的电池样本　　　袁婧 摄　　水系电池实验室里的检测设备　　袁婧 摄

　　接触是锂电池，但锂电池面临安全性能和资源稀缺问题，且产业赛道过于"拥挤"。他大胆发问："如果不是锂电池呢？"不急不躁，在实践中反复比选，晁栋梁逐步将视线聚焦到当时还只有极少数基础研究人员涉足的水系电池领域。

　　国际上，对于新一代水系电池的研究相对前沿，尽管面临诸多难点，但也意味着有更多可能。

　　看准了就抓紧干。

　　聚焦水系电池，从海外求学归来的他，入师赵东元麾下，一头扎进这个全新领域。

　　闯荡新领域，有着旁人难以想象的孤寂与艰辛。

　　比如，与锂电池、钠电池等成熟实验材料供给体系不同，水系电池相关实验材料十分考究，比较难觅。只能自己捣鼓。晁栋梁将水系电池所需的不同元素不同比例的锌、钛、铜、镍等金属片一股脑儿都买来，一遍遍试验适合的基底材料。无数个日夜，他埋首实验室"擀面团"——防止氧化产生变量。各种组分、各种材质都

工作中的晁栋梁　　　　袁婧 摄

尝试一遍，终于有了眉目。在团队全力推进下，开发迭代电解型锌锰电池，提出"固—固转化型金属负极"，率先建立相关产线——琢磨出新材料、新机制、新器件，一举提升了水系电池能量密度。

"引领才有价值"，这是晁栋梁经常挂在嘴边的一句话。不难理解，也正是这样一种价值感、意义感，支撑着他在少有参照系的科研"无人区"中一路闯荡，"卷"出了一片新天地。

基于"拿得出手"的硬核研究成果，复旦大学水系电池研究中心近期揭牌成立，标志着相关基础研究与应用迈入新征程。

**需求侧撬动新研发**

地处产业园区的中试实验室，外行眼里，很难看出门道。除了实验室常见的瓶瓶罐罐、各种化学合成装置外，还有一堆接在检测通道上、交替闪烁的电池样本。

101

内行人则会点出更多道道：比如，这里配备了软包、圆柱电池等相关研究项目的生产线，这些在现有高校实验室并不常见。

之所以直接接驳产线，正是为了破解此前一直存在的成果转化堵点。

晁栋梁举例说，以往任何一项大规模拓展的新技术，通常需要三至五年的技术孵化，才能真正用到产品上。个中缘由之一是，实验室里的研究往往基于非常小的器件，处于理想化情况下进行分析和测试。一旦集中放大应用到产线，常会发生不可预期的变动，实验室里的理想化、精细化与投放至产线的大规模生产应用之间容易产生偏差。

实践中，将实验室每一次成果放大、复刻至产线，更需要爬坡过坎。

比如，中试时材料量产的均一性，一直存在问题。以水系电池所需原材料锌负极为例，在实验室阶段，可通过轻微打磨、酸洗等方法来处理锌片，便可应用。一旦放大，很难直接利用。考虑到水系电池重量的每一毫克都要精准计算，团队决定研发新型锌粉微球来代替。这样一来，从用量到比例，都需要重新调整和磨合，看似简单的"放大"，实则是项烦琐而艰难的新工作。

无数次枯燥实验，无数次推倒重来，从搅浆、滚压，到分切，团队一步步将实验室成果往前推进，在产线上有机组合拼装，让水系电池生产更趋安全稳定。

有时，在调试数月后依旧没有太大进展，研究团队中的学生们难免情绪低落。

这时，合作企业让晁栋梁"计从中来"。产线上发现的问题，还得回到产线上去找答案。他把学生们派往华为、宁德时代等大厂，在产线上实地感受学习这些企业打磨产品的方式和态度，也鼓励年轻学子从生产实践中找到"改良因子"，倒过来启迪、反哺实验室研究。

事实证明，这样的方式管用。团队磨砺了决心，也有了实际经验去克服困难，更为下一步科研创新打下基础、埋下种子。如今，研究团队正瞄准国际尖端筹建国内首条GWh级水系电池中试产线。

上海是唯一一个集结了几乎所有电池大厂的城市，宁德时代、特斯拉、比亚迪等都在这里建有基地。"需求侧不断撬动着新研发，这些是我们的优势，理应大有作为。"

**"每天都是新鲜的"**

"'材'情四溢敢为人先"，水系电池实验室所在大楼门口，这样一句话鼓舞人心。

2024年初，晁栋梁入选"上海科技青年35人引领计划"，这无疑也是对他领衔的这支年轻研究团队的褒奖。

颁奖词中的一些"摘要"，也精准勾勒出这位年轻科学家、这个年轻实验室的志向——"面向世界科技前沿""具有全球视野""有创新影响力"……

"以颠覆性技术和前沿技术催生新产业、新模式、新动能，发展新质生产力"的当下，既需要实验室能锚定初心，板凳甘坐十年冷，踏踏实实将一桩事做到极致，实现领跑；也需要实验室能主动"出走"，靠近产线、贴近市场，产学研深度融合，让成果迅速转化为现实生产力，赋能生产生活。

这，听起来不易，做起来更难。

更需要年轻科学家们有那么一点囊萤映雪、钝学累功的态度。"吃苦耐劳是从事科研的基本品质，当然，基底还是热爱。"晁栋梁这样说。

每当被问及"经年累月重复实验必定很枯燥吧？"晁栋梁的答案却不一般：每天都是新鲜的。在他眼中，探索的每一步，都能给后来者以启迪。有启迪就意味着不同，意味着价值。

临近周末，晁栋梁又出发了。近期他密集往返于内蒙古、上海、广东等地，穿梭于实验室、产业园区、企业等，力争将水系电池从实验环节更快、更广泛地推上产线，推向市场。

而在他的案头，始终是那块印着化学元素周期表的定制鼠标垫，"我们从这里出发，也从这里一直走下去"。

## ▬采访手记▬
### 路在脚下

科技一日千里，创新日新月异。一周七天，对于一个产线科研实验室而言，平凡亦伟大。

这一周的时间，或许正不断重复着上周、上上周的钻研，在日积月累中为腾飞蓄势。

这一周的时间，或许在备尝艰辛后迎来转机，石破天惊，以细微突进带动全链突破。

揆诸当下，探路新质生产力，这样一间间夜以继日、挑灯夜战的实验室，这样一群群埋头攻坚、只争朝夕的探究者，这样一个个披荆斩棘、筚路蓝缕的创业家，就是具象而鲜活的样本——窥见的是上海因地制宜加快培育新质生产力，助力高质量发展的一招先手棋。

心里热切，头脑冷静，干在当前，路在脚下。

# 三维编织实验室：
# 为国之重器捋出
# "创新主线"

撰稿 王嘉旖

坚持做难而正确的事，而不是应该的事，或许开始是艰难的，也许过程会更艰难，但是坚持走下去，时间自然会给出答案。

博一新生、初创企业，看似毫无交集的二者，因为一家产线实验室而彼此相连。

东华大学机械工程学院博士研究生一年级的左明光，每日早晨8时许抵达院系实验室，埋首翻阅"生产日记"，上面详细记录着三维编织机在产线上遇到的种种细节和难题。

新材料企业——云路复合材料（上海）有限公司，其实验室和生产基地尽管在物理空间上还存有距离，但后台数据实时同步。因此，无论科研任务多繁重，他总会抽空复盘梳理产线上的高频问题，从蛛丝马迹中追寻可提升改进之处。

连续半年，小左频繁往返校内实验室、生产一线，目标清晰——帮助企业攻坚飞机隔框生产工艺流程。这关涉到如何填补三维编织一体成型技术的国内产业空白，为国之重器搭好核心骨架。

主修机械工程的科研新人，为何愿意挤出时间，牢牢蹲守实验室？小左说，实践出真知，科研也如此，唯有身处产线实验室，才能更好地发现需求，也找准科研发力点。

实验室内有规律的编织机声里，他渐渐找准了创新节奏——不与他人比拼论文速度或一时得失，一步一个脚印梳理出自身的"创新主线"。成长于广袤农村的小左喜欢用种葡萄类比创新：剪去带有干扰的枝枝蔓蔓，集中将养料输送给主干，结出的葡萄才颗粒饱满。实验室里汲取的丰富养料，也反哺着小左的基础科研，在创新之路上持续奔跑。

### 摸索出"合格区间"

实验室直接勾连生产线，小左第一次直观感受到工艺创新的急迫性。

他描述产线上一幕"惊心动魄"的场景：一只明黄色的机械臂与数米高的三维编织机有规律地协作运动。数百根碳纤维纱线相互交织，弧状异形截面复合材料件逐步成型。没过一会儿，纱线在工程师视线盲区不小心打了个结，很快随之断裂，数小时努力瞬间功亏一篑，产线停摆。"这就是常能遇到的意料之外，如果问题不解决，整条产线无法恢复运作，企业运营生产、订单交付都会受影响。"

远水解不了近渴。他无法随时求助于导师，必须自己主动求索，探寻解决方向。这也是科研工作者入门第一课。

善于思考的小左代入自己的理解。"如果最初定位不准，那么机械臂在后续编织时轨迹都将出现偏差。"面对大吨位的机械设备，小左与工程师一起，重新调整设备各类参数。

小左的笔记本电脑中记录着一串数据，这是他在产线实验室无数次失败后得到的"合格区间"。只要生产数据控制在这一范围内，就能产出合格产品。经由实践不断论证，这组数据也清晰记在他的脑海里。工程师们说，只要将相关生产数据交给"左博士"扫一眼，他就能大致判断哪些数据超出正常值。哪怕只有1°偏差，也逃不过他的火眼金睛。

而更多时候，找准问题只是万里长征的第一步。为

**探路新质生产力**
New / Quality / Productive / Forces

机械臂与三维编织机正在工作
受访者 供图

了丰富手边解决问题的"工具箱",再忙他都会留足时间"啃"文献,将白天产线上遇到的考题,投诸文献寻找科学依据和解题思路。

比如,捕捉到芯模难以准确定位装夹这一问题后,在多方打听和师兄介绍下,他找到了可行的解决方案——设计专用夹具。

"就像给芯模与电脑预设程序划定同一起跑线,确保两者处于同一轨迹。通过专用夹具设计能确保一次装夹到位,省时省力且准确。"这一生产线上的小发明,在小左口中似乎有点"轻描淡写"。其实,对机械装置的本能敏锐和好奇,从小左儿时一路延续至大学。金工实习中,他不以完成课业为目标,全身心沉浸在独立制作成品的满足中。日复一日积攒的动手能力,让他对于解决问题梳理出清晰逻辑线。

也因此,多年后,当小左在产线上遇到难题,总下意识地想试试自己设计的专用夹具。他知晓,"看似复杂的机械传动装置,关键是要弄清作用、测准数据"。实际生产中,因为有了这个自行设计的夹具,飞机隔框项目顺利进入下一程。

## "寸克寸金"极致攻关

再过近两个月,首批通过三维编织技术一体成型制作的飞机隔框即将走下产线。为此,小左临时搬到实验室附近。随身行囊里,白色 T 恤、黑色薄款羽绒服,搭配简单,却足以应对忽冷忽热的春季。行李箱的主要空间留给一堆手稿,上面绘着三维编织机草样以及待销项问题的清单。

实验室里,尽管困难重重,可小左认为自己是幸运的——在科研起步之初就有机会迎接真实的难题、思考研发的意义。

回想半年前,他的导师在所指导的博士生微信群中发布消息,招募有意愿参与飞机隔框校企合作项目的博士生。"不知道课题难度系数多大",止不住好奇心的小左抓紧时间整理资料,主动了解该项目。他说,当年高考填报专业,自己从一堆候选专业中选准机械工程,就是冲着制作"大国重器"而来。如今,飞机隔框的研究课题摆在眼前,他不希望错失机遇。下定决心后,他研究了相关资料,最先回复了导师。这一步,于他个人而言是博士生涯的真正起点,于三维编织技术产业化同样是关键一步。

时间回溯至十年前,东华大学相关团队凭借三维编织技术荣获国家科学技术进步二等奖。当年,该团队已成功在产线上用三维编织技术制出碳纤维预制件,一举破解复合材料受力后易分层难题。然而,预制件无法完美解决材料起褶皱的难题。对于飞机等高精尖设备来说,一旦材料做不到均匀平整,力学结构也会随之变动,影

## 探路新质生产力
New / Quality / Productive / Forces

左明光在测量并记录数据　受访者 供图　　数百根碳纤维纱线相互交织　受访者 供图

响运行稳定安全。

云路复材向东华大学定向发起的飞机隔框研究需求正是为此而来——希望研发一体成型工艺，让飞机隔框用上复合材料。团队测算过，如果实现飞机隔框及其他构件的材料替代，国产飞机的复合材料使用率将有望从不到20%增至50%以上，更轻盈坚固。

强度更强、重量更轻，小左与工程师们以"寸克寸金"的极致攻关精神一次次磨合、调整，样品渐渐接近他们心目中理想的模样。小左还特意拜托工程师前往海外专业展览"打样"，全方位比较竞品的优势特点。在与全球顶尖同行的比拼中，小左更添了一份信心。

**栽好"数据树"**

成果近在眼前，而小左看得更远——建立飞机隔框检测数据库。未来如果进行工艺更新迭代，建立标准数据库是绕不开的关键一环。

碳纤维织物构件　　　　　　邢千里　摄

"工程师要为飞机隔框做'全身体检'后，才能进行完整精确的力学分析。"小左解释，只有充分掌握了解飞机隔框内部复杂的力学结构分布、变化，工程师们才能掌握哪些部件环节够坚固、哪些又存在薄弱点，从而有效推动工艺提升。

蹲守产线实验室，也在小左身上渐渐熏染出一名机械领域科学家应有的创新素养——对精密制造的极致追求。质量效率能否更好、缺陷能否更小、功能能否更优……一个个问号推动他更迫切地制出成品、记录参数，栽好"数据树"。

然而，掣肘不断。放眼国内，运用三维编织技术一体成型地制作飞机隔框仍是"空白区"。由于领域太新，几乎没有第三方企业拥有适配的检测设备。

小左反映的问题，也被云路复材创始人朱永飞记挂在心。眼下，企业正积极牵头组建创新联合体，将碳纤维材料供应商、高校科研机构、航空航天企业等上下游环节黏合起来。彼此借力联合攻关"卡脖子"难题，也共享科研设施设备，让创新资源有效流动起来。

即将攻克飞机隔框生产的云路复材,计划向下一个目标冲刺——打造低成本、高性能的无人航空飞行器,抢抓布局低空经济。朱永飞说,只有创新链上的每一环都往前进一步,航空飞行器整体才能实现技术进步、生产力跃升。

周末,小左打算从生产线上抽身,继续琢磨博士论文的开题。他始终记得一个午后,和煦的光线洒向碳纤维织物,黑得发亮,透出教科书难以描摹的光泽感。这股悸动令他惦念至今,也让他立志将三维编织技术作为学术钻研的主题。以飞机隔框为线头,他将创新思维发散至更广阔的异形截面预成型体编织。"有了飞机隔框'数据树',未来的应用领域或许不止于航空航天。"

## —采访手记—
### 接力奔跑

山高攀则至,路远须疾行。

这是一场赛跑,十余年的接力奔跑,从实验室到生产线,三维编织技术突破重重难题,迎来全面开花。这也是一群人的持之以恒,在各自领域攻坚核心环节,最终汇成"国之重器"。

云路复材企业墙上有4个字——实事求是。从科研新人小左,到云路复材创始人朱永飞,他们都有一股实事求是的钻劲,更善于将看似遥远的目标,化作眼前具象的每次生产、每组数据。小左在微信朋友圈写道:"事物的发展总是螺旋式上升和波浪式前进。"身处创新一线的科学家、企业家们,在每一次爬坡过坎中为创新标注下丰富注脚和意义。

一代代接力蓄能、攻坚啃硬,最终冒出属于新质生产力的葱茏绿意。

# 干细胞实验室：
# 知难而进蹚过
# "护城河"

撰稿 苏展

实验室里少有惊天动地，一个里程碑式的成果就藏在数据的细微变化中；日复一日，是实验室内外的孜孜以求。

## 探路新质生产力
New / Quality / Productive / Forces

精密仪器室是袁停利最喜欢的实验室。

不到10平方米的房间，一台激光共聚焦显微镜连着高清液晶显示屏。关灯，显示屏投影出黄色、绿色、红色的不规则图案，灿如星系。

生成这样一张图要花费半小时。这是暴露在特殊化学混合物中的诱导性多能干细胞（iPS）变成大脑特定区域细胞后的样子。"星系"模拟的是脑卒中患者受损的神经细胞，属于体外模型。袁停利用它们检测人羊膜上皮干细胞治疗急性缺血性脑卒中的效果。

虹桥国际开放枢纽东虹桥片区，上海赛傲生物技术有限公司正进行"干细胞治疗急性缺血性脑卒中项目"体外细胞模型及动物体内有效性研究。这在细胞新药研发流程中属于第二个环节的中段——临床前研究。

袁停利是项目组长。这几天，他心情不错。实验数据显示，人羊膜上皮干细胞治疗在动物体内显示出效果：实验小鼠的脑梗死体积缩小，运动能力提升了。

"'人羊膜上皮干细胞'在细胞治疗领域是未曾有过的创新，是一种全新的生产力。"赛傲生物创始人张传宇说。医药健康领域，细胞治疗被认作是发展新质生产力的重要实践之一。科技创新是核心驱动力，但创新同样带来不确定性，无先例可考。这需要形成与之匹配的管理手势，如包容机制、专利保护等，让各方对市场的判断有稳定预期。

一个里程碑式的阶段成果就藏在数据的细微变化中。支撑这种变化的，是实验室内外的探索与合力。

## 对冲

实验室与办公区仅几步距离。袁停利的日程表上，实验计划排得细密，最多的时候一天要做5项。

这，还没到"关键时刻"。业内通常将细胞新药研发与上市流程分为6个步骤。即使不到临床阶段，项目也面临着诸多不确定性。每一步，都要走得异常谨慎。

太新了，前所未有的创新。

相较于传统药物，用干细胞治疗脑卒中疾病是一种路径创新。

袁停利打比方：如果把脑内的神经细胞比作一群羊，血脑屏障好比用于保护这些神经细胞的篱笆。脑卒中发生后血液中的炎症因子、免疫细胞等"狼群"，跃过受损的篱笆，从而伤害羊群。

传统药物治疗通常只做一件事：修篱笆、把狼群撵走或救治受伤的羊。细胞药物治疗是"多靶点并举"：既要把狼群赶走，又要救治受伤羊群，尽可能让其恢复状态，同时修好篱笆让狼群无法再入。

用干细胞治疗脑卒中的赛道上，赛傲生物使用的"人羊膜上皮干细胞"被业内称为"从0到1"的探索。人羊膜组织在临床上属于医疗废弃物。其中含有的上皮干细胞，因具有免疫调节、炎症抑制、神经保护作用，被科学界视为"潜力股"。

创新也潜藏着风险。

比如，干细胞"善变"。不同外界刺激，干细胞给出的反应各异。脑卒中患者有不同的并发症，是否会影响干细胞治疗效果，尚有待验证。

探路新质生产力
New / Quality / Productive / Forces

赛傲生物实验室内正在进行细胞新药临床前研究　　　　张伊辰 摄

又如技术层面的不确定性。动物体和人体之间存在着巨大差异，失之毫厘谬以千里。人羊膜上皮干细胞的供体和作用对象迥异，全是变量。因此，临床前的科研阶段更需要极严谨的设计与实验论证，穷尽可能、对冲风险。

忙，一门心思地忙。袁停利的工位没有任何指向个人爱好的痕迹。座位上的抱枕印着"热爱工作"。实验室，反倒是他感到最放松的地方。

调研人羊膜上皮干细胞治疗脑卒中疾病的可行性、目标产品的市场前景、开发产品有没有优势……每周，他都要参加例会，对阶段性科研目标立项论证。例会讨论要分享相关文献，赛傲生物立了个规矩：10分以上的文献必须全覆盖，高分文献得讲出道道——明确病理机制及可能的治疗策略。

"新药研发周期长、风险大。但此过程可以被科学分解，形成阶段性科研成果目标。"张传宇说，实验室可以通过严谨的体系设置对冲科学规律中因未知而导致的不确定性。

## 净土

同一赛道上，竞品企业争分夺秒。

患者只看最终效果。"如果未来细胞药物治疗效果能弥补传统药物的不足，对患者也是一个好选择。"袁停利坦言，细胞药物研发很烧钱。

市场竞争，要保住先手优势难上加难。中午饭点，赛傲生物实验室依旧忙碌。根据计划，袁停利当天的实验是观察小鼠脑组织切片，对比人羊膜上皮细胞治疗组与非治疗组。2024年，临床前的实验会有一个阶段性成果"交付"。

进入企业前，袁停利是中国科学院科研人员。学校是以科学问题为导向，侧重揭示客观规律，偏理论研究，比如细胞是否具有成药性；企业是以产品为导向，更关注所进行的研究能否产出细胞药物，有严格的药学要求。领域内，科研新进展随时会出现，得跟进。前不久，他发现疾病出现新的治疗机制，立马开始琢磨：是不是要结合目标产品特性，进行新的探索？

好在竞争对手用的细胞不一样，"'人羊膜上皮干细胞'是赛傲的专利。在我们行业，专利就是'护城河'"。

当然，"护城河"不只有专利。

"若在动物身上看到细胞治疗的有效性和安全性，我们就可针对'人羊膜上皮干细胞治疗急性缺血性脑卒中'这一用途申请专利、发表文章。这就是一个里程碑事件。"

## 探路新质生产力
New / Quality / Productive / Forces

袁停利在精密仪器室做实验
张伊辰 摄

相关的考核机制，也护着他的这份心无旁骛。

这也可以解释，为什么袁停利身上保持着科研院所的书卷气。他的微信头像是一个手绘的脑组织，其中花花绿绿的，是各种神经元。培养皿里，浮着小鼠的脑组织切片，薄如蝉翼的一层，袁停利用狼毫笔轻点说道："晶莹剔透，美。"

实验室外，张传宇关注着怎样守住这一方充满活力的"创新净土"。专利技术保护，意味着企业可在专利期内垄断技术，掌握市场定价权。但他也同时关注着，要进一步走通市场化路径。他说，目前，国家对细胞医疗技术还未出台相应的临床应用管理办法。这也意味着，医院无法对企业研发的细胞医疗技术直接开展临床应用。

**预期**

中美两国的医药研发数据表明，一款新药的研发周期平均在 120 个月。

这期间，变量很多。企业最怕的是非市场因素，法治越健全、政策越稳定，企业家对市场的判断越有稳定预期，从而更好地对长期投资进行决策安排。

"钉"在实验室的袁停利，其实无暇顾及具体的政策制度。但他的内心深处也有隐忧，"有时候，我们自己都不太清楚这条路能走多远，未来干细胞药物能否被广泛接受。"

袁停利负责的项目属于细胞新药。尽管政策已相对成熟，但张传宇还担心一个现实问题，关乎实验室里人羊膜上皮干细胞的供给。

原先医院把它当作医疗废弃物处理即可，供给细胞公司做研究需要经过一系列严格程序，要通过组织采集伦理、患者知情同意，等等。其中不能涉及交易，没有利好，医院难免动力不足。就在几天前，相关政府部门明确，将全力关心支持干细胞的捐献、采集、运输、储存、制备以及临床应用等每个流程。张传宇将相关信息发给合作医院，希望得到更多支持。

"对于整个创新链来说，每个环节、每个主体都要有跨前一步的担当和勇气，从而为整个新兴行业的参与者减压，包括监管部门。也从一个角度助力完善创新机制，为更多赛马者、参与者营造更好的产业氛围。"

譬如，根据细胞风险等级探索分级管理。业内人士建议：对风险高的细胞，可采用药物管理；反之，则用医疗技术管理。"用医疗技术管理路径就可以降低治疗费用，对于低风险的细胞用药物管理，就相当于杀鸡用牛刀，推高了成本，反而不利于行业发展。"

道阻且长。

用显微镜看细胞状态、拍照记录，然后进行常规化验或做传代检测……外行人眼中，袁停利的每一天，都是如此相似。一组组数据，以细微的变化记录着他和小组的滴水穿石。

这一周的数据，值得欣喜。

## ━采访手记━
### 如履薄冰，乘风破浪

实验室里，每一步都走得很谨慎。

这里少有电光石火间迸发的惊喜。包括"惊喜"在内，所有的可能性其实都被预设过。按照设定的程式，严丝合缝。偏离，通常是不被允许的。

细胞新药，"九死一生"。动物体和人体的巨大差异，让任何微小的变量都会成为"溃堤之穴"。

实验室外，项目的每一步都是开垦，在一个充满不确定性的赛道上乘风破浪。

如履薄冰和乘风破浪，在干细胞实验中，这两个词是共生的。

要平衡这两者，听上去难，做起来更难，尤其对于发展一种全新的生产力而言。

微观而言，这个微小的实验室有一道"护城河"，应对科学研究中的不确定性，企业可以设置严谨的体系、合理的评价机制来对冲风险。

于宏观处，干细胞技术领域同样需要蹚过"护城河"，支撑产业发展和创新。这或许是与产业发展相匹配的政策，是完善的容错机制，是打通专利转化的堵点……

更深层次的指向，是主动作为的一种勇气。

# 磁波刀实验室：
# 通向无创治疗时代

撰稿 王宛艺

未来像盛夏的大雨，在我们来不及撑开伞时就扑面而来。

## 探路新质生产力

高低温实验室里正在进行可靠性实验，通过不断的温度变化加速设备老化，从而测出寿命　　　　王宛艺 摄

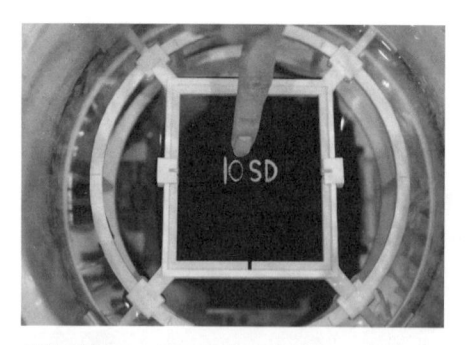

模拟磁波刀应用环境的实验设备　袁婧 摄

磁波刀多焦点多模式完成升级配置，提升了多点治疗的精度和效率　　　袁婧 摄

李家越在一台新的磁波刀设备上得到近乎完美的多焦点，正是在几天前一个毫无征兆的傍晚。

科研团队在实验室设置完一个参数后，观测到两道完美的水柱。这意味着，磁波刀有了新突破——多焦点多模式完成升级配置，相控技术更精准，多焦点声学分布特性优化，提升了多点治疗的精度和效率。

反复检查，确认多焦点无误后，李家越本已疲惫到眯缝的眼瞬间透亮："一切都值。"

这一新突破，是基于中国工程院院士、生物医学工程学专家陈亚珠提出的多模式相控聚焦超声技术。四十年，三代科学家，让焦点位移精度从亚毫米、微米提升至纳米，磁波刀得以胜任更加精密复杂的脑神经系统疾病。

这也让李家越始终保持着小学徒心态——这一天到来之前，他和团队伙伴们反复实验，几乎穷尽每一种可能，推动学科取得微小进步。

和外界对于磁波刀的热烈讨论形成对比的，是实验室成员各司其职的安静。一台笔记本电脑、一台仪器，密密麻麻的线缆，还有块玻璃板和马克笔，方便边写公式边讨论。

90后李家越，上海沈德无创时代医疗科技有限公司第二产品事业部高级副总监，参与多模式体部磁波刀的研发。这款已通过临床考验的"新品"预计2024年底上市，批量应用。"磁共振的'磁'与超声波的'波'，两者结合可实现无创手术。"李家越初来乍到也诧异于这一尖端技术：病人只需趴上磁共振治疗床，设备通过磁共振的三维立体影像，精准地将聚焦起来的能量导入肿瘤，使其失去生物学活性，不再作乱，最终代谢出体外。患者不会留下任何创口，术后不良反应较小。

这家医疗器械领域独角兽企业，由上海交通大学教授沈国峰带着一批硕士、博士共同创业，以不足国外2/3的售价，实现进口替代。2024年，这家实验室的目标是让产品更好落地，适配应用场景，开启无创治疗时代。

## "半路出家"

这是一间模仿"法拉第笼"的密闭房间，隔绝了电磁波，大家叫它"暗室"。

## 探路新质生产力

李家越习惯在玻璃板上边写公式边讨论
袁婧 摄

新款产品正在上海医疗器械检测所的"暗室"进行着重要的型检，这是上市前的里程碑式一步。"就像同一道题已做过很多次了，但上了考场面对监考老师仍会不自觉紧张。"这时，李家越会跑出去呼吸下新鲜空气，保持头脑清醒。

就在周初，电磁兼容性测试中，电磁辐射偶然超过阈值。回到公司，李家越在实验室泡了一整晚"摸底"。凌晨，他终于循着蛛丝马迹找到原因：是导电泡棉没有完全覆盖，遗漏了一条缝隙。柳暗花明，他长舒一口气，"只有通过暗室，才能走向光明"。

李家越钻研磁波刀，属于"半路出家"。自动化专业一路读上来，他在北京航空航天大学硕士毕业后，按部就班从事专业对口的工作。

但"子宫肌瘤"这个词，他打小就知道。其母亲患有子宫肌瘤，疼了二十余年。"当时只有两种选择，一种是切除子宫，她很难接受；另一种是靠药物缓解，但仍需忍受疼痛。"他想找一种无创方式治愈妈妈的疾患，于是查到了"磁波刀"，了解到沈德这家高技术企业。他决定加入这个团队。

入了行他才发现,磁波刀并不好做。其研发难度极大,涉及软件、硬件、集成电路、医学超声、磁共振技术、人工智能等多个领域,产品上市历程很漫长。"我就想着干点不一样的。"

少年意气,也带来底气。磁波刀实验室虽设在企业,另一头也紧紧连着医院——常常需要研发人员从医护对临床需求的发现和临床问题的解决中,找到技术创新改进的源头,李家越称之为"与医生共创"。比如,基于子宫肌瘤相似原理,逐渐研发出治疗子宫健康方面的第二个适应症——子宫腺肌症。

在沈德,已延伸出"1+N+X"战略布局。依托在磁波刀创新技术领域的技术积累,通过创新共享技术平台,链接 N 个治疗领域,开发应用于 X 种体部肿瘤与脑部神经系统疾病等诸多适应症无创治疗的系列产品,经由实验室,创新链、价值链、产业链逐步相融。

**游戏闯关**

卡其色工服夹克,里面套各种 T 恤,水龙头下一把

## 探路新质生产力
New / Quality / Productive / Forces

李家越（右）和他的搭档郭骏杰
袁婧 摄

水就能洗干净的短发。"没时间打理",反而让李家越看起来简单年轻。

不开会的时间,他都埋头在实验室调试。旁人看来,掌握基本原理之后,实验就变成了枯燥的重复——改变参数、做好测量、等待结果。但李家越总是乐此不疲。

反复实验中,他也与搭档、软件事业部负责人90后的郭骏杰有了默契。

李家越喜欢画画,微信头像就是自己画的,明黄色的皮卡丘,"绘画减压";郭骏杰喜欢各类电子产品,从少年时代打游戏开始,就喜欢通关所有场景和模式。

一静一动,但两人性格中都有一种乐观,将攻克技术壁垒视作"打怪升级的游戏"。

一次次硬核迭代背后,需要灵活敏捷的创新——他们制作的从不是标准件,也无前路可借鉴,更需要容错机制,鼓励开放多元的创造力,在宽松柔性的环境中摸着石头过河。年轻人大多有水一样的张力,"遇到困难就蹚过去呗"。

譬如底层软件一次次搭建耗时费力,李家越用自动化知识，将代码封装成为一个个 IP，类似于搭积木，成功实现了 IP 库、PCBA 公共产品库"从 0 到 1"的搭建，缩短了逻辑开发时间，提高了产品系统架构复用度以及兼容性，大大减少公司研发测试成本。又如面临核心芯片的桎梏，他们制定出百分百国产化替代方案，快速扭转了被动局面，提升了国产磁波刀诊疗设备核心竞争力。

他们整个团队，都不是轻易放弃闯关的人。

对于头刀而言，有一个国际难题。由于颅骨会造成超声信号的衰减和相位畸变，因此超声信号在经过颅骨之后很难在大脑中精确聚焦。更重要的是，目前对超声神经调控的研究均是根据刺激的结果反馈调控的有效性，没有实际的工具证明大脑中聚焦靶点的位置。

沈国峰带领团队，自立项后就同步研究并已破解，在设备中投入使用。通过声速计算、能量计算和衰减系数计算来推导，快速的算力和算法实现相位校准，提升精度。

## 接棒"无人区"

临近周末,李家越很欣喜——得知企业在宜山路上租下一栋6层楼房,研发部分将腾挪至附近宜山路楼房。眼下,企业实验室各类器械已陆续拆卸、打包,而光启园内老楼将全部用于生产。由此,老楼与新楼间将实现"贴隔壁"就是上下游,适配的产业空间,让企业同时布局的重大产品研发攻关与产业化得以同步发力。

漕河泾开发区不仅提供了物理空间上的支持,还提供招商引资、房租减免等方面扶持。此前当企业发展遇到资金难题时,漕河泾开发区集合多家银行上门共商对策。助力医疗器械产业发展,实验室所在的徐汇区也持续给予企业各种支持。"申请享受各类政策时,在相关部门帮助下,一路绿灯。"

沈国峰教授,是李家越的偶像。两人有着同样的专业背景,"我想循着沈教授这条路走,成为他这样的人"。

李家越深情复述着从老师那里听来的故事:20世纪80年代初,沈国峰的老师陈亚珠作为医工交叉的倡导者,率先研制出中国液电式肾结石体外粉碎机技术,实现进口替代,售价只有进口设备的1/30至1/40,造福患者,获得国家科学技术进步奖一等奖。此后十余年间,上海交大生物医学仪器研究所成立,成果专利都有,论文也发了几百篇。一天,陈亚珠与沈国峰谈心,说自己最大心愿是学以致用，打破国内医疗器械领域被国外的垄断，实现真正的产业化。

尽管心里没底，沈国峰仍招兵买马、创立公司。彼时，近20位上海交大的硕士、博士放弃高薪加入，让他从科学家转型为一家初创公司的创业者。

当年，陈亚珠对实验过程乃至每个原始数据都逐一论证，400多篇论文，篇篇如此。如今这一持续二十四年的科技成果转化"长跑"迈入良性循环，迎来收获期。

眼下，李家越和郭骏杰也带出了95后，甚至00后徒弟。

实验室外的大厅悬挂着一幅书法：沈信达诚德行天下，磁波神刀温暖世界——来自一名投资人，其家人做了手术后毅然决定投资。这是企业的C轮融资，也是底气来源。这笔资金推动了公司临床申证、产业基地布局、商业化运作。

如今，沈德无创时代抓紧布局国内各中心城市产业基地，也基于国内稳定的临床表现，通过资本助力，积极布局出海战略，全面融入全球创新网络。

李家越是公司党支部组织委员。周末，他说要从实验室里出来透透气，公司研发团队有个传统，定期举办歌王争霸赛，提振年轻人士气。"红日升在东方，其大道满霞光。"李家越记得，这是老师沈国峰爱唱的一首歌——《万疆》。

## —采访手记—
## 简单的力量

实验室里的一周,究竟会有怎样的进展,李家越无法预测。

但他相信,简单就是力量。找准一个突破口后,全力以赴,在看似单调的重复中保持专注定力,心无旁骛,也带着几分"科技改变世界"的乐观与热血。

每每操作起实验,他是沉浸的,也是纯粹的,"好像世界纷扰都消失了",在"用心一也"中勇毅笃行。

恰恰是这种"简单",激荡出改变世界的力量。

时下这些最热门的赛道上,或许有泡沫、有热钱。但他们更愿意驻守在一方简单、安静的实验室,也在铢积寸累的努力中呵护着自己内心永不熄灭的小火苗——不麻木,不逐利,不被同化,"即便行囊简单,也能抵达远方"。

# "黑灯"实验室：跨越合成生物学"死亡谷"

撰稿 单颖文

合成生物学的最终目的，是将生命科学的原理和突破，转变为技术创新和生产力。从这个角度看，每次菌株实验，都蕴藏着拓宽人类知识边界的契机。

"明天9点多我去实验室看结果,如果结果不理想,我们再约时间。"蹲点结束前一晚,"宗师兄"发来微信。实验按周排期,但辛苦设计构建出来的菌株,表现不符合期待也是常有的事。

"宗师兄"本名宗夜晴,合成生物企业蓝晶微生物科技有限公司的高级研究员。他主要负责设计自然界中不存在的基因代码、编写基因程序,用新分子和新材料"造"出菌株,供工厂规模化量产塑料替代品——被誉为"绿色塑料"的可降解生物聚合物PHA。而他用来筛选优质PHA菌株最重要的装备,则是"黑灯"实验室。所谓"黑灯"实验室,是一组自动化实验仪器组,在操作环节可实现全程无人化智慧运行,"不开灯也能做实验"。

2023年,蓝晶微生物在上海设立总部,是刚建成的虹口区北科创生物技术产业园首批入驻企业。这里,新的实验室面积是原先的两倍,"黑灯"实验室与诸多相关实验设备同处一室,更便于操作;操作的高级研究员,只需"宗师兄"一人即可。

当然,这并不需要"宗师兄"一人打几份工——随着蓝晶微生物迅速发展,压力从研发端转向生产阶段。他要做的是"好上加好":研发出更具新质生产力特征的PHA,使其产量更高、稳定性更强、使用原料价格更低。最近一周的实验,就是通过改写原本吃棕榈油的PHA菌株基因代码,让它们能吃餐厨油、变质油等,且长得更快、产得更多。由此为公司降本增效,也让这家环保企业的

蓝晶微生物是虹口区北科创生物技术产业园首批入驻企业　　叶辰亮 摄

蓝晶微生物在上海总部的实验室面积扩大了两倍，"黑灯"实验室与其他实验器材同处一室　　叶辰亮 摄

绿色基因成色更足。

一周的实验任务结束，"宗师兄"将与菌株开发团队前往量产 PHA 的工厂一线：实验室的一小步，将在工厂量产时成为降本增效的一大步。这也敦促他们不断构建并筛选出更高性能的新菌株，以适应日新月异的产线需求。

贴近产线的"黑灯"实验室，成了行业"光照进来"的地方。

### "黑灯"实验室的意义

让信息化、智能化的"黑灯"实验室参与合成生物研发，是蓝晶微生物的创新突破。

屏幕上，交错攀升的线条昭示着本期"黑灯"实验室的实验结果：最新合成的能吃餐厨油的新菌株，在生长速度、耐受度、转化率等方面的表现，均优于对照组。

公司研发团队中，生物技术与电子技术团队人数相

宗夜晴正在查看"黑灯"实验室中的菌株表现　　叶辰亮 摄

菌株被送入自动化小试发酵平台进一步培育筛选　　叶辰亮 摄

仿，以跨学科合作赋能企业全链条发展。一年多前自主研发的"黑灯"实验室，就来自生物学、物理学、自动化设计、机械工程等多领域人才的合作——技术人员将研究员的思路通过编程表达出来，并引入机器人、机器视觉等先进技术，形成流程自动化、过程可视化、操作无人化的高效处理系统。

得益于跨学科合作，"黑灯"实验室在投用后不断优化。比如覆盖在细菌培养多孔板上的透气膜，如果按传统做法，每次取样都要损耗一张。而高通量实验且高频次取样，成了一笔不小的开销。与研发团队反复讨论、实验后，工程人员开发出一种"透气盖"及配套开盖装置，盖子可在灭菌后重复使用，节省成本还更环保。同时，研究人员的操作界面简单友好。实验室连接的电脑上，通过可视化程序，只需拖动鼠标，就能调整菌株结构、培育时长、实验顺序等；透过曲线图可看到菌株表现。

由于生物实验的误差较大，特别是多孔板发酵这样的小规模实验，必须重复至少3次实验且保持同一结果，才算达标。这也导致了生物实验的大体量。以往，把实验材料和耗材在仪器设备间"腾来挪去"的生物实验，需要实验室时刻有人，且能精准完成每次"挪动"。以生产 PHA 的菌株培养、筛选为例，无论靠机器还是人力，一场实验都需要两三天。但自动化实验室的"一开一关"，可以替代 10 人次的"三班倒"，且不出错，让企业以降本提质的方式开展系统性实验。

宗夜晴说，"黑灯"实验室还能无缝衔接菌株从"造出来"到"养出来"再到"挑出来"等环节，提升菌株上产线的效率。同时，优化分配企业研发资源，让研究员把更多时间投入到更有挑战性的研发工作中。

### "宗师兄"的炼成

人是生产力中最活跃、最具决定性力量的因素。在蓝晶微生物，与研发"黑灯"实验室几乎同步的，还有一个带有创新意义的"人才矩阵"。

在"黑灯"实验室助力下，蓝晶微生物也能腾出更多精力培育跨学科人才。粗略统计，从菌株研发、发酵提取工艺开发优化，再到工业量产，PHA 仅在技术端就涉及二级学科 20 余门。而每次突破性发展，至少需要集合生物、化学、环境、材料 4 类专业人才，投身研发、工艺、工程、生产 4 个关键节点。

宗夜晴出生于 1987 年，博士毕业于中国科学院微生物研究所生物化学与分子生物学专业。2002 年起，国内院校开始设立合成生物学相关专业，毕业生规模小且集中，学术背景关联度很高。蓝晶微生物成立于 2016 年，作为公司创始人"师出同源"的学术伙伴，宗夜晴 2019 年入职。此次公司扎根上海，大量90后研发人员从北京、深圳等地前来，在以花名示人的蓝晶微生物，宗夜晴自然被大家尊为"师兄"。

当然，能成为"宗师兄"，宗夜晴还有其他过人之处，比如他参与了公司"知识管理团队"的建设。作为一家知识密集型企业，蓝晶微生物有大量专业知识需要沉淀和管理，并被员工学习吸收。为此，公司召集宗夜晴等开发了学习系统BlueUp，不仅海纳学科，还将同一课程细分为多个等级，分别供本专业研究生、其他专业研究生和"小白"学习。来上海后，宗夜晴又承接了"黑灯"实验室的员工培训，参与编写了操作性极强的《实验室使用手册》。

"我们都上过他的课，他是大家当之无愧的'宗师兄'。"公司95后研发人员琉璃说。

### 工厂的进击

一根蓝晶™PHA制成的吸管，从落入海水的一刻起，就会引来微生物啃食，第四周便几近消失。每每被问及"蓝晶微生物是做什么的"，公司执行总监张甄杰就用这段小视频"有图有真相"地介绍。

合成生物作为绿色制造的核心技术，是以物理定理来设计、构建出模拟生物，再通过实验预测生物性能，因而具备高附加值、低环境影响等产业特征。与石油的不可再生相比，人类原创出的PHA不会产生二次环境污染，而且生产PHA的原料都是微生物菌种，可以不断被培育生产、优化升级。"黑灯"实验室筛选出的RE菌株进入工厂前，还得通过一扇自动门：门的另一侧，是蓝晶微生物的小试实验室，这里将以 1∶10 的比例优中选优，再将选出的菌株规模化生产。

从 Lab（实验室）研发到 Fab（工厂）工业量产，被称为合成生物学的"死亡谷"。因为，实验室场景是理想条件下的 DBTL（设计—构建—测试—学习）闭环。量产，面对的是复杂综合的工艺放大系统，要担心空气质量等因素对微生物生长的影响，要考虑"三废"的处理压力、能耗指标的限制等等。

2023 年，蓝晶™PHA 一期工厂当年动工、当年投产，而这一过程在其他国家通常需要五至八年。要走通产品商业化，更需要包括"宗师兄"在内的菌株研发团队走进工厂贴近产线：将菌株实验室研发数据与生产关联，减少技术转移带来的偏差，并将菌株开发、小试、中试到工业量产各环节的数据整合成系统，从宏观层面发现并解决问题。

生物医药是上海重点规划发展的三大先导产业之一。入选 2023 福布斯中国创新力企业 50 强的蓝晶微生物，在 2023 年上海全球投资促进大会上作为重大产业项目签约落地。

新一周的安排已出炉。2024 年 4 月底，蓝晶微生物与北科创集团筹建的"天工开物"生物技术产业孵化服务平台将上线，蓝晶微生物办公室将出现"一桌一企业"联合办公场景，小试实验室也将开放给其他科创公司使用。张甄杰介绍，该平台不仅将共享实验设备，还将共享运营管理、驻场科学家以及研究、技术和行业资源，提供成果供给、概念验证、创新孵化等科创服务，以生态创新推动更多生物技术企业突破"从 0 到 1"，并走向"从 1 到 10"。"争取成为培育独角兽的独角兽企业。"

## 探路新质生产力
New / Quality / Productive / Forces

―采访手记―
### 改变世界的菌株

"黑灯"实验室里,那些微小到肉眼难以观察的菌株,将改变世界。

它们,带来产业革命,让石油化工不再是必需品。甚至将废油作为养料,走通环保变现路径,为全球生物技术研究者提供引领性方案。

它们,带来理念革弊,以跨学科合作赋能发展全链。从实验室到工厂,聚合各类人才形成通力协作,最终产出可观效益。

它们,带来生态革新,"投小投早"推动整个产业。菌株开发的成功经验与失败教训,都是同行者的捷径,也是"把蛋糕做大"的原料。

蝴蝶扇动翅膀,会飞得更高,也将气流带到远方。

# "交叉"实验室：
# 基因测序技术
# 有了更多可能

撰稿 占悦

探寻成功的路上，更迭自己已有认知和判断是常有的事。失败是鲜活珍贵的积淀，总有一天，这些积淀会浇灌出鲜艳的花。

## 探路新质生产力
New / Quality / Productive / Forces

从平面视角观察潘诚达的工作路线，是条"对角线"：在公司二楼最东端的化学实验室做好芯片的表面修饰，再"扎"进隔壁生化实验室准备好基因测序的酶、模板、引物与各类单分子检测试剂。然后坐电梯下楼，一路小跑至一楼最西边的光学实验室，将准备好的芯片与试剂体系结合进行检测验证。

就是这样一条"对角线"，作为光学工程师的潘诚达走出了"花"：在验光"主业"基础上增加生物化学实验的"副业"。实验室"串场"，不仅激发出加倍想象力，更让他所在的科研团队找到了精准发力的方向。

基于此，团队正攻坚基因测序技术：作为一种新型基因检测技术，通过血液或唾液中提取测定基因全序列，从而研究或预测疾病的成因。

就是近几周，他们找到了答案。通过为DNA聚合酶做"修饰"，使其产生更稳定的测序序列组，这项生物医药与芯片技术相融合的突破，将有助于形成单分子、长读长基因测序芯片，相关整机设备有望于2024年底推出，从而填补国内在单分子实时荧光测序领域的空白。

潘诚达的"串场"，也是上海近观科技有限责任公司的缩影。这家由上海微技术工业研究院孵化，将硅光和生物技术相结合的跨界高科技企业，坐落于环上大科技园内，4层独栋小楼里，一半以上是实验室——光学检测、生物化学实验、算法开发、机械组装——看似完全"不搭界"的领域经有机融合，让创新火花加速转换为新技术、新产品。

"交叉"实验室里，"不可能"成为"可能"。

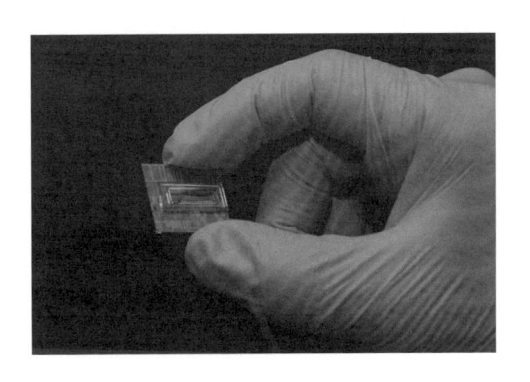

做好表面修饰的基因测序芯片　　邢千里 摄

## 承上启下的"串场"

　　潘诚达个头不高,步子却迈得很大,奔波在各实验室,分秒必争。
　　光学实验室,窗帘被拉得死死的,一丝光都不放进来。三张长条实验台摩肩接踵,实验台是一座小型"城堡",被纯黑色幕布罩着,里面尽是各类光学仪器。"暗室环境进行光学测试,避免环境光对光学信号的影响,降噪。"
　　相较之下,潘诚达"跨界"的生化实验室颇为敞亮。实验风格也大相径庭。起初,生化组与光学组各司其职,前者完成试管内测序试验优化后,交由后者验证性能,如若中途出现瑕疵,得"退回重来"。单是完成这一套组合实验,就得用上两位实验人员。
　　"要不我来试试?"有一点生物化学基础的潘诚达

自告奋勇。

两个实验组经商定给了他机会。当生化组同事进行实验时,他在一旁"偷师"。没过多久就熟练起来,并实现了"脱产自研"。

当他真正揽下"跨界实验"时,难免会手忙脚乱。这两天,他正与生化组研究者攻克基因测序的核心技术"探针",进行光学检测时,发现荧光强度数据"不理想"。一步步倒推实验过程,他找到了问题根源——测试荧光时,由于将抗淬灭试剂静置了过长时间,导致试管里出现沉淀物质,影响了之后的检测数据。"重新配置得花时间,咨询生化组同事后,我找到了改良办法。"很快,重测中数据达标。

这组"串场"实验共有十步,原本只需完成最后一步光学检验的潘诚达,硬是啃下了前面的九步——4项化学实验操作与5项生物实验操作。"做着做着,实验就成了'肌肉记忆'。"

原本,完成一项串场实验得花上七八个小时,如今缩短至4小时。等潘诚达完成光学检测后,会将数据及实验成果传递给后续的算法组,算法组通过入网连接,便可开始组装产品。"每个细节决定实验的数据,更决定后道产品组装的'成败',马虎不得。"

## 失败本身有意义

科研领域失败是常态,但失败本身有意义。

潘诚达说自己最早的博士研究方向是"微纳尺度下的光学操控",其中有四成内容需要在化学实验室里完成纳米颗粒的晶体合成。"可惜做了三年都没成功"。

他心里却狠狠"憋了一口气":"早晚要做出点成绩来。"所以他成为唯一一位在生化组与光学组来回"串场"的工程师。

肯下功夫的青年科研者,也常会遇上"无法解释"的困顿。比如,做实验时,明明实验步骤都是对的,但得出的数据却不理想。"我进行了不同荧光探针结构的调试,在不断改变探针结构过程中,所呈现的数字依旧无法解释。"

他将这次失败"摊开"在生化组与光学组的联合组会上,大家一起支招。其师傅、产品项目总监胡春瑞接过话

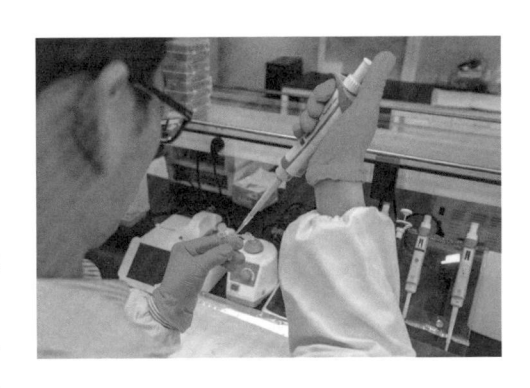

潘诚达在生化实验室中准备测试试剂
邢千里 摄

潘诚达正在将芯片固定至工作台
邢千里 摄

143

头:"可以从改变分子组装形态来试试。"

现阶段,国内已有类似的基因编辑、免疫细胞治疗等产品出现,但尚且处于研究阶段。放眼全球,2023年才出现首例用于地中海贫血症治疗的基因编辑技术。想要填补国内空白,近观科技所研发的基因测序技术堪称"阵容豪华":细致划分包含分子生物学、生物化学、光学、单分子光学,以及硬件、软件、算法等等,环环紧扣。多学科有机结合,成了这项技术能否顺利推出的关键。也因此,诞生了胡春瑞、潘诚达这样的"串场"师徒,承上启下,接续攻关。

这两天,他们接到算法部门的"前置订单":针对当前研制基因测序探针,利用算法搭建的模型,没法识别出光学信号,能否在生化实验与光学实验部分进一步优化数据?据此,潘诚达一步步倒推实验,"见缝插针"搜寻可修改的步骤。尝试多次后,他发现自己的"老本行"在提高单分子荧光强度方面还有可提升的空间。于是,他在溶液中通过添加更多试剂,调整单分子荧光信号的信噪比。等到将碱基序列转换成光学信号输出后,算法组便收获了想要的"更优质"数据。

当然,"串场"研究的前提,是实验人员之间的互相理解。"最早公司开大会,每个项目组各抒己见,互相'听不懂',也导致了实验流程上的卡顿频发。"为了让每个项目组互相理解,胡春瑞牵头成立跨部门组会。比如,每周二定期召开"生化组与光学组联合组会",由企业生化试剂负责人吴凡领衔四位生化工程师与一名光学组工程师,互相交流一周进展,彼此都跨前一步,无缝衔接。

如同齿轮精准卡位,如今的基因测序技术研究,进展"丝滑"。

## "混搭"的刻意为之

近观的实验室"串场",来自人才培育使用的"跨界"。

潘诚达是物理学与光学专业背景,还自学了化学;胡春瑞本科读的是生物工程专业,博士阶段先研究了神经生物学,后半程转行研究非线性光学与单分子拉曼光谱成像;做生物学实验的艾巩丽,大学期间学的是农学院园林专业……

而这正是企业创始人陈昌的"刻意为之"。他回溯了自己的成长历程:本科学习化学工程,硕士转行到纳米材料,博士与博后先后钻研半导体芯片、细胞通信,再后来从事半导体与生物技术融合的产学研和创新创业,不断打拼成了复合型顶尖人才。"我们要的就是跨学科融合型人才,而不是做单一的流水线产品。这些人才有各行各业成功或失败的经验,能够互相激荡相互配合,激活创新力。"

基于此,从2022年起步的近观科技,已经有了"拿得出手"的成品——无创血糖检测技术,正得力于"交叉实验室"。也就是通过拉曼光学隔着皮肤检测血液内的葡萄糖分子,使得糖尿病患者无须"扎针",即可检测血糖,且拥有极高准确度。最近,企业与瑞金医院建立了合作,让旗下无创血糖仪能进行临床试验。双方根据此产品的临床数据,还准备携手刊发论文。"在我们企业实验室发论文,已有过先例。"

在无创血糖检测技术筹备拿证的过程中,另一产品线基因测序技术也有了可期待的未来。在"串场"师徒等人的研究中,基因测序技术已解决了"最难的题",

即降低 DNA 聚合酶的链式反应速度。

这项操作，以一条 DNA 链做"模板"，通过 DNA 聚合酶的功能，实现与 44 种碱基配对。由于聚合酶发生化学反应的速度过快，DNA 序列的信号难以实现时间上的分辨，对测序信号的解读造成巨大困扰，必须通过降低金属因子等人工改造使其"慢下来"。接着，通过单分子荧光检测识别具体信号，并用磷酸端荧光标记核苷酸。然后，一个个"打着标签"的核苷酸，所输出的光信号随即转化为电信号，经由算法转化，将成为测序的图像数据。

而这，也是国内目前唯一没有被掌握的一项基因测序领域的重要的技术路线。如同近观科技大堂里展示的公司愿景：让一切不可能变成可能。

基因测序技术，有了更多可能。

## ━采访手记━
### 所有的失败，都结成了果

科研"串场"难么？外行看，从一个学科跨到另一个陌生领域，要重新开始，难！但潘诚达却轻描淡写地回应：不算太难。

这份底气与自信，来自他日复一日在失败中重启、在挑战中成长。第一次旁听跨部门组会，听不懂；第一次上手跨领域实验，慢吞吞；第一次碰上解不开的数据，挠破了头……

可他不急，只想着踏踏实实做下去，目标总在前方。

是的，如果每一次"跌倒了都能微笑着站起来"，离成功也就不远了。

# 逆变器实验室:
# 逐"绿"追光
# 向"新"突围

撰稿 周辰

科研,不光是为了预见、把握未来,亦是把自己从过去彻底解放出来,放诸辽阔遥远的天地间,去想象、开拓不同的命运。

## 探路新质生产力
New / Quality / Productive / Forces

太阳东升西落，亘古不变。

从云南临沧落下的太阳，会在土耳其原始森林的尽头升起。

相隔千万里的村落，每家每户屋顶都装有光伏电池板，它们尽情地吸纳光、吞吐电，经过一个关键电子器件——逆变器，使电池板产生的直流电转换为交流电，从而并入电网供人们直接使用。

不管是联合国开发计划署资助的土耳其森林村庄发电项目，还是我国云南临沧推进的"整县光伏"，它们使用的逆变器都来自一家上海本土的市高新技术和"专精特新"新能源企业——爱士惟科技股份有限公司，也是唯一一家总部在上海的光伏逆变器龙头企业。

哒哒－哒哒－哒哒，爱士惟上海研发中心总监张山锋思考问题时，无意识地捏响了一枚继电器。这是合作商这一周刚送来的新样品，他收到后一直放在身边研究构造，在他看来，这能管窥电气时代的先进生产力。

当第四次工业革命席卷全球，能源的绿色转型、新能源体系建设正是加快培育、形成新质生产力的路径之一。

对身处其中的科研人员来说，问题更为具象化：手握电气时代的产物，怎样向"新"突围？作为光伏产业链中的核心企业，如何在竞争白热化的全球市场里"逐绿追光"？

牢牢扭住自主创新这个牛鼻子，拼效率、拼人才。

爱士惟逆变器应用于土耳其森林村庄项目

　　受访者 供图

## 将产品性能推到极致

　　爱士惟上海研发中心的实验室大约 1600 平方米，这个面积的光伏电池板，大约需要一台 150 千瓦的逆变器来支撑。

　　产线实验室里的座位和实验设备摆放整齐有序，但也没有太多精致可言，百搭的卫衣衬衫是诸位"理工男"的热爱，他们大多内敛沉静，甚至不善言辞，实验室里大部分时间只听到设备的蜂鸣。然而这些并不妨碍团队躬耕实验室、结出硕果。不到一年的时间里，这里连续推出三四款成熟产品，其中不乏业界首创。

　　2023 年盛夏，筹备两年之久的上海研发中心终于启动。兵马粮草备足，大家计划在此完成一款新型逆变器项目，打响头炮。张山锋回忆道，大家都铆着一股劲要把这第一个项目攻下来，连续三十多天在各自实验室岗位上，常常是白天"肝"到凌晨。从耐受温度到元器件排布逐个做实验。

　　项目突破的那一刻，大伙儿说，心里仿佛"轻舟已过万重山"。

## 探路新质生产力
New / Quality / Productive / Forces

爱士惟工商业逆变器产品　受访者　供图

逆变器实验室一隅，研发人员正在设置测试设备　　　　袁婧　摄

爱士惟逆变器应用于上海嘉定综合保税区光伏电站项目　　受访者　供图

十余年前，国内光伏产业还是个新事物，缺少应用场景也没有非常成熟的产品。正是靠着实验室里的一点点曲折求索与进步突破，才逐渐让中国光伏占据高地。

譬如光伏行业的一大痛点：如何在降低成本的同时，提高系统的稳定性？爱士惟实验室的科研人员经过多年联合攻关，最终才实现突破性进展，采用基于直流母线电压信息的控制关键技术，取代了原来需要高频通信的方式，再一次将产品性能推向极致，也让技术创新从实验室走到商业应用，更见证了中国产品在国际市场上的"逆袭"。

**跳一跳就能够到的小目标**

需求很急，时间很紧！

目下，爱士惟上海实验室不仅在研发更大功率、更高转换率的逆变器，也向储能领域创新发起攻坚，同时拥抱数字化转型的浪潮。所谓储能，即风能、太阳能转换为电能后的储存工序，好的储能产品能提高电力系统效率，减少浪费和污染，平衡电力供需。

爱士惟笃信，研发要抓住那些"跳一跳就能够到的小目标"——对市场需求的反应要绝对敏捷，而产品的突破创新则要在成功经验的基础上稳扎稳打。当他们发现在国外市场上，在公寓阳台安装光伏将成为一个趋势，爱士惟上海实验室瞄准阳台发电这个小赛道，研究适合安装在阳台上的微型光储一体机，不久后产品将面世，成为业界首款微型光储一体机。

"特点是安装及操作方便，不需要专业人员上门"，该阳台光储一体机将电池与逆变器集成在一起，甚至还能移动携带，将应用场景拓展至露营用电、新能源车充电等。

据介绍，经过持续攻关和积累，我国多项新能源技术和装备制造水平已全球领先，建成了世界上最大的清洁电力供应体系。据国际能源署测算，2030年全球光伏新增装机需求将达到2022年的4倍。庞大市场需求下，能源技术及其关联产业培育，不仅是产业升级的新增长点,更是促进新质生产力发展的原动力。

光伏新能源技术的产业链很长,硅料、电池、组件、薄膜和逆变器等环节构成复杂的能源系统才能发电,而全产业链发展刚好是制造业大国的优势所在。其中,逆变器作为光伏产业链终端的核心设备,在国家产业政策扶持以及海外市场需求增长的推动下,一直处于快速增长的发展态势。

与此同时,市场竞争之激烈,愈发凸显技术创新的重要性。有实验室成员感慨,一代产品跟不上,就会步步落后于人。也因此,每一周的时间,这个产线实验室都恨不得掰成两周来干。

实验室里的创新还在继续,"我们也密切关注人工智能、大数据领域的新发展",研发团队也常常跨界思考问题,人工智能等新兴领域要发展,绿色能源是重要基础设施,而人工智能、数字化技术也可以反哺光伏产业自身的升级。

在长三角某单体最大的食用菌生产企业,一座365天不间断生产的工厂,3条全程机械化、数字化、智能化的生产线,以及温度、湿度控制设备等各项自动化设备的运转,需耗费大量能源。工厂屋顶的分布式光伏电站,能够在二十五年生命周期内生产约307.45万度清洁电力,爱士惟的三相光伏逆变器正是这座光伏电站的大脑和中枢,不仅保障安全运行、源源不断输出清洁电力,还搭载智能全局扫描技术,能够提升多阴影场景的发电量,转换效率高达98.6%。

长方形实验室的尽头,一套家庭能源管理软件正在紧锣密鼓开发中。该软件结合大数据及人工智能技术，将光伏、储能、充电桩和热泵统筹管理，人们能在手机等智能终端上看到各项数据，从而使家庭能源使用更高效合理。

**技术攻关故事每天都在上演**

2022年上海全球投资促进大会上，爱士惟董事长兼总裁张勇宣布将全球总部落户至黄浦区，企业不仅看中了这里的营商环境和基础设施建设，更重要的是区域在科创服务产业的发展规划，与企业一拍即合、双向奔赴。

从研发角度看，爱士惟认为人才也是在上海做研发的一大优势。上海这座城市的特质在于容易接受新鲜事物、思想开放、工作效率高；此外，部分电气、新能源企业在上海也有研发中心，人员流动呈现正向循环。

爱士惟仅上海实验室里就有近百名研发人员，分别负责硬件、软件和结构设计等不同方向，近年来吸引了不少新鲜血液加入，其中不乏优秀的应届毕业生。

新能源行业的火热发展趋势，吸引着两代工程师持续投身其中，攻坚克难。"行业前景好，有国家战略支撑，"双碳"目标、新质生产力等一系列目标和理念的提出，对年轻人的择业有积极正向影响。"张山锋感慨。

每天一早，他习惯先在实验室里走一圈，随时加入到大家的小型头脑风暴里。如何通过多模块并联技术，大大提高光伏发电效率，是大家一直在探讨的方向。"并联技术可以确保即使其中一个光伏模块受到阴影遮挡或发生故障，其他模块仍然可以继续发电，避免了整体发电量的下降,减少停运风险。"大家各抒己见,探讨可能的解决方案。

研发实验室的技术攻关故事每天都在上演,看着年轻人为了更优的技术解决方案围坐一起激烈讨论,张山锋对中国光伏的未来充满了信心。

如今,爱士惟上海研发团队参与设计的户用及工商业并网逆变器、储能逆变器等产品,持续在国际展览和权威测评中收获赞誉,见证了中国能源技术从追赶到领跑的超越。就在两个月前,爱士惟研发的新一代逆变器和储能高压电池在波兰举办的行业展会上首次亮相,先后与两家外商达成合作,从波兰到西班牙,从荷兰到南非,这家中国企业的"绿色朋友圈"越来越大。

光风霁月,追光赶路。

## ═采访手记═
### 追光的人

产线实验室里,倒排工期、挂图作战,他们是追光的人。

追光的人,让光子与电子之间发生能级跃迁,不断突破绿色能源的效率极限。

效率极限,是新能源行业里企业的竞逐目标,也昭示着新的生产力走向何方。

其间,更需要稳扎稳打地步步探寻,或许会迷惘无措、推倒重来,也终将茅塞顿开、拨云见日。

拨云见日,加强自主创新,民营企业有能力、有条件、有担当,创新源泉充分涌动,就在产线实验室。

# 4 产业样本

1. "代码"奇迹：让研发设计 10 倍速"快进"
2. "模型"奇妙：让人与数据"对话"成可能
3. "低空"奇想：让"小飞机"变革出行方式

# "代码"奇迹：让研发设计10倍速"快进"

"AI换人"帮助传统产业升级

撰稿 张懿

**探路新质生产力**

上海汽车工业的智能制造水平国内领先，图为大众汽车生产线
资料图片

工业软件被称为现代工业的灵魂。随着我国经济转型升级，新一代自主工业软件通过开辟新场景、创造新模式，正在加速赋能传统制造业形成新质生产力。国内工业软件的代表性企业——上海青翼工业软件有限公司，依靠自主研发的算法和人工智能（AI）技术，帮助高端制造业将研发和设计效率提高10倍以上。

如果说，上一代"机器换人"是借助机器降低劳动密集型产业对人工的依赖，那么"升级版"的"AI换人"，则面向高端制造业，让知识密集型岗位不再受高技能人才短缺的影响，从而在更高水平释放"中国制造"能力。

## 让高技术岗位摆脱"人海战术"

要制造高性能芯片,需要用半导体装备在纳米尺度上"精工细作",这类装备对零部件的加工要求可想而知。在国内一家精密制造龙头企业,由上海青翼研发的智能工具已获应用,帮助该制造企业大幅度降本、增效、提质。

为半导体装备加工零件,离不开数控机床;要让数控机床按要求转起来,就必须结合每个零件的几何形态和质量要求,为机床编写特定的工艺和参数——该如何下刀,先钻孔还是先切削,刀头最佳的运行轨迹为何……设计开发这些工艺,就像是将零部件的图纸"翻译"成机床能理解的代码。

以往,这部分极富技术含量的工作要由资深工程师负责。通常,给一个精密零件开发特定工艺,需要四五个人的团队忙碌十多个小时。但凭借上海青翼新研发的智能工具,整个过程被压缩到半小时以内,相当于一下子将效率提高10倍以上。

上海青翼总经理王文华告诉记者,面向这家精密制造龙头企业,他们开发了专门算法和行业知识库,将原本藏在资深工程师头脑中的经验和技能数字化沉淀到软件中。操作者输入待加工零件的基本信息后,系统平台就能自动识别和提取数百项技术要求和工艺特征,随后结合行业知识库,利用智能算法自动完成工艺和参数的

探路新质生产力
New / Quality / Productive / Forces

第 23 届工博会机器人展台自律性的汽车点焊单元展示　　　　袁婧 摄

设计开发，整个过程只需按一个键。

这套软件和智能工具给企业带来的价值，不只是快。半导体设备对零部件的需求，呈现多品种、小批量、定制化的特点。过去几年，这家精密制造企业接获的零部件订单有数万种之多，但每种零件的采购量平均只有三至五件。这意味着，如果没有青翼的技术加持，为了给客户开发工艺，企业必须构建庞大的工艺工程师团队，打"人海战术"。现实中，受益于旺盛需求，该公司过去几年的营收增长了 10 倍，但工艺开发人员规模只翻了一番，也就是说，因为有了上海青翼工业软件的支撑，该公司每年在人员与开发工具上就节省了数亿元成本。

## 本土工业软件的"逆袭时刻"

工业软件领域，发达国家因为起步早，在技术和市场表现方面长期占据优势。虽然我国工业软件一直处在"跟跑"位置，但当前，破局的时机正不断成熟。

王文华告诉记者，中国制造对自主工业软件存在巨大的刚性需求。长远来看，一方面，自主工业软件的发展状况势必会与中国制造的体量和水平相匹配，加上多种外部因素的推动，国内企业对自主工业软件的认可度不断提升。另一方面，本土工业软件企业本身也在持续成长。作为跨国公司的合作伙伴，多年来，他们在帮助跨国公司打通"最后一公里"、服务国内客户的过程中，技术和经验也持续积累，特别是在理解本土行业、响应本地需求、提供特色服务等方面，自主工业软件企业存在优势。综合来看，工业软件国产化替代似乎已是大势所趋，而这种替代，更多是建立在高水平、生态化、可持续的基础之上。

上海青翼的突破，就发生在这股涌动的大势之中。此前，他们已经在国内制造业深耕近三十年，但长期扮演跨国公司服务商的角色。直到2021年，看到发展自主软件的机会之后，公司启动战略转型，吸引外部融资，大幅扩充研发团队，埋头开发自主产品，打造基础工业软件的产品矩阵。而在工业软件中嵌入AI技术，借助机器学习来赋能制造业，成为它的技术特色和优势。

除了让精密制造龙头企业"AI换人"外，他们还为国内轮胎、车灯、阀门、电梯等多个领域的头部企业打造了类似的工业智能技术平台，都以"一键完成"模式让资深工程师们的设计工作变得前所未有的简单和高效。

谈到上海青翼和本土工业软件的技术路线，中国工程院院士、华中科技大学教授李培根表示，AI的发展给工业软件带来了前所未有的机遇。如果能构建以计算机为主、人类专家辅助指导的格局，借助AI手段来洞察和捕捉复杂系统与过程中的高阶关联，无疑将极大提高设计、制造的质量和效率。

**制造业成为AI创新重要参与者**

AI与工业软件的结合，不仅优化和提升设计与制造本身，也为制造业创新范式的变革注入活力。制造企业不再只是软件用户，他们可以与软件以及人工智能企业联手共创，从而推动"AI+制造"构建出开放的创新生态。

正如李培根所说，AI时代，工业软件除了是企业提升效率的工具外，更是创新的重要伙伴。在为那家精密零部件龙头企业研发工业软件产品的过程中，上海青翼与客户紧密协作，一方聚焦软件平台和算法的研发，而另一方则基于行业经验，与软件企业一道探索如何将工程师头脑中的知识沉淀到软件。为此，双方磨合将近三年，形成了成熟的路径。而今，在其他企业复制这个案例的时间已大大缩短。

王文华坦言，AI赋能的工业软件，必须在用户的生产线上持续进行高质量验证，完全没办法"关起门来"在实验室研发。因此，用户理应成为"知识的自动化"的贡献者。

正因为如此，中国在传统制造业上的综合性优势，有望在AI时代进一步凸显。事实上，几年前曾有全球性工业软件巨头沿着与上海青翼相近的思路开发智能加工技术平台，但无果而终。这次尝试失败的关键，在于发

2023世界人工智能大会商汤展位上的一款数字孪生应用平台  　　袁婧 摄

达国家如今普遍缺乏传统制造场景，其工业软件技术无法找到足够的客户。而中国作为"世界工厂"，过去几十年积累了海量的制造业数据，一旦被AI所应用，就会构成强大的竞争优势。

软件与工业的合作，不仅在研发层面。上海青翼已与国内一家压力容器的代表性企业合作，研发出压力容器产品智能设计工具，能帮助该领域大量企业实现"一键设计"。对于这个软件产品，双方将分享销售收益，甚至还实现了共同冠名。

技术的革命性突破、生产要素的创新性配置、产业深度转型升级——随着本土工业软件和传统制造业的携手，催生新质生产力的这些要素，正在全面集聚、碰撞。上海市经济和信息化委员会相关负责人表示，上海将进一步优化环境，着力培育创新能力，坚持"以用促研"，在重要行业及场景开展示范应用，推动工业软件更好支撑制造强国建设，推动制造业深度数字化转型。

探路新质生产力
New / Quality / Productive / Forces

—专家视角—
## 解码传统产业破局点：两转型+两融合

撰稿 张懿

新质生产力以深化高新技术应用为重要特征，既要培育新产业、新赛道乃至未来产业，也要运用新成果、新技术改造提升传统产业，全方位构建国家竞争新优势。对上海这座蕴藏着旺盛创新活力和深厚产业基础的城市而言，如何因地制宜推动本地传统产业发展跃升，形成与新兴产业相辅相成、融合促进的格局，具有重要意义。对此，记者采访了上海中创产业创新研究院高级副院长丁国杰，请她为上海传统产业如何培育发展新质生产力发表见解。

### 传统产业是新质生产力发展的基石

传统产业和新兴产业都是发展新质生产力、构建现代化产业体系的重要组成部分。在丁国杰看来，传统产业作为我国制造业的主体和现代化产业体系建设的基本盘，对新质生产力的培育发展也可以发挥基石作用。

从全国来看，传统产业目前在制造业中占比超过80%，体量巨大。对上海来说，包括汽车、化工、钢铁以及食品、时尚消费品等在内的传统行业，在制造业中所占比重也在 50% 以上。可以说，传统产业的生产方式和效率，直接影响着新质生产力的形成和发展。

传统产业以稳定成熟技术的应用为主，同时，它也能为新兴产业的发展提供零部件和原材料，具有较强的支撑性。不仅如此，丁国杰表示，传统产业还能为新兴产业的发展提供应用场景，打开发展空间；反过来，新兴产业的发展也为传统产业的改造升级带来新技术、新理念，进而提升劳动生产率。因此，从新质生产力的角度来说，改造提升传统产业与发展新兴产业并不矛盾，而是相辅相成、可以融合促进。

丁国杰表示，上海较早开始推进产业转型升级，大量高污染、高能耗、低附加值产业已经随着前些年持续结构优化而逐步退出，整体的产业高端化特征更为显著。同时，上海数字化发展水平较高，科技和人才优势突出，服务业对制造业的支撑能力较强，这些都为传统产业发展新质生产力奠定了良好基础。

**数字赋能是壮大新质生产力的关键**

谈到上海传统产业下一步发展该如何找准突破口，丁国杰表示，总体上就是把握高端化、智能化、绿色化、融合化方向，坚持创新驱动，大力推动"2+2"。特别是其中的"2+2"，也就是"两个转型"（数字化转型和绿色低碳转型）以及"两业融合"（先进制造业和现代服务业深度融合），这可能是上海传统产业实现新质生产力破局的关键。

实际上，几乎每个行业都有推动数字化转型的客观需求。立足传统产业，将来不管是生产、研发，还是供应链管理包括库存管理，都应该向着全流程数字化的方向发展；通过数字大脑、工业机器人、数字孪生、人工智能大模型等新技术的应用，上海可以打造出更多智能工厂，开辟更多智能制造应用场景，让数字赋能成为传统产业培育壮大新质生产力的核心路径。

绿色低碳转型，首先要打造绿色工厂和绿色园区，着力推动高端装备等重点产业实现全过程绿色改造，构建绿色供应链，推动"工业脱碳"；其次是在实现"双碳"目标过程中推动能源结构深度调整，发展绿氢、绿氨、绿色甲醇、新型储能等产业，提高传统产业"含绿量"。

制造业与服务业的深度融合，在上海已有不少案例。比如，在钢铁、航天、生物医药等上海制造业优势领域，一批龙头企业凭借多年积累和探索，在实现自身业务数字化的同时，将过程中形成、沉淀的制造工艺、管理经验和创新技术，固化成为软件和工业互联网平台，从而在其制造主业之外衍生出新的增值服务。此外，在工业设计、品牌服务、营销服务等领域，上海也形成了一批生产性服务业企业，不断赋能传统制造业加速转型升级。

# "模型"奇妙：
# 让人与数据"对话"成可能

#### 用新型生产工具赋能新兴产业发展

撰稿 徐晶卉

你有没有憧憬过这样一幅场景——将文本、图片、视频、音频一股脑儿"投喂"到知识库中，然后对着电脑屏幕提问，几秒钟后，那些分散在不同媒介里的信息被整合出来，形成精准且可溯源的答案。

如果说个人电脑（PC）是缓慢进化的"达尔文式"设备，那么人工智能个人电脑（AIPC）则被认为是迎来物种大爆发的"寒武纪时刻"。要形成这种"质"的跨越，以大模型等技术为代表的新质生产力成为新引擎。星环信息科技（上海）股份有限公司成功将自研无涯大模型"跑"进个人电脑，在 AIPC 这条火热赛道上改写数据交互方式，让数据可以用自然语言开展对话、进行检索。

### 人与数据在电脑前"对话"

PC 普及至今的数十年里，硬件更新的"摩尔定律"一直在延续，但在软件的"智能涌现"却停滞不前。最简单的例子是，用户要写一篇论文或者分析报告，数据、观点、报表等资料分散在不同文件里，最终结果是，电脑屏幕上密密麻麻铺满了文档，不时还要听个音频、看个视频，费时费力。

把大模型装进电脑是不是可行？2023 年起，星环科技研发人员就一直在思考这个问题。公司副总裁朱珺辰坦言，生成式人工智能（AIGC）爆火后，科技驱动的前置条件已被满足，"在业内，行业大模型结合知识库正在从超越常人平均水平的 L2 阶段向超越 90% 常人的 L3 阶段进发，这让几何级'智能涌现'成为可能。"

2023 年 5 月起，星环科技与英特尔等行业巨头探讨

星环科技致力于改写数据交互方式　　张伊辰 摄

底层技术对接问题。彼时，市面上还没有任何AIPC产品的发布，这意味着一切产业应用落地都需要摸着石头过河。"困难比想象中更多。"朱珺辰坦言，最大挑战是承载能力，"通常来说，720亿参数大模型'跑'起来，需要接近80G的内存，而PC算力和内存都有限，'塞'不进大模型。但大模型又必须达到一定参数量级，才能有较好的问答效果。"

以技术驱动创新，星环科技集中力量攻关，对适合在PC端运行的推理模型进行裁剪和量化，使其能在32G内存里"跑"起来，光是自研小数据量的模型、量化裁剪、AIPC框架适配等就耗时好几个月。

还有一道难题，是解决大模型存在的"幻觉"，即阻止它"一本正经地胡说八道"。星环科技利用自身在数据库方面的技术优势，让真实数据构建起本地知识库。如今，20万字的论文和几分钟的视频上传到数据库中，不仅能用自然语言检索、推理，而且还能准确溯源，消除了"胡说八道"的风险。

### 技术迭代环环相扣

随着大模型奇点的来临，朱珺辰发现，行业的技术突破是以星期为单位的。这意味着，只要一个技术环节没跟上，就会落于人后。

向上追溯，无涯大模型 AIPC 版的演进环环相扣。朱珺辰解释，它的基础是星环科技从 2022 年底开始大规模投入研发的大模型相关产品——星环知识平台，包括语料的自动化构建知识、知识的存储与服务、预训练基础大模型"无涯"以及大数据分析模型"求索"等。虽然这些基础产品问世不过一年光景，但进化速度相当快。比如，一年前"无涯"还只是金融领域的特长生，一年后就已经能在法律法规、政务、制造等更多领域发挥特长，帮助更多行业用户拥有私人 AI 助理。

AIPC 的关键能力还在于多模态的综合应用。大数据时代，主要处理的是结构化数据，而 AIPC 要实现为个体服务，对非结构化数据处理也有更高的要求，包括图片、视频、文字、表格等等。为此，星环科技自研了向量数据库，可快速把非结构化数据自动化构建为知识，形成特征向量。其中涉及很多技术，无论是知识工程的构建、图谱构建，还是音视频解析，都需要进行研发和打磨，以此为基础才能满足 AIPC 时代人与数据对话的可能。

当下，新质生产力堪称"置顶"热词。朱珺辰认为，大模型行业更类似新型生产工具角色，新兴产业也不再是一个个孤岛，而是能通过技术引领创新，最终赋能传统产业，为未来产业打下根基，带动整个系统全要素生产率的提升。

—产业视角—
## 无论"风口"如何变，创新始终不变
### 从新兴产业的上海样本看新质生产力的"原生特质"

撰稿 徐晶卉

高新技术行业流行"追风"。科技创新的"风口"，看起来总是捉摸不透、变幻莫测，区块链、元宇宙、空间计算、大模型、生成式人工智能（AIGC）……这些"风口"直指当下最热门的新兴领域，也引领着技术创新前沿走向。

一波又一波的"风口"中，新兴产业热潮涌动，推动一大批上海科创企业走上舞台发光发热。但无论"风口"如何改变，其背后的关键"创新变量"始终不变——以技术的革命性突破引领为抓手，改变传统经济增长方式，赋能未来产业发展。某种程度上，从新兴产业的上海样本中，能看到新质生产力的"原生特质"。

### 上海新兴产业迎着"风口"而上

圆通速递司机杨中桥负责"千里奔袭"的物流干线运输，这本是一桩极耗体力的累活，如今却变得轻松起来。原来，前不久车上加载了一套自动驾驶技术系统方案，杨师傅一学就会，只要点击自动驾驶按钮，卡车就进入自动巡航模式，"以前每时每刻要握紧方向盘，紧盯路况，现在人工只需辅助，每天就能安全行驶上千公里。"

杨中桥的驾驶状态和行驶轨迹，以及跑在全国干线公路上其他800多辆车的实况，均被实时回传到赢彻科技（上海）有限公司的智能驾驶云平台上。此前，智能重卡站上"风口"，上海孕育出一大批企业，赢彻科技就是其中之一。"早在2021年底，我们就实现了智能重卡前装量产，如今安全运营里程已近1亿公里。"公司副总裁王立鹏自豪地说，他们自主研发的全栈L2-L4级自动驾驶技术，为物流快

**探路新质生产力**
New / Quality / Productive / Forces

递业带来颠覆式效率突破。

如果说智能重卡是已经成熟的"风口",那么 AIGC 及大模型的"风口"正劲,上海也在这轮大模型竞速中打开了一片产业新空间。截至 2024 年 3 月,全国前 4 批次通过上线备案的大模型中,上海占据 24 个,包括上海人工智能实验室的"书生"、商汤科技的"日日新"、Minimax 的 ABAB 等。

与此同时,上海培育大模型生态成效初显。2024 年 3 月,上海合合信息科技股份有限公司发布一款文本向量化模型,很快就斩获 C-MTEB 榜单第一的佳绩。合合信息智能创新事业部总经理唐琪介绍,这是一种产业链上游的必备工具,能够将单词、句子或图像特征等高维的离散数据转换为低维的连续向量,显著提高大模型的精准度。

透视新兴产业的"风口",技术创新是"以不变应万变"的硬规则。"从上海'3+6'新型产业体系布局看,人工智能、生物医药、新能源等领域的创新是典型的新质生产力,以高新技术为代表的新兴产业,称得上是新质生产力的'原生代'。"复旦大学管理学院教授芮明杰认为,两个国际通用指标可以用来评价新质生产力是否高效,一是全员劳动生产率,新质生产力应该反映在创新产品附加值的提升上;二是全要素生产率,反映的是技术、资源配置对生产贡献的指标,"与传统产业以资本、劳动力驱动的生产力不同,在新质生产力中,科技创新扮演了更重要角色"。

**既要蚂蚁雄兵,也要大象起舞**

在研究新质生产力的动力源时,上海前滩新兴产业研究院院长何万篷格外关注新兴产业中的新群体——创业企业和"快公司"。他认为,这些公司充满钻劲和韧性,多是技术流和行动派,充满热忱地引领新场景、触发新需求，迎"风"生长，激发出新兴产业的勃勃生机。

仍以引领新一轮人工智能（AI）变革的大模型为例。如今在上海，大量初创型企业正围绕基础模型、AIGC应用以及上下游工具链等奋力追梦。就在最近，AI角色创作平台"捏Ta"刚刚完成超千万元的天使轮和Pre-A轮融资，这距离企业初创仅16个月，"捏Ta"平台紧盯生成式人工智能的细分赛道——二次元，用创始人胡修涵的话描述，就是"以文本方式输入剧情，自动生成漫画角色"，且在国内几乎没有同类竞品。

除了蚂蚁雄兵，还有大象起舞。五年前，商汤科技投入巨额资金研发SenseCore商汤大装置，并在上海建设临港超算中心。正是基于扎实的算力新基建，商汤研发的底座大模型"日日新"得以持续优化，以平均二至三个月一个版本的频率迭代。就在4月23日，商汤科技发布日日新5.0大模型，董事长兼首席执行官徐立透露，新版本基于超过10TB tokens训练数据，推理时上下文窗口可以有效到200K左右，大部分核心测试集指标已对标或超过GPT-4 Turbo。

繁星汇聚，构成了上海新兴产业的星座。有数据显示，上海AI产业规模已从2018年的1340亿元跃升到2022年的3800多亿元，年均增长超29%。"新质生产力的载体一定是产业和企业，只有企业发挥创新力，才能带动全社会一起推动发展新质生产力。"芮明杰指出，其中，初创企业要做技术"尖兵"，而巨头企业则应"一手引领创新，一手制定标准"，争取掌握新质生产力的话语权。

为此，上海聚焦创新策划，紧抓大模型、工业机器人、科学智能等"风口"，加速探索全过程创新的新范式，全力帮助企业在"风口"站稳、起飞。2023年11月，上海出台推动人工智能大模型创新发展若干措施，涵盖实施大模型创新扶持计划、大模型智能算力加速计划等。与此同时，国内首个大模型孵化和加速载体——上海模速空间创新生态社区2023年开始运营，半年来已入驻60多家企业。"捏Ta"所属的看见概念公司正是模速空间里的一员，胡修涵表示，这个孵化器里有算力调度、开放数据、评测服务、金融服务等全方位创业保障，可帮助初创企业轻装上阵。

**抢抓先行者优势，为未来奠定基础**

相比"风口"正盛的大模型，属于空间计算的真正"奇点"似乎仍未到来。此前，苹果Vision Pro头显的上市，让空间计算的概念火了一把，但行业仍处于早期发展阶段，这一"面向未来"的全新交互技术，距离理想化形态还有一段距离。

站在当下与未来的交叉口，玩出梦想创始人、CEO黄锋选择带领团队争分夺秒进行技术沉淀和产品迭代。企业成立至今四年，已自研出一套空间计算的手势识别技术，实现关键技术局部赶超，努力推动三维信息技术革命往前破冰。"无论是今天的新兴产业，还是明天的未来产业，大量底层技术都是一以贯之的，需要耐心等待从量变到质变的过程。"他判断，大模型与空间计算设备的结合，必定会在未来创造新的"风口"，"上海明确将未来空间作为五大未来产业之一，是释放新质生产力的关键领域，企业从现在起就要为此蓄力。"

今天新兴产业的"风口"，是过去技术创新突破的硕果，而今天的技术积累，或将成为未来产业的四梁八柱。在芮明杰看来，科技创新与产业发展具有明显的先行者优势，因此，新质生产力的着力点应该在于原创性和颠覆性，"所有的突破性技术都需要长期的研发投入，需要技术积累和高精尖人才汇聚，并且通过原创的技术和产品，率先设立技术标准和产业标准，才能奠定先行者优势，在未来掌握先机。"

当下，上海已在培育壮大新兴产业中寻找与未来的链接点。2023年，元宇宙、区块链、高温超导等领域关键技术攻关行动启动实施，技术合同成交额达到4850.2亿元，高新技术企业超过2.4万家。2024年，上海将加快打造电子信息、生命健康、汽车、高端装备4个万亿元级产业集群，着力打造新兴产业创新高地。

不过，芮明杰也提醒，企业即使身处新兴产业，也并不意味着能代表新质生产力，比如，有些工业机器人制造企业看起来"高大上"，但生产线源自国外进口，做的是来料加工的组装工作，究其根本依然是劳动密集型产业，企业要避免走入误区。上海社会科学院经济研究所所长沈开艳认为，上海一定要注重基础创新和场景应用，比如，上海的AI场景应用较多，但基础创新与国外相比还有待提高，未来应该双管齐下，从科技创新出发实现新质生产力的提升。

# "低空"奇想：
# 让"小飞机"变革出行方式

### 核心技术突破为未来产业打开商业应用空间

撰稿 唐玮婕

**探路新质生产力**

御风未来 MATRIX 1 电动垂直起降飞行器　邢千里 摄

在张江盛大天地源创谷，上海狮尾智能化科技有限公司10楼办公室外的一片玻璃幕墙成了研发团队的试验场：一架又一架无人机搭载着自主研发的飞控系统，对准有弧度的外墙，不断重复着路线设计、自动飞行、捕获数据等测试，加速打通自动巡检的应用场景。

眼下，"低空经济"热度居高不下，无人机、eVTOL（电动垂直起降航空器）等航空器则是未来整个低空经济最主要的载体。上海狮尾智能化科技有限公司作为低空经济的重要参与者，专注于先进航电飞控技术的研发，为全自动飞行提供解决方案。

## 研发核心技术

狮尾智能创始人施维毕业于上海交通大学机械工程专业，曾任职于一家知名外资飞机研发企业的中国总部。2015年，他决定创业，带领狮尾智能团队投入无人机飞控系统的研发。

在飞控系统方面，低空航空器的核心技术就是要提升"眼睛、小脑、大脑"的能力：在环境感知、定位和避障上，提升航空器安全性，发挥"眼睛"的作用；在航空器飞行稳定性和安全性上，要优化垂直起降技术、自主起降控制系统，增强"小脑"的能力；在飞行过程中，解决航空器自主决策、路径规划等技术难题，开发"大脑"智慧。

针对城市工业无人机领域，狮尾智能的关键技术之一——INSKY 操控系统 SVO，就相当于为无人机装上自主研发的"眼睛、小脑、大脑"：只要输入指定的目的地，就可以实现自主运行，支持自动起飞、降落和巡航，具备自动地面和空中防碰撞功能，还能自动失效保护，无须专业飞行员操作。

**场景加速落地**

自主飞行的技术突破为无人机打开了更大的商业应用空间。

"我们正在通过工业无人机加速工业巡检场景的自动化升级，其中一个主要落地场景就是玻璃幕墙的自动巡检。"狮尾智能合伙人杜家豪告诉记者，智能网联、航线规划和自主感知避障等多项技术的融入，让无人机最大化发挥出在复杂场景下的应用能力，形成一套自动化城市飞巡解决方案。

在上海这样一个超大城市，玻璃幕墙高层建筑数以万计，仅仅靠人工日常巡查很难发现一些死角和盲点。狮尾智能开发的智能方案不仅可以自动规划无人机巡检航线，还能把拍摄的视频实时回传数据服务中心进行拼接、建模等操作，完成高还原度实景模型展示。这样一来，工作人员在后台就可以通过三维地图直观看到建筑物高度、楼层数、每块幕墙状况、每个楼层的构造信息等。

目前，国内还有很多日常工作场景停留在人工巡检阶段，比如城市周边的河道治理、环境污染的监测、公路相关的交通执法、建筑工地的监控以及城市玻璃幕墙建筑的巡检等，还有在偏远地区，如以石油管道、天然气管道、海上钻井平台、电力线路等能源类为代表的工业场景等。

杜家豪透露，由于无人机相关的飞行控制、图像传输、数据传输等

SVO 系统飞行操纵界面（局部）
受访者 供图

技术不断发展，叠加超视距操控、监控、智能网联、人工智能和物联网等技术的演进，工业无人机在巡检勘探、安防领域已率先得到应用，而未来更多巡检场景也将加速落地，持续提升工业巡检的效率。

**竞逐低空经济**

与狮尾智能所在园区一条马路之隔，中国商用飞机有限责任公司上海飞机设计研究院就坐落在那里。"'大飞机'的起飞带动了无人机等'小飞机'加速迈向市场化。"在杜家豪看来，国内低空经济正处于变革机遇期和战略发展期。

在载人飞行器领域，狮尾智能最新推出城市四维自动飞行控制系统，融合航电飞控和智能感知技术，为各类航空飞行器提供适航级别的自动飞行控制系统，也为未来空中交通工具的革新打下基础。

业内专家认为，新型低空航空器装备将以高端化、智能化、绿色化为方向，无人机等航空装备的关键核心技术有望加快突破，技术水平转向国际领跑。而针对不同应用需求，产品竞争力和市场适应性的不断提升将成为企业竞逐低空经济的关键。

从城市巡检到载人飞行器，狮尾智能以自主飞行技术改变空中交通格局和创新人们出行方式的故事还在继续，未来将努力促成城市与人、城市与建筑、城市与城市之间的紧密连接，加速推动低空经济发展和创新。

## 产业视角
## 从提前布局到创新耦合，为"未来"蓄力
上海未来产业的布局呈现出鲜明特点

撰稿 唐玮婕

从全链条100%自主研发的新一代植入式脑机接口，到载人电动复合翼垂直起降飞行器，从世界首创应用于心血管领域的高分子纳米复合材料，到全国首个生成式人工智能专业孵化和加速载体……

未来已来，将至已至。当曾经的科学幻想正以前所未有的速度转化为现实场景，上海先行一步提前布局，聚焦未来健康、未来智能、未来能源、未来空间、未来材料五大产业领域，努力培育新质生产力，抢占全球产业竞争制高点。

到2030年，上海未来产业产值预计将达到5000亿元左右，一批具有世界影响力的硬核成果、创新企业和领军人才将持续涌现。

## 抢先一步

"未来"充满着不确定性，未来产业的规律更难以捕捉。根据上海的定义，未来产业就是可能在三至五年后成为"爆点"并具有广泛渗透性的领域。

"由于市场的不断演变和前沿技术发展的高度不确定性，很难在事前对未来产业的方向进行准确预测。"毕马威中国咨询首席战略官蔡伟告诉记者，未来产业所包含的新技术和细分产业动态变化，藏在众多变量之下的一条逻辑线是：要由前沿技术驱动，往往涉及多个学科和技术领域的交叉融合，"当前布局集中在智能、低碳、健康等新

## 探路新质生产力
### New / Quality / Productive / Forces

兴领域，处于孕育萌发阶段或产业化初期"。

为了抢先"跑赢"萌芽期，上海早在2022年就率先发布未来产业政策，随后又在2023年，围绕五大产业领域的16个细分领域编制"一业一方案"。2024年年初，聚焦生物制造、量子科技、6G技术、新型储能、商业航天、低空经济、深海探采、绿色材料和非硅基芯材料等重点领域，上海启动未来产业试验场"揭榜挂帅"，力争以应用场景为牵引，发掘一批掌握关键核心技术、具备较强创新能力的优势单位，突破一批标志性技术产品。

踏准节奏、步步为营。不少专家认为，上海未来产业的布局呈现出鲜明特点，一是由于产业根基深厚，由传统优势产业衍生的产业链和创新要素可为未来的创新萌发提供先天"养料"；二是对技术成熟度不同、处于不同发展阶段的科技侧重引领，在细分领域精耕细作。

在蔡伟看来，上海发展未来产业，就是要充分发挥综合优势，以重大需求、重大项目、重要平台为牵引，让创新人才、创新主体活力迸发，使上海真正成为培育发展未来产业的一方热土。

## 蓄力而发

眼下，eVTOL（电动垂直起降航空器）成了"低空经济"领域一颗冉冉升起的"新星"。前不久，中国民用航空华东地区管理局向上海峰飞航空科技有限公司颁发V2000CG无人驾驶航空器系统型号合格证。另一家eVTOL企业——上海沃兰特航空技术有限责任公司则拥有中国民用航空华东地区管理局受理的首个客运载人eVTOL项目。

沃兰特航空高级副总裁黄小飞

透露，已与 7 家企业签订战略合作及意向订单 700 余架，覆盖低空观光、培训、短途运输等 6 类应用场景，"eVTOL 正成为低空经济领域最具竞争力的新质生产力代表，也被视为解锁低空经济最大增量中的关键变量。"

放眼全球，eVTOL 研发这条赛道上聚集着数百家企业，中国与国外相比，基本处于同一起跑线，而国内 10 家头部企业中，上海几乎占据半壁江山。事实上，从 eVTOL 这一前沿领域就能一窥上海布局未来产业是如何蓄力而发的：在未来空间产业领域，这座城市已形成整机总装、机体结构、复合材料、动力系统等产业集群。

随着首批张江、临港、大零号湾 3 个未来产业先导区持续播撒培育"未来种子"，这些承载着高浓度新质生产力的区域有望于数年后迎来一批"爆点"。

作为上海国际科创中心建设核心区，张江未来产业先导区正以落实国家重大战略任务为牵引，在未来健康领域布局从孵化与加速（张江医学园），到中试与总部（民营企业总部集聚区、张江总部园），再到产业化（创新药产业基地、医疗器械产业基地）的承载空间，形成对产业功能的全覆盖。

临港新片区计划重点发力未来健康、未来智能、未来能源、未来空间等领域，到 2030 年未来产业产值达到 1000 亿元。而集聚着上海交通大学、华东师范大学等高校以及航天、航空、船舶、核电等十多所科研院所的大零号湾未来产业先导区则将重点放在未来智能、未来能源、未来空间 3 个方向上。其中，未来智能主要聚焦于智能芯片、量子计算、智能机器人等领域；未来能源主要聚焦于先进核能、新型储能、智慧能源等领域；未来空间主要聚焦于卫星火箭制造、空间信息、低空

## 探路新质生产力
New | Quality | Productive | Forces

经济等领域。

据悉，上海还将根据区域创新资源分布，在全市打造15个左右的未来产业先导区，不断提升区域创新浓度，让新质生产力加速奔涌。

## 创新耦合

科研人才聚集、应用场景丰富、资本市场活跃——这些都是上海发展未来产业的先天优势，而蔡伟特别提到了已有的产业优势。

长期以来，上海工业增加值和工业总产值规模一直保持全国领先地位。在汽车制造、船舶制造、集成电路、生物医药、新能源等领域，上海均有着雄厚的工业基础。与此同时，新动能产业稳步壮大，2023年上海工业战略性新兴产业总产值占规模以上工业总产值比重达到43.9%。

因地制宜，才能更好为未来蓄力蓄势。蔡伟认为，"上海在未来产业与传统产业的融合创新上其实有很大潜力可挖。例如，可以在农业、医药、能源、交通等重点行业，挖掘培育传统产业智能化、绿色化转型升级的开放应用场景，加快形成行业转型升级的关键核心技术。"

当下，上海要加强高端产业引领功能和产业基础创新策源功能，进一步提升产业链安全和自主可控能力，科技、金融、人才、数据等各类生产要素也有待进一步加强协同。

对此，蔡伟坦言，前瞻布局未来产业，是技术创新与制度创新的耦合，需要推动有效市场和有为政府更好结合，遵循未来产业发展的客观规律，推进"科技—产业—金融"良性循环，打通从技术创新到产业转化的堵点、卡点，加快发展未来产业。

更多专家提到了生态的融合，即以"政产学研用金"高水平联动促进创新链、产业链、资金链和政策链对接融合，形成从技术、生产、产品到商业的全产业创新链；加大跨领域、跨部门的资源整合力度，探索面向未来产业的天使投资基金、创业投资基金，构建产业、社会、金融资本多方共融、全链条的科技金融生态，为不同发展阶段的未来产业提供精准金融服务并促进成果转化。

蔡伟还建议，政府可以通过加大对未来产业发展的财税支持力度、加强未来产业发展的治理创新、建立容错与激励机制、实施人才计划、加强国际交流与合作等方式，为企业营造更好的发展氛围。

# 5 智库报告

1. 一组词云图 读懂新质生产力
2. 专家视角
3. 企业样本
4. 他山之石

# 一组词云图
# 读懂新质生产力

撰稿 张懿

2024年5月，文汇报与上海前滩新兴产业研究院合作，聚焦与"新质生产力"相关的一系列关键词，对海量的原始数据进行客观采集、梳理、加工，最终形成一系列新质生产力关键词"词云图"。

词云图搜索数据抓取自百度搜索指数网站，其中搜索相关关键词为用户在搜索目标词汇（新质生产力）前后的搜索行为中出现的相关检索关键词。

词云图媒体文章数据抓取自主流社交媒体网站、主流新闻资讯网站以及微信公众号文章，所有文章均在标题或内容中出现搜索目标词汇（新质生产力）。数据时间范围为2023年9月7日至2024年4月30日。搜索相关关键词共1003个、文章共10307篇。搜索相关关键词数据在一定程度上反映了关心新质生产力的人群对新质生产力的初步理解，也反映了他们初步认为与新质生产力具有高度相关性的内容。媒体文章相关关键词数据在一定程度上反映了作者在学习、工作和研究新质生产力过程中的总结。

## 探路新质生产力
New / Quality / Productive / Forces

**搜索概念词云图**

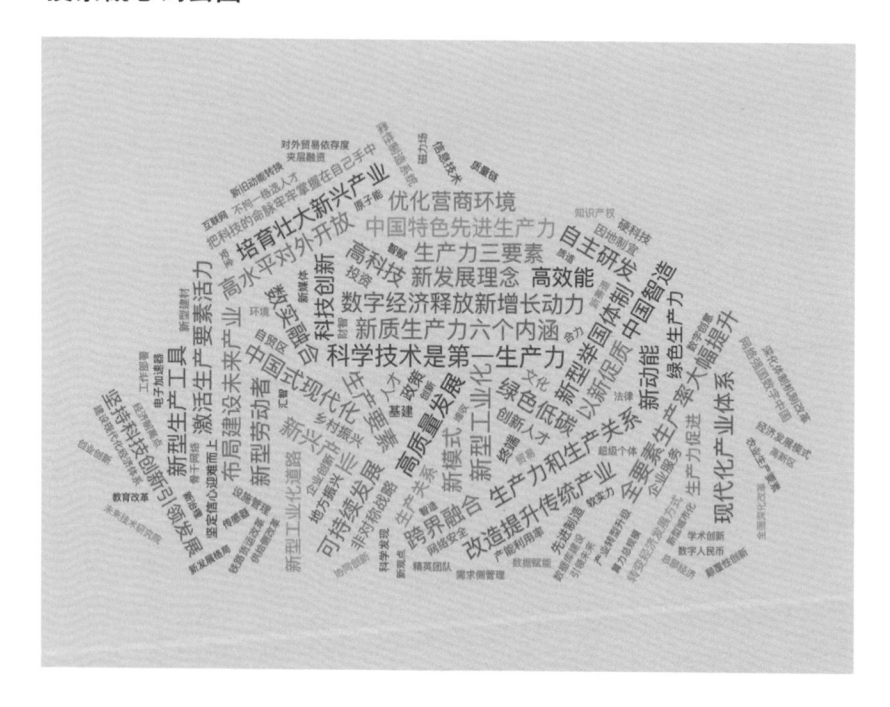

从数据来看，关注新质生产力的人群对其字面上的理解是"科学技术是第一生产力""新型工业化""数字经济释放新增长动力""高质量发展"等。

**搜索产业词云图**

从数据来看，关注新质生产力的人群从网络信息中关注最多的词为"战略性新兴产业"。

**媒体文章概念词云图**

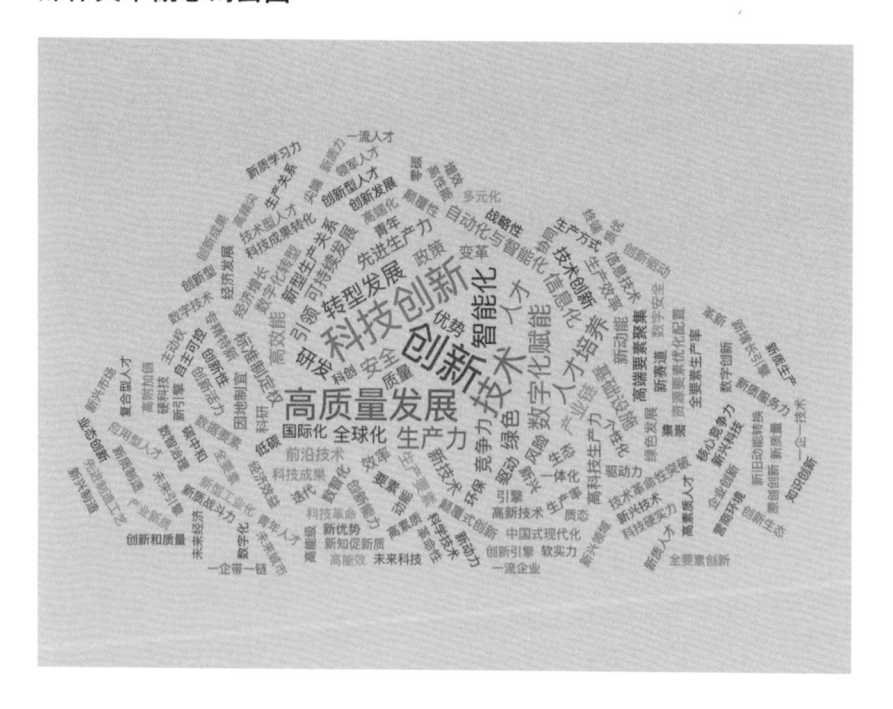

从数据来看，媒体文章主要突出"创新"，其次是"高质量发展""科技创新""技术"等概念。

**媒体文章产业词云图**

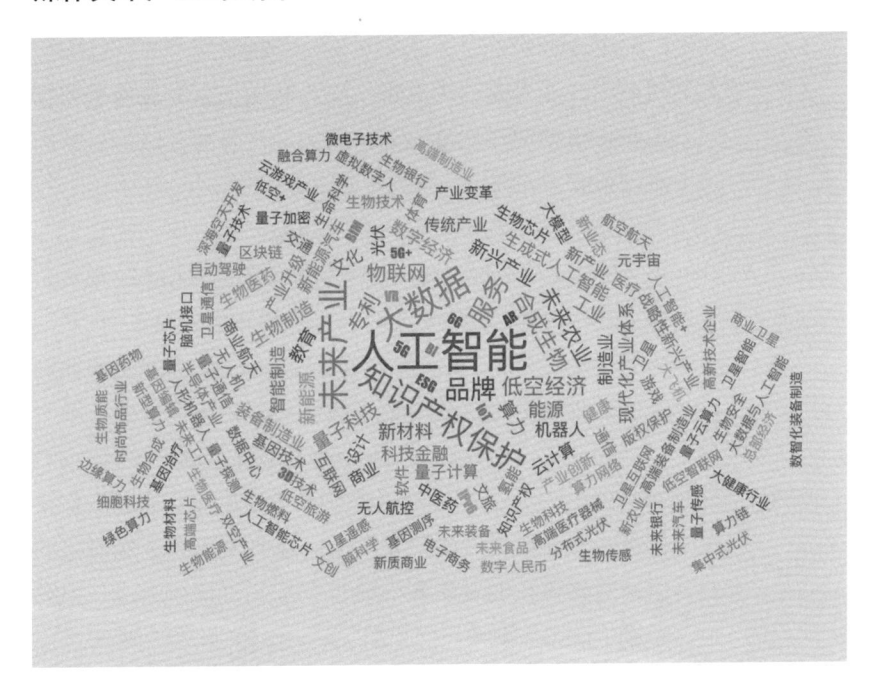

从数据来看，媒体文章主要突出的产业是"人工智能"，其次是"未来产业""大数据""知识产权保护"等。

（词云图均由上海前滩新兴产业研究院制作）

## 探路新质生产力
New / Quality / Productive / Forces

作为当前备受关注的热词,"新质生产力"已在全国范围内凝聚起强大共识,成为我国未来发展的重要指引,将在推动高质量发展、助力经济转型升级、提升国家创新能力和综合竞争力方面发挥引领作用。

如果说发展新质生产力的战略谋划,像一幅意境深远、层次丰富、虚实相生、气韵生动的写意山水,那么,为了践行贯彻,需要通过多样方式,将硬核的概念"打开",作更具象的透视,从而体会它背后的每一个维度与内涵。

感谢数字化技术所带来的便利,让我们能够在观察"新质生产力"时,得到一个独特的工具——热词。2024年5月,文汇报与上海前滩新兴产业研究院合作,聚焦与"新质生产力"相关的一系列关键词,对海量的原始数据进行客观采集、梳理、加工,最终形成一系列新质生产力关键词"词云图"。

开展这项工作的初心是想看看这些"热词"能否成为向导或窗口,陪伴读者踏上一段"横看成岭侧成峰"的旅行,或进行一次"众里寻他千百度"的眺望。而在着手尝试后,我们意识到,这些热词,无论是来自搜索指数还是媒体文章,它们并不只是千行百业对新质生产力的学习总结,更代表了基层一线发展新质生产力的一个个鲜活断面。

正如上海前滩新兴产业研究院院长何万篷所说,"技术革命性突破""生产要素创新性配置""产业深度转型升级"——新质生产力的这些重要关键词,实际上都是动词;真正领会新质生产力,除了"热议",更要"起而行之、行之有效";唯如此,方能催生新质生产力。

从这个角度出发,我们希望借此番对"热词"的分析和呈现,能帮助更多人以接地气的方式进行决策和行动,将发展新质生产力的部署要求从"大写意"变为"实景画"。

### 技术以及非技术因素

新质生产力的核心驱动力是科技创新,透过热词榜,我们也可以发现,国内对新质生产力的这一时代特征已有充分认知——"科学技术是第一生产力"占据搜索概念榜首;在媒体文章概念榜上,最热的5个词中有3个(创新、科技创新、技术)与创新有关。

虽然创新无比重要,但新质生产力并不能与技术、研发或产业化简单画等号。它不仅有生产力层面的迭代,更可引发生产关系和社会制度体系的深刻变革,热词榜自然验证了这一点。我们可以看到,"生产力和生产关系""新型生产关系""激活生产要素活力"乃至"政策""战略""风险"等,均出现在相当靠前的位置。

在"创新底色"之外,发展新质生产力还需要结合时代背景。这里说的"背景",既涉及科技与产业革命的大趋势——当前，全球产业链供应链体系，就是以数字化、智能化、绿色化、融合化为特征，另外还有时代背景——虽然在我国已基本形成现代工业体系，但由于长期以来在创新能力方面存在短板，再叠加当前经济全球化逆流、全球产业链调整等因素，传统增长模式难以为继，一些关键领域和环节受制于人。因此，发展新质生产力，一大目标就是要想方设法将未来的主动权牢牢掌握在手中。相应的，热词榜前十中，"数字化赋能""绿色低碳"呼应了技术大势；"新型举国体制""中国式现代化""新时代""高质量发展"等则为产业链补链强链、化解"卡脖子"难题提供了路径。

**常规或非线性风口**

发展新质生产力，既要拿得出原创性、颠覆性的科技创新，也应重视高效有序的高新技术成果转化。无论如何，以科技创新支撑打造若干产业高地、构建国家竞争新优势，是新质生产力培育的重要着眼点。

透过搜索热词和文章热词的分析，我们看到，"人工智能""大数据""物联网"以及"新材料""科技金融""基因技术"等出现在产业热词榜前列，表明大家对新产业、新赛道重点领域的一种普遍倾向；"绿色环保""新能源""新能源汽车""光伏"等词的流行，反映出可持续发展理念已深入人心，绿色成为新质生产力的重要方向。

实际上，这也解释了国内企业为何在上述领域能拿出具有国际一流水平的成果。

值得一提的是，改造提升传统产业、促进战略性新兴产业、布局未来产业，这被普遍认为是发展新质生产力的主阵地；相应的，在热词榜上，"传统产业""战略性新兴产业""未来产业"均跻身前列，让人看到国内正越来越重视把握"破"与"立"的关系，精心谋划新质生产力在上述三类产业场景中的落地途径。

另外，仔细观察产业热词榜后，我们还得到一些意外发现：虽然"合成生物""低空经济"包括"量子科技"等，本质上都属于"未来产业"，但今天它们就已足够"热辣滚烫"，特别是前两个词，都双双跻身榜单前十。与之相对，乍一看仿佛与新质生产力有些"隔膜"的"农业"，其热度亦属"顶流"，这是否为一个提示——发展新质生产力既要关注风口，也要抛开线性思维，时刻为超预期的"鹊起"做足准备？

### 沿着"长尾"看层次

据负责此次词云图策划制作的上海前滩新兴产业研究院决策 AI 中心副总监楼崇透露，此次搜集的这一组关键词榜单背后，原始数据共涉及文章上万篇，热词超过 1000 个。

虽然排名前十、前二十的"头部热词"最吸引眼球，但藏身于榜单后部的"亚热词""微热词"也值得关注。甚至可以说，新质生产力概念所具备的丰富层次感，主要体现在这些"非头部热词"的"长尾效应"中。

从技术维度出发，整套词云图涉及数百个学科和产业方向，另外也收录了一系列制度创新关键词，总体上，呈现出一派百花齐放的姿态。正如我们先前所提到的，制作这个的主要目的并非单纯对概念作阐释，实际上，很多热词都深深扎根于实践。特别是所有的"长尾"热词，汇聚起来，凸显了发展新质生产力的系统性思维，以及各地在落地践行新质生产力时，因地制宜、千人千面的灵动性。

甚至可以说，正因为我国拥有足够厚实的工业经济基础，以及富有包容性的产业生态，才有能力为如此多元的新质生产力探索提供足够丰富的土质和土壤。基于这种优势，假以时日，悉心栽培，新质生产力布局终究会有不俗回报。

另外，我们还注意到，上榜的"长尾"热词中出现了一些"陌生"汉语，比如"新质服务力""新质战斗力""新质学习力"，以及"新质制造""新质商业""新质人才"等，构成"新质系"词汇。有意思的是，当我们看到"质造"一词（猜测此"质"应与"新质生产力"的"质"同义），不由想到，之前描述工业走向高端，常有"从中国制造，到中国'智'造"的说法，那未来，会不会再前进一步，演绎出"从中国'智'造，到中国'质'造"的升级版？

一切皆有可能。

## 专家视角
# 以新质生产力
# 助力现代化产业体系建设

上海社会科学院应用经济研究所副所长、研究员　刘亮

新质生产力代表着生产力跃迁的方向，对推动现代化产业体系建设具有叠加、聚合、倍增效应，同时，现代化产业体系是新质生产力的重要载体和主阵地，是新质生产力在产业发展中的重要体现。

新质生产力发展与现代化产业体系建设密切相关，二者一体两翼，相辅相成，互为促进。一方面，新质生产力代表着生产力跃迁的方向，对推动现代化产业体系建设具有叠加、聚合、倍增效应，正如习近平总书记要求的，要"推进产业智能化、绿色化、融合化，建设具有完整性、先进性、安全性的现代化产业体系"，使新质生产成为推动现代化产业体系的内在动力源泉。另一方面，现代化产业体系是新质生产力的重要载体和主阵地，是新质生产力在产业发展中的重要体现，表现为新型要素优化组合的形成、传统产业转型升级、战略性新兴产业和未来产业等的蓬勃发展。因此，要牢牢把握新质生产力发展方向，助力现代化产业体系建设。

## 牢牢把握新质创新这一核心特征，打造现代化产业体系可持续发展能力

新质生产力是创新起主导作用的生产力，因此，创新是引领发展的第一动力，要以科技创新推动产业创新，特别是以颠覆性技术和前沿技术催生新产业、新模式、新动能，锻造现代化产业体系可持续发展能力。

要抓住新一轮科技革命和产业变革的机遇，通过聚焦新能源、新材料、先进制造、电子信息、生物制造、商业航天、低空经济等战略性新兴产业重点领域，锻长板、补短板、强基础，加快培育一批以新质生产力为主导的具有国际竞争力的大企业和具有产业链控制力的主导型企业，努力实现从并跑到领跑，抢占全球产业发展制高点。

要充分认识未来产业具有创新活跃、技术密集、价值高端、前景广阔等特点，未来可能成为我国产业发展新支柱、新赛道的趋势，同时也要认识到未来产业仍处于产业发展初期阶段，不具备规模化生产和市场化运营基础，存在较高不确定性风险等问题，因此，既要发挥政府引导作用，通过聚焦重点，优化环境，组织实施好未来产业的孵化和加速计划，更要积极发挥市场资源配置和产业遴选优势，让市场在前沿技术创新催生、硬科技交叉创新衍生和颠覆性技术突破等方面发挥主导作用。

要以数字化赋能促进传统产业转型升级。既要加快对传统产业数字化、网络化、智能化改造，促进人工智能、大数据等技术与制造全过程、全要素深度融合，利用数字技术对传统产业进行全方位、全链条改造，推动传统产业迈向价值链中高端，加强新技术新产品创新迭

代，也要加快绿色科技创新和先进绿色技术推广应用，做强绿色制造业，发展绿色服务业，壮大绿色能源产业，打造绿色低碳产业供应链，构建绿色低碳循环经济体系，打造高效生态绿色产业集群。

**紧扣高质量发展这一核心目标，强化现代化产业体系资源配置能力**

新质生产力的特点是创新，关键在质优，本质是先进生产力，因此，"新"和"质"是新质生产力发展的方向，高科技、高效能、高质量则是新质生产力的核心目标。

要围绕高质量发展打造新型创新举国体制。聚焦基础研发和关键核心技术增强国家战略科技力量，通过优化配置创新资源，优化国家科研机构、高水平研究型大学、科技领军企业定位和布局，统筹推进国际科技创新中心、区域科技创新中心建设。同时，围绕关键核心技术、产业前沿技术和颠覆性技术集中优势资源攻关，持之以恒增强现代化产业发展的软实力，不断以新技术培育新产业、引领产业升级。

要以新质生产力加快产业结构优化和效率提升。现代化产业体系要求产业结构更加科学、产业链上下游之间的关联和协调更加完善，传统产业、高新技术产业、战略性新兴产业、未来产业的布局更加合理，产业内生能力和外延能力更强，具有更强的市场开拓能力和上下游产业组织能力，因此，需要在技术上进行革命性突破，在生产要素上进一步优化创新性配置，在产业深度上加快转型升级，以实现劳动者、劳动资料、劳动对象及其优化组合的跃升，形成现代化产业体系发展中的"新能力"。

## 紧扣新质生产力有力支撑这一重要方向，提升对现代化产业体系的保障能力

要创新现代化产业发展的政策环境，包括完善的创新政策、丰富的创新资源、活跃的创新氛围等。要紧紧围绕要素配置效率提升，按照市场中性、高效规范、公平竞争、充分开放的原则，加快市场规则、标准和制度统一，建立供需衔接、产销适配、厂场结合、端端联通的全国统一大市场，实现高生产力的高效流通、汇集、结合。同时，围绕新质生产力发展过程中的知识产权保护、公平竞争和数字治理等问题，建立和完善政策支持体系、制度保障体系和法律法治保障体系等。

要建立教育、科技、人才三要素良性循环的人才支撑体系。既要通过培育新质后备人才、塑造新质中坚人才、发展新质技能人才，让新质生产力渗透融入育人全链条，构建新质人才梯队的整体发展格局，也要完善人才工作机制，优化人才培养和引进模式，在强调人才自主培养的同时，扩大人才对外开放，围绕关键核心技术"卡脖子"问题，引进国际一流科技领军人才和创新团队，使更多全球智慧资源、创新要素为我所用。

要强化系统集成和生产要素高水平协同匹配，加强重点领域如科技、产业、财税、金融、人才等政策协同联动，强化部门之间协同配合，加强政策系统集成和政策一致性评估。同时，加强区域间合作与交流，实现优势互补。

## 专家视角
# 培育新质生产力
# 与发展民营经济良性互促

上海社会科学院经济研究所所长、研究员 **沈开艳**

发展民营经济与培育新质生产力两者有机结合,能够迸发出促进产业转型升级、推动经济高质量发展、支撑社会主义现代化强国建设的强劲动力。

发展民营经济与培育新质生产力二者之间有紧密关联。总的来讲,培育新质生产力与民营经济高质量发展是相辅相成、互融互促的关系,二者有机结合共同为经济转型升级和高质量发展提供强劲动力。

我们知道,民营企业对中国经济的贡献有"五六七八九",其中的"七"是指民营企业贡献了中国经济70%以上的技术创新成果,是中国科技创新、产业创新的主力军。因此,民营企业在发展新质生产力过程中具有独特优势,已在实践中成为发展的重要主体,并形成发展新质生产力的强大推动力;而培育新质生产力有助于增强民营企业竞争优势、积蓄发展动能、促进发展健康可持续。二者有机结合,能够迸发出促进产业转型升级、推动经济高质量发展、支撑社会主义现代化强国建设的强劲动力。

**培育新质生产力，机遇与挑战并存**

民营经济在发展新质生产力过程中，机遇与挑战并存。培育新质生产力，民营企业具备独特优势，至少包括3个方面：一是具备鲜明的内生创新特质，无论是大型民营企业，还是专精特新中小企业，都会根据自身产业基础、科研条件等资源禀赋开展创新活动，提升市场核心竞争力，实现企业数字化、智能化、绿色化转型；二是具备市场需求导向的科研组织模式，"楼上"创新，科研人员利用大设施开展原始创新研究，"楼下"创业，技术人员对原始创新进行工程技术开发和中试转化，能够有效破解科技创新与产业创新之间的供需矛盾，更大程度上把科技力量转化为产业优势，实现前沿技术与市场需求高效对接、无缝衔接；三是具备创新发展内生动力和良好机制，民营企业产权清晰、经济利益关系明确，在全球化市场竞争中，民营企业家表现出敢闯敢干的探索精神和竞争意识，本身也是培育新质生产力的关键因素。

当然，民营经济在发展新质生产力过程中仍会面临不少困难和挑战，主要包括：民营企业特别是小企业科技发展水平总体偏低，在创新研发上投入不够；部分企业发展风险较大，在安全生产、科技人才、市场开拓、投融资等方面相比外资企业、国有企业还有不小差距。这就需要相关民企能正视问题、直面挑战，采取有力措施，切实加以解决和改进，为培育新质生产力扫清障碍。

**新质生产力赋能发展，民企该做些什么**

如何采取切实有效的措施来促进科技产业创新，让新质生产力赋能民营企业发展？在发展思路上，要始终以自主创新为核心，不断提升企业发展能级。民营企业作为充分参与竞争的经营主体，要特别重视增强自主创新的紧迫感和内生动力，在强化自身技术硬实力的基础上，主动同高校、科研院所加强技术交流合作，立足企业发展所需，建设"政产学研用"一体化发展合作联盟。

在参与传统产业转型升级方面，民营企业要重视将先进技术用于产业转型，通过技术改造实现信息化和工业化、数字经济与实体经济的深度融合；要扎实推进供给侧结构性改革，顺应新型消费趋势，创造消费需求、激发消费潜力。

在融入新兴产业、未来产业布局方面，民营企业要主动向重点规划领域靠拢，特别是聚焦新一代信息技术、生物技术、新能源、新材料、高端装备、新能源汽车、绿色环保、航空航天、海洋装备等战略性新兴产业，加快关键核心领域技术攻关和成果转化；在类脑智能、量子信息、基因技术、未来网络、深海空天开发、氢能与储能等前沿科技和产业变革领域，积极参与未来产业孵化和加速计划，实现企业发展领域拓展和能级跃迁。

**发挥政府推动作用，支持民企培育新质生产力**

政府在支持民营企业培育新质生产力方面作用巨大，要充分发挥政府的积极推动作用。政府发挥的作用关键在于找准两者的有机结合点，制定实行有关支持民营经济发展的各项产业政策和科技政策。在实际工作中，鼓励民营经济围绕支柱产业、战略性新兴产业做优做强，以具体的扶持政策推动民营中小微企业规范有序发展。

政府要久久为功营造市场化、法治化、国际化的营商环境，为民营企业排忧解难，引导民营企业在发展中逐步规范、在规范中持续发展，营造培育新质生产力的适宜政策温度。要加大对民营企业自主创新的支持力度。要建立资本金市场化、常态化补充机制，通过设立自主创新专项贷款等举措，推动企业自主创新和科技创新成果转化投入，同时改善民营企业特别是中小企业的融资环境，以做优面向中小企业的担保公司为抓手，为企业资金周转营造良好的信用环境。

现阶段，为实现培育新质生产力与民营经济高质量发展的良性互促，还需要健全完善制度保证，在体制机制方面多下功夫。

具体而言，一是要坚持和落实"两个毫不动摇""三个没有变"，不断完善我国基本经济制度，充分激发各类经营主体的内生动力和创新活力。在培育新质生产力的过程中，既要毫不动摇巩固和发展公有制经济，又要毫不动摇鼓励、支持、引导非公有制经济发展，一手抓深化国企改革、一手抓促进民营经济发展壮大，充分发挥民营经济在推动技术创新与产业升级方面的特殊优势。二是要全面深化改革，在更高起点上构建和完善高水平社会主义市场经济体制，破除制约民营经济培育新质生产力的制度障碍，为民营经济发展新质生产力提供良好的市场环境。三是要鼓励民营企业在内部健全现代化企业制度与管理制度，引导民营企业在培育新质生产力过程中实现自身发展质量变革提升。

## 专家视角
# 人工智能将成发展新质生产力重要引擎

**殷德生**

华东师范大学经济与管理学院院长、教授
上海市习近平新时代中国特色社会主义思想研究中心特聘研究员

> 人工智能催生和引领新一轮科技革命和产业变革,也将成为加快培育发展新质生产力的重要引擎。

新质生产力是创新尤其是以颠覆性技术和前沿技术创新起主导作用,具有高科技、高效能、高质量特征,符合新发展理念的先进生产力质态。其中,人工智能（AI）技术是颠覆性技术和前沿技术的主要载体之一。

人工智能催生和引领新一轮科技革命和产业变革,也将成为加快培育发展新质生产力的重要引擎。当前,人工智能技术已从"小模型+判别式"转向"大模型+生成式",参数量由数亿级迅速增至万亿级,模态由单模态训练快速升级到多模态融合。在数字经济的基础上,通过数据、算法、算力的集成创新,生成式人工智能将为新质生产力提供不竭动力。一端是大数据和大型语料,中间是生成式人工智能,另一端就是产品或服务。生成式人工智能应用形成新质生产力的基本路径是：基于更大规模、更高量级的参数,多模态和更加智能的通用大模型,应用持续增长、拥有行业大数据并具备场景的行业大模型（垂类大模型），使用具身智能且成本日益下降的 AI 机器人，形成"机器替代人"的显著优势，最后实现人工智能技术催生新产业、新业态、新模式蓬勃发展。

## AI 产业化是大趋势

人工智能产业是以大数据和算力为基本要素，以大模型为核心，以各种垂类模型为场景的新型产业链。随着目前最前沿大模型的推出，其参数量已达万亿到 10 万亿量级。AI 产业从之前的人脸识别、目标检测、文本分类，升级到如今的数字人生成、AI 机器人，从文本生成到图像、语音和视频生成，显著提升了生产效率与产业竞争力。2023 年，我国 AI 核心产业规模达到 5784 亿元。目前，上海规模以上 AI 企业数量达到 350 家，产值达到 3800 多亿元，是五年前的 3 倍。随着我国集中力量破解 AI 关键核心技术，尤其是通用大模型、垂类大模型、算力芯片等重点领域，大模型创新、闭环和迭代正在加快推动。与此同时，AI4R（AI for Research）也成为科学发现与技术发明的主要范式。这些都为我国 AI 产业化提供了新的动能和源泉。

## 产业 AI 化是主战场

与美国相比，中国在 AI 核心能力上尚处于跟随阶段且在短期内还无法实现超越，在 AI 基础算法算力、AI 通用大模型创新能力、大模型训练数据与英文语料库等方面，都存在着明显差距。

但是，AI 技术赋能各行各业，也是发展新质生产力的优势所在，因为我国拥有全球门类最齐全、体系最完整的工业体系。

2024年的政府工作报告明确提出，深化大数据、人工智能等研发应用，开展"人工智能+"行动，打造具有国际竞争力的数字产业集群。目前，传统产业的改造升级已从数字化阶段向 AI 化阶段过渡。人工智能在农业、工业、交通、医疗、教育等千行百业快速应用，涌现出各类行业大模型和 AI 机器人，促进 AI 与实体经济深度融合。在我国，经过 AI 改造赋能的工厂，其研发周期缩短20%、生产效率提升近35%，正在加速形成新质生产力。

当然，产业 AI 化涉及成本问题，大量的中小企业，需要的是低门槛、低价格的 AI 赋能与服务。这需要政府构建由大数据、大型语料库、算法、算力等组成的 AI 基础设施体系。在互联网和大数据技术时代，我国已前瞻性布局了新型基础设施，例如，5G 技术的普及，以及各地大数据中心的建立，当前就是要加速部署 AI 大模型算法算力基础设施，建设全国一体化算力网，支撑各类大模型装载于机器人、无人驾驶、可穿戴设备、智能服务等领域，应用于更多行业场景。世界主要国家都在大规模建设耗资巨大的新型智算中心，为快速生成复杂且日益高级的预测和决策系统提供支撑，我们也要把握这一趋势。

## AI 新产业是新方向

与互联网、区块链和大数据技术不同，AI 技术具有生成式特征，随着应用时间的积累，大数据和大型语料的不断扩充和丰富，AI 将日趋智能。基于互联网、区块链和大数据的数字经济，除了数字产业化、产业数字化外，还有一大批数字新产业。与此相对应的是，基于生成式人工智能的经济新形态，除了 AI 产业化、产业 AI 化外，也将涌现出一批 AI 新产业。AI 新产业和产业 AI 化不同，它是由 AI 技术所产生的全新产业，而产业 AI 化只是传统产业的部分产业链和价值链应用了 AI 技术。不同于智能制造，AI 制造将是全新产业，其装备的是具身智能机器人，且明天比今天更聪明，因为今天生产中的数据将成为明天智能预测决策的依据。与此类似的新产业将层出不穷，例如：AI 教育、AI 金融、AI 医疗、AI 设计、AI 科研、AI 陪伴、AI 游戏、AI 创作、AI 法律服务、AI 安防等。为迎接 AI 发展带来的全新治理挑战，AI 治理领域也将产生大量新产业。这些新产业将基于风险等级及权责来划分，以促进人机和谐友好并遵循人类共同价值观为原则，创造有利于 AI 技术研发和应用的市场环境、决策机制和治理规则。

## 企业样本

【传统产业】

# 首试三维设计，在"虚拟世界"先造一遍邮轮

### 外高桥造船数字化赋能高端制造

撰稿 张懿

作为我国首制大邮轮"爱达·魔都号"的建造方，中国船舶集团旗下上海外高桥造船有限公司当然是行业领军者。在他们看来，数字化不仅是国产大邮轮项目的重要支撑，也是船舶行业在未来全球竞争中赢得战略主动的基石。从发展新质生产力的角度来说，当前最关键的抓手就是数字化转型。

2023年，外高桥造船入选工信部新一代信息技术与制造业融合发展示范名单，上榜项目就是面向大型邮轮复杂巨系统工程的数字化船厂创新。

外高桥造船信息总监袁轶介绍，大邮轮拥有超过2500万零部件，远超大飞机和高铁，设计、制造环节高度复杂，物料管理难度极大，涉及海量的内外部沟通协同事项，传统造船管理系统已无法满足需求，必须从头梳理管理逻辑和流程细节，进一步强化数字赋能，提高船厂对于生产全流程的控制和响应能力。2018年，在首艘大邮轮项目启动之际，外高桥造船结合自身近20年的信息化经验，借鉴国外成功案例，着手研发新一代造船

管理平台 SWS-Time，并在大邮轮项目中进行应用。

在设计环节，国产首艘大邮轮首次使用全三维设计软件，相当于在"虚拟世界"中先把邮轮造了一遍，从而可以提前发现并解决潜藏的问题。

在制造环节，生产进度安排、物料准备、报验整改等工作全被整合在一张智慧大网上。目前整个平台日均活跃用户达 5000 人，每天自动更新数据表数量超过 6000 个。一线班组每天到岗后，要通过平台领任务、领物料，生产前必须查阅三维图纸；供应商通过系统安排材料和零件的加工和发货进度；公司高层可以在系统上实时了解整个项目进度，以便更科学地指挥调度。

外高桥造船还应用一系列自动化加工装备和工具，包括数字化薄板加工、智能车辆调度、智能仓储、5G+AR（增强现实）远程报验等系统，显著提高生产过程的自动化和智能化水平。

目前，"爱达·魔都号"已投入商业运营，外高桥造船则在马不停蹄推进大邮轮二号船项目。袁轶透露，凭借之前全三维设计工具的经验成果，二号船设计周期比一号船缩短 6 个月。在生产管理、供应链协同和智能化装备开发应用方面，二号船也将迈出更大步伐，还会尝试运用人工智能大模型等最新技术。

## 企业样本

【传统产业】

# 全国首次！
# 给企业算笔绿电消费账

上海电力交易中心率先试点绿电绿证业务

撰稿 张天弛

新质生产力本身就具有"绿色"属性。"双碳"目标下，节能降耗、使用绿色能源已成为企业探寻发展新质生产力的途径之一。那么，"看不见摸不着"的绿色能源该如何计算、核准，进而形成企业行之有效的节能方案？2024年3月，上海张江科学城开展了全国首次绿色电力消费核算及标识试点尝试。

上海电力交易中心为诺华生物、盛联气体、施耐德、阿斯利康及中国电信等首批参与全国绿色电力消费核算标识试点的企业颁发证书。

据上海电力交易中心交易部副主任陈春逸介绍，绿色电力消费核算及标识业务是上海在全国范围内率先开展试点的一项新业务。该业务创新运用区块链技术，将绿色电力消费主体数据、绿色电力消费数据、交易合同数据等进行链上存证，在绿色电力用户链上生成可信的绿色电力消费清单，并利用存证的绿色电力消费数据和智能合约技术，对用户一段时间内的绿色电力消费水平开展认证、阶梯化评级及标识核发，支持可信扫码溯源。

## 探路新质生产力

"此次绿色电力消费核算标识试点的推出，将有助于企业展示绿色发展成效，提高企业品牌价值，有利于打造公开、透明、可信的绿色电力消费环境，助推本市行业龙头、外向型企业自发迭代传统能源，营造良好的绿色电力消费氛围，从而形成创新、质优的先进生产力。"陈春逸说。

而选择在张江科学城推出试点，是因其作为上海的科技创新高地，汇聚了众多高新技术企业和研发机构。在这里试点，不仅能更好满足企业更为个性的用电需求，也能推动企业与电力供应部门在绿色电力供应、技术创新以及能源管理方面的深度合作，达成双赢。

首批参与企业、诺华张江园区运营经理苏轶表示，对园区而言，参与绿电绿证业务是企业实现碳中和计划的重要举措，"实行绿电消费核算后，我们可以更精准科学地掌握绿电消费水平，让绿色用能用得明明白白"。

**观察员点评**

上海前滩新兴产业研究院首席研究员周学强认为，当传统产业插上数字化的翅膀，就如同老树又长出新芽。这就是新质生产力。

区别于传统生产力依靠大量资源投入、高度消耗资源能源的发展方式，新质生产力以高科技、高效能、高质量为基本特征，以数字化、网络化、智能化为升级方向。以此次国产大邮轮建造为例，从"传统看图纸"到"现在看模型"，从"人找数据"到"数据找人"，从传统信息系统的"千人一面"到如今的"千人千面"，相关企业持续推动质量变革、效率变革、动力变革，提高全要素生产率，从而不断增强我国邮轮设计建造的系统集成能力。这给传统产业升级转型带来不少启迪。

## 企业样本

【新兴产业】

# "大模型＋大装置"：孕育应用大生态

## 商汤科技日日新 SenseNova 大模型体系快速迭代

撰稿 徐晶卉

2023年4月，商汤科技日日新 SenseNova 大模型体系在"百模大战"中首次亮相，一年内已迭代至5.0版。"大模型能力每隔3个月就会显著提升。"商汤科技董事长兼CEO徐立表示，最新版本已可对标 GPT-4 Turbo 的能力。

作为人工智能（AI）领域的新风口，大模型竞争是当下全球的焦点。在"模都"上海，以商汤科技为代表的一批大模型公司不仅快速驶入赛道，而且在更快持续迭代上踩下油门，加速推动形成新质生产力。

这种"快"，体现在掌握更多新本领上。商汤科技 Copilot 产品负责人贾安亚介绍，日日新5.0已实现基础能力的重大升级，特别是在语言、知识、推理、数学、代码等方面的能力提升。比如，当被问到"13位小朋友玩老鹰抓小鸡，已抓5只，还剩几只"这样的数理逻辑题时，日日新5.0会准确作出回答。"像这类题目，过往很难去判断大模型是因为'见过记住'还是'理解会做'。"贾安亚解释，为此，新版大模型能够自动生成 Python 代

## 探路新质生产力
New / Quality / Productive / Forces

码来对用户提出的数学问题求解，确保是在了解游戏规则后形成的正确思考。这种数理逻辑能力，恰恰是理解和解决各种问题的底层工具。

让大模型更"快"并不容易，需要上下游产业链的支撑。曾有人把大模型比作树干，算力大装置就是树根，巩固树根才能让树干快速吸收数据"养分"，长出枝繁叶茂的应用生态。

放眼整个行业，能做到"大装置＋大模型"的企业屈指可数。而在日日新出世之前，商汤科技就已提前打下 SenseCore 大装置的"桩基"：2020 年在临港建设智算中心，并于 2022 年投运，打造 AI 算力"样板间"。"2021 年提出大装置时，我将其比作 AI 的粒子对撞机。"徐立表示，2023 年，商汤科技主要聚焦在模型本身的技术发布，2024 年则更多关注行业场景的落地。如今，由日日新基础大模型所衍生出的商量、秒画、如影、大医、格物、琼宇等应用已开始在各行各业落地。最近，商汤科技还推出代码小浣熊推理一体机，提供落地办公场景的提效方案，兼顾数据隐私安全与价格亲民。

## 企业样本

【新兴产业】
# 数智化实验室，解放研发人员双手

### 晶泰科技用AI加速制药行业智能化升级

撰稿 唐玮婕

药物发现是一个不断试错的过程。研发人员需要在实验的基础上反复经历从设计、合成、测试到分析的循环迭代，从中筛选出最优的药物分子。眼下，日益精进的人工智能技术，为这个已存在上百年的循环带来了新的驱动力。

在张江集成创新园，AI制药企业晶泰科技启用全球规模最大的医药研发自动化机器人工站集群，可覆盖-20℃至140℃温度区间的常见化学反应，它以更加可靠、高效的自动化实验取代大量人类操作环节，增强实验过程的精确度、标准化与一致性，从而提高人类的创新能力与效率，驱动AI算法在更广阔的化学空间中搜索和设计新药。

记者在实验室内看到，百余台机器人工作站正忙碌运转，固体粉末称量加料、控温搅拌反应、取样稀释过滤等，各模块相互配合，有条不紊推进实验。

据介绍，当研发人员在电脑上下达任务后，实验室里的物流机器人就会从立体仓储物料架上取下试剂、耗材等物料，并穿梭来到对应的机器人工站前，随后自动完成投料、振荡、反应、结晶、后处理等一系列流程。这既能解放研发人员的双手，更可以将实验过程中的数据完整记录并标注，用于 AI 学习。AI 模型学习后，就能更好设计和优化反应路线和条件。

目前，这一 AI 机器人实验室可全程追溯并实时反馈有针对性的高精度实验数据，通过与 AI 算法平台、人类科学家紧密协作，推动药物研发实验从"以人为主"的劳动密集模式向"以人为本"的智能化、自动化密集模式转变，持续驱动高质量研发大数据的积累与 AI 模型开发和优化，赋能药物源头创新。

从 2019 年在浦东建实验室设团队，到一步步从商务中心、研发中心升级到上海总部，晶泰科技扎根浦东，持续放大 AI 赋能效应。目前，晶泰科技已与众多跨国药企、国内知名药企、生物科技企业达成合作，包括辉瑞、礼来、新加坡国家药物研发平台 EDDC、正大天晴、长江生命科技等。

晶泰科技相关负责人透露，为药物研发打造的新一代 AI 机器人创新研发平台，有望推动破解 AI 制药的数据瓶颈，帮助药企和新材料行业规模化积累高质量数据，加速实现行业数字化与智能化升级。

**观察员点评**

上海前滩新兴产业研究院首席研究员宋杰封认为，商汤科技、晶泰科技在大模型和 AI 制药领域的突破得益于所在区域内高能级创新要素的自由流动、高效集聚，以及政府、运营公司、科研机构和企业共同构建起的产业创新生态。

发展新质生产力的基本内涵就在于资源要素的优化配置，尤其可以通过科技创新组织方式、合作的转变来实现。譬如，法国 2004 年开始提出"竞争力极点"计划，即在特定地理区域内，围绕一个共同的创新项目，将企业、教育机构、科研机构等以合作伙伴形式联合起来创造价值。该计划实施确立了法国在制药业、航空航天等多个产业领域的国际竞争优势。

上海的新兴产业要发展新质生产力，很大程度取决于能否打破企业、机构、院所之间的藩篱，建立起新型市场化合作机制，让根植于上海的创新要素自由便捷流动起来，实现质量、效率、能力全面提升。

探路新质生产力

## 企业样本

【未来产业】

# "点亮"洪荒70，验证高温超导可行性

能量奇点致力于聚变能源商业化

撰稿 唐玮婕

在临港新片区，能量奇点能源科技（上海）有限公司最近传出好消息：全球首台全高温超导托卡马克装置——洪荒70已完成总体安装，调试完后就要"点亮"，实现等离子体放电。

对于未来产业而言，不确定性始终是最大考验，而能量奇点要攻克的可控核聚变领域更是需要跨越十年甚至更长周期。"创业公司至少在追求极致效率上，是具有自身的优势。"创始人杨钊如此表示，"我们团队想要研发的，是有商业发电潜力的高温超导强磁场托卡马克装置及其运行控制系统，可为未来聚变发电堆提供高性价比、高可靠性的核心组件和服务。"

随着高温超导材料的日益成熟和人工智能技术飞速发展，高温超导强磁场托卡马克成为国际上备受关注的可控核聚变技术路线，美国一下子涌现出几十家聚变能源创业公司。

2021年6月，杨钊在上海创立国内首家探索可控核

聚变的创业公司：能量奇点。自成立以来公司先后完成两轮数亿元融资，并组建起一支优秀的物理和工程团队。眼下，能量奇点正按"三步走"规划，踏上可控核聚变的创业征途。

即将"点亮"的洪荒70是第一步，有望在完整装置层面验证高温超导技术路线的可行性。洪荒70从2022年3月启动设计工作，各部件、组件在当年9月陆续进入加工，直到2024年年初总装完工。

杨钊透露："我们正在同步研发下一代高参数的聚变磁体——经天磁体，其磁场强度将超过25特斯拉，届时有望成为全球磁场强度最高的聚变装置磁体，并在关键部件层面验证强磁场高温超导托卡马克的工程可行性。"

以洪荒70和经天磁体为基础，第二步是要在2027年底建设洪荒170，目标是以最低成本实现氘氚等效能量增益（Qequiv）大于10，为高性价比获取聚变能奠定关键科学和工程基础。

第三步就是在2030年至2035年，计划与核电业主合作，研发建设洪荒380高温超导聚变发电工程实验堆，实现示范性聚变发电。

显而易见，仍有诸多挑战摆在能量奇点面前，包括强场磁体、结构材料、高参数等离子体的加热、诊断、控制、第一壁与偏滤器等。在杨钊看来，聚变能源商业化预计会在10年内实现，而能量奇点希望能第一个冲过终点线。

## 探路新质生产力

### 企业样本

【未来产业】

# "包邮区"漫游，"空中出租车"蓄势起飞

#### 时的科技在国内率先突破倾转旋翼技术

撰稿 周渊

从上海出发前往长三角其他地区，除了开车和坐高铁外，打"飞的"或将加入"包邮区"漫游新选项。

"通过手机App预定出行线路，前往附近起降场登机，E20飞机将以260公里的巡航时速将您送达目的地，2至3小时的车程缩短到30分钟，完全商业化后价格可能与专车持平。"上海时的科技有限公司创始人兼首席执行官黄雍威向记者描绘了载人电动垂直起降飞行器（eVTOL）带来的出行新方案。

低空经济是全球竞逐的未来产业方向，带来的新场景能重塑人们的生产生活方式，也将打开万亿级产业新赛道。其中，eVTOL因具备垂直起降、无须跑道、绿色环保、更低噪声等特性，尤其适合城市内、城市间的短途空中出行，被视作最具潜力的"空中出租车"。上海集聚了一批eVTOL头部企业，成立于2021年的时的科技是国内首家突破倾转旋翼技术的创新企业。其自主研发的E20 eVTOL采用纯电动、5座载人设计、有效载荷450

公斤、最大航程 200 公里、最快时速 320 公里，拥有完整自主知识产权，包含核心的三电系统在内，实现全产业链 90% 以上国产化。

eVTOL 通常分为多旋翼、复合翼、倾转旋翼 3 种构型，其中倾转旋翼是世界公认的"终极构型"，也最具技术难度。这种构型结合前两者优势，垂直升力和水平推力使用同一套动力系统，动力单元可以复用，使其载重更大、速度更快、整机性价比高。黄雍威介绍，Joby、Archer 等海外一流主机厂都选择倾转旋翼技术路线，在未来城市交通和商业化运营中，最佳平衡的性价比将成关键优势。"量产后目标实现每座每公里约 3 元的出行服务，让老百姓能消费得起，eVTOL 才能真正进入日常生活。"

在他看来，借助新能源汽车技术和国产大飞机供应链优势，国内 eVTOL 已来到产业落地的前夜，大约相当于 10 年前的新能源车，完全有可能复制"换道超车"的路径。

那么，距离"空中出租车"飞进现实生活还有多远？目前，时的科技已获民航局 TC 申请受理，测试团队正在位于浙江的基地紧锣密鼓进行整机测试和验证，2024 年将完成原型机转换飞行。预计 2026 年将完成 TC 证和 PC 证取证，成为亚太地区首个取证的倾转构型 eVTOL。

## 探路新质生产力

**观察员点评**

上海前滩新兴产业研究院首席研究员宋杰封认为，两家企业有几个共性特征：一是创始人及其团队都很年轻，创新意识、创新能力都很强；二是公司创立时间不长但发展速度极快，属于典型的"跳变型"企业；三是都聚焦于前沿技术、颠覆性技术，这些技术目前国内国外基本处于同一起跑线，谁先取得突破，就有可能引领整个行业发展。

但令人印象最深的是两位创始人的"工程思维"。不仅有清晰的技术路线，能把握好不同阶段的每一个技术环节；更难能可贵的是，在市场关注度陡升的快速发展期，依然保持冷静的头脑。

未来产业需要通过颠覆性技术的突破来掀开"天花板"，开拓新的领域，进而催生出新业态、新模式、新动能。发展新质生产力容不得虚假、浮躁、懈怠，没有工程思维，没有坚定的信念和强大的执行力是无法持续的。

## 他山之石

# 英国：
# 生物经济的下一波创新浪潮

（资料来源：2023年12月英国政府官网）

英国政府对工程生物学（Engineering Biology）有个定义：生物衍生产品和服务的规模化、商业化，并能以更可持续的方式进行生产。而工程生物学可利用合成生物学（Synthetic Biology）这个工具，在生物经济中掀起下一波创新浪潮。

**领先的研发能力**

英国在工程生物学领域的领先地位，建立在数十年的大胆发现和科学专长之上。其中，医学研究理事会（MRC）分子生物学实验室重新编排遗传密码，将新型氨基酸纳入其中，提高工程生物学的潜力；基因合成公司Evonetix实现长基因DNA的台式合成；Touchlight公司开发DNA生物电池，这是一种更清洁、更环保的技术，其性能大大超过锂电池。

英国的领先地位与背后的政策投入密不可分。2012年，英国政府通过"合成生物促进增长计划"，向MRC分子生物学实验室等6个合成生物研究中心投入7000万英镑，进一步扩大合成生物的发展规模。英国政府还通过英国科学院（British Academy）开展进一步投资，包括国防科技实验室、英国环境部未来农业创新计划、生命科学办公室新型疫苗计划等。此外，"合成生物促进增长计划"还在英国建立了一批合成生物基础设施。

**重点合成生物基础设施**

布里斯托尔的生物经济正在蓬勃发展。其工程生物学生态系统包括2个最先进的深度技术孵化器，41家初创企业，1个风险投资基金SCVC（英国风险投资基金），1个科学、技术、工程和数学（STEM）慈善机构。2023年，该生态系统的年增加值超过1.25亿英镑，在全英雇用370名员工，还与英国研究与创新署（UKRI）合作，主办全英首个工程生物学加速器。

2000年以来，布里斯托尔的工程生物学社区一直得到UKRI支持，包括对布里斯托尔合成生物中心的高额投资，建立布里斯托尔生物设计研究所和马克斯-普朗克-布里斯托尔极简生物学中心。布里斯托尔合成生物中心提供的尖端设施，为50名学者和60名博士后研究人员提供支持，共发表400多篇论文。此外，布里斯托尔大学成立的8家公司共筹集超过1800万英镑资金，来解决来自医疗保健、食品安全和工业生物技术方面的全球性挑战。

爱丁堡拥有世界一流的合成生物基础设施。它是在"合成生物促进增长计划"资助下建立的，为学术界和工业界提供端到端的基因构建物设计和验证。爱丁堡基因组合成生物设施（EGF）是世界上自动化程度最高的 DNA 组装平台之一，它是全球合成生物联盟的 5 个英国成员之一，也是国际基因合成联盟的成员，核心员工和运营成本由爱丁堡大学提供支持。EGF 是全球少数几个运行布鲁克细胞分析灯塔系统的机构之一，这种高通量自动细胞选择平台可进行单细胞克隆、分析和生长。EGF 向学术界和工业界开放该平台，还开发 DNA 设计、实验室自动化和合成生物软件，这些软件在全球范围内得到广泛应用。

**国际合作与人才政策**

为了提升合成生物领域的竞争力，英国政府还推出加强人才招引与国际合作的相关举措。生物技术和生物科学研究理事会（BBSRC）斥资 105 万英镑，支持英国与日本在合成生物领域的 7 个合作研究项目；自 2015 年以来，投入 1150 万英镑，支持与美国在该领域的合作研究项目，且与美国国家科学基金会（NSF）一直保持合作关系。

为了吸引全球顶尖人才，英国政府宣布实施 2 亿英镑的"发现奖学金"，来资助新兴顶尖人才在英国开展突破性研究，包括合成生物研究。在"合成生物促进增长计划"中，英国政府依托 UKRI 博士培训中心资助培养了 150 名博士生。

## 探路新质生产力

### 他山之石

## 新加坡：
## 数据中心产业崛起的秘诀

（资料来源：新加坡资讯通信媒体发展局官网）

十多年来，新加坡一直位居世界经济论坛"网络就绪指数"（NRI）排名的前两位。2025年，新加坡数字经济规模有望达到300亿美元，其发展涉及多种关键要素，其中包括蓬勃发展的数据中心产业。新冠疫情导致新加坡政府和私营部门对数据中心服务、数字化和云服务需求不断增加，这些都进一步加速了该国数字经济的发展。

新加坡的数字基础设施非常强大，拥有100个数据中心、1195个云服务提供商和22个网络矩阵。凭借由24条海底电缆支持的强大网络，新加坡已成为全球云连接领导者，并拥有Amazon Web Services、Microsoft Azure、IBM Softlayer和Google Cloud等主要参与者。

**电源和能源效率**

在新加坡，数据中心用电量占总用电量的7%，预计到2030年这一数字将达到12%。由于其巨大的能源消耗，政府曾于2019年叫停数据中心，到2022年1月才再度恢复使用。

在全球能源挑战中，新加坡数据中心展示了可靠的电力基础设施。虽然对国家绿色能源贡献仍为 2%，但数据中心企业受益于一系列介于 1.2 至 1.9 之间的电力使用效率（PUE，Power Usage Effectiveness，这是数据中心非常通用的考核指标，也是数据中心消耗所有能源与 IT 负载使用能源的比值，其基准值为 2，越接近 1 表明能效水平越好，绿色化程度越高）。新加坡数据中心的平均 PUE 为 1.47，反映了其对能源效率的贡献。

**监管框架**

新加坡数据中心产业的监管框架主要由以下几方面构成：

一是数据主权和安全法规。数据中心存储、管理大量个人信息和敏感信息，新加坡的《个人数据保护法》（PDPA）则是对这些个人数据的基本保障。在新加坡从事涉及个人数据收集、使用或披露活动的所有类型组织都必须遵守 PDPA 的数据保护规定。

《网络安全法案》则建立了有关关键信息基础设施的综合框架，规定关键信息基础设施所有者的具体责任，包括强制报告网络安全事件。此外，它还引入网络安全员角色，其任务是监督和促进网络安全状况。

二是环境法规和可持续发展举措。SS 564 绿色数据中心标准是新加坡可持续和节能数据中心的重要认证基准。该标准由 IT 标准委员会、新加坡信息通信发展局和新加坡标新局合作开发，旨在识别潜在的能源浪费风险并优化数据中心的能源利用。

**数据中心投资激励措施**

对于数据中心投资，新加坡也推出了一些激励措施。

一是先锋企业优惠（The Pioneer Certificate Incentive, PC），旨在鼓励企业提升自身实力，并在新加坡开展新的经济活动或扩展现有的经济活动。在新加坡数据中心行业运营的公司均有机会享受这项政策。

二是 DC-CFA 计划。2022 年 7 月，新加坡政府推出 Data Centre-Call for Application（DC-CFA）试点计划，标志着向私营部门主导建设可持续数据中心的战略转变。Equinix、GDS、微软和 AirTrunk-字节跳动联盟等 4 家公司成为创新数据中心建设申请的最后赢家。

三是基础设施相关激励措施，包括豁免商品及服务税（GST）、进口关税等。新加坡对数据中心设备进口提供商品及服务税减免，包括服务器、网络设备和冷却系统等。

### 他山之石

## 日本："下一代空中交通"的愿景

（资料来源：日本经济产业省《空中汽车的应用概念》和新能源·产业技术综合开发机构《面向次世代空中交通社会应用的推进项目》2023年度实施方针）

在日本，"低空经济"又称为"下一代空中交通"。2022年，经济产业省和新能源·产业技术综合开发机构（NEDO）发布的《实现下一代交通方式的社会应用》提出，在五年内，通过技术开发和实证，进一步扩大无人机的应用，并力争在2025年大阪·关西世界博览会上实现飞行汽车的应用和商业化。

### "下一代空中交通"

"下一代空中交通"项目主要聚焦于无人机和飞行汽车的技术开发。项目作为拓展人员和货物运输的新手段，将提高物流和检测部门的运作效率。

无人机方面，2022年8月，"小型无人飞机相关环境整备官民协议会"汇总了"面向空中产业革命的2022路线图"，提出分阶段将"载人区目视外飞行（等级4）"扩大到人口密度高的区域。日本政府于2022年12月颁布民用航空法修订版，进一步推进无人机由"无人区目视外飞行（等级3）"升级到"载人区目视外飞行（等级

4)"的验证试验。

有人飞行器方面,飞行汽车作为新一代空中移动工具被寄予厚望,主要应用于城市区域的短距离低空领域,通常被称为"先进空中交通"(Advanced Air Mobility,AAM)或"都市空中交通"(Urban Air Mobility,UAM)。2022年3月,"空中交通革命路线图"修订版中要求,在2025年大阪·关西世博会上实现飞行汽车的商业运营,并开发相关系统技术。

**新能源·产业技术综合开发机构**

新能源·产业技术综合开发机构是日本经济产业省下辖研究机构,负责就低空经济等前沿技术制定技术战略和规划,来协助解决社会问题。在技术方面,通过构建、运营、评估资金分配系统来促进技术发展和成果转化。

**重点项目**

日本"下一代空中交通"重点项目包括:

"一对多"通航管理系统开发项目。此项目由KDDI和日本航空公司(JAL)开展合作,将无人机远程控制、自主飞行管理系统等技术,与日航在航空运输相关领域的管理经验相结合,推动开发能够实现无人机"一对多操作"的飞行控制系统。

面向物流的远程监视系统。这个由乐天集团参与合作的研究项目旨在开发面向"一对多"远程控制的无人机远程监控系统，并以实验数据为基础进行分析和评价，最终实现"一对多"无人机物流所需的关键技术。

面向共享低空空域的通航管理技术。以大阪·关西世博会飞行汽车为实验载体，进行操作程序、安全确保程序等相关机制的商业化探索。通过飞行验证模拟器和部分实机的综合测试，构建成熟度相当于第4级飞行的要素技术和子系统验证模型。

## 他山之石

# 北欧：
# 软件出口激增的背后推手

（资料来源：2024年1月美国麦肯锡咨询公司官网）

目前，北欧四国——挪威、丹麦、芬兰和瑞典，在教育技术、核心业务软件、工业软件、音乐流媒体和支付等领域的全球软件市场上占据着重要地位。北欧软件需求年增长率为9%，低于全球软件需求11%的年增长率，但该地区软件公司收入年增长率达到16%。预计到2030年，北欧软件产业收入将增至目前的3倍。仅占全球软件需求2.7%的这些国家如何成为该领域的重要参与者？

**不同的发展路径**

软件公司的成功之路多种多样，但它们之间有一定共性。根据分析，北欧软件公司发展主要有4种原型：

一是"全球首创"（Global Firsts）。这些公司通过识别具有同质需求的机会来创建全球解决方案。他们通常瞄准全球客户群，重点关注利基市场和细分市场。这类北欧公司在2022年创造了约40亿美元收入，并且在过去五年中每年以20%的速度增长。

二是"地区冠军"（Regional Champions）。这些公司涉及的行业包括核心业务软件、人力资源技术和客户关系管理（CRM）软件，通过适应当地法规和客户偏好，定制解决方案以满足客户的特定需求。此类北欧公司整体表现与全球首创一致，2022年的收入约为30亿美元，自2017年以来年增长率为14%。

三是"工业专家"（Industrial Specialists）。行业包括可持续发展、能源、物流、健康科技和金融科技等。这些公司专注于垂直的B2B软件，为特定行业（例如建筑和能源）或主题（例如绿色转型和可再生能源）开发最佳解决方案。他们通常关注数字化成熟度较低的行业，并通过大幅提高生产力、创新产品或提升竞争力来获得价值。2022年，此类公司的收入约为110亿美元，增长率为11%。

四是"捆绑者"（Bundlers）。这些公司寻找传统的非数字化领域，并将基础产品、服务与软件解决方案打包在一起，以加速销售。由于该原型中某些公司的捆绑性质和全球地位，其年创收和增长数值最高，分别达到180亿美元和25%。

**推动成功的因素**

北欧公司为什么能够在全球软件市场分得较大的一杯羹？研究发现，主要是以下5个支撑因素在发挥作用：

一是数字化应用。北欧四国数字化应用率都很高，而较高的数字化成熟度有助于创造高质量数字用户体验的文化。自动化技术有助于创建人才库，这些知识使软件公司能更轻松地在早期阶段就开发出更高质量和更低成本的产品，从而进入其他市场。

二是人才。与更成熟的市场相比，北欧地区软件工程人才的成本极具竞争力，特别是在瑞典和挪威。挪威软件工程师的平均年薪（5.7万美元）几乎是美国（约11万美元）的一半。该地区为雇主提供的工程费用比全球公认的科技中心以色列（72000美元）更经济，与英国（55000美元）和德国（52000美元）等其他欧洲国家大致持平。

三是资金。北欧国家越来越吸引各种风险投资和私人投资者的兴趣。2017年至2022年，北欧软件公司的私募股权投资每年增长8%，而欧洲仅为1%；同期，北欧软件公司的风险投资每年增长30%，而欧洲为16%。此外，过去十至十五年里，北欧地区已建立规模庞大的融资生态系统。

四是行业。北欧是许多全球大型工业企业的所在地，这些企业在过去几十年里进行了大量技术投资，并在多个领域充当创新平台的角色。

五是政策。北欧国家的教育和社会福利政策对该地区的软件生态系统提供了重要支持。其中，教育（包括高等教育）完全免费，并提供强大的工程和其他STEM相关课程。企业支持上，社会保障体系有助于减轻与初创企业相关的风险,支持创业生态系统的各种政府计划(例如挪威创新署)和雇员雇主权利保障(例如丹麦的"弹性保障"模式)也起到同样的作用。

# 6 理论思考

1. 新质生产力也是改革命题
2. 新质生产力的本质是先进生产力
3. 塑造与新质生产力相适应的新型生产关系
4. 以科创中心引领新质生产力发展
5. 培育创新型企业是一条核心路径
6. 从"五个维度"提升体育高等教育向"新"力
7. 学术圆桌：新质生产力释放高质量发展新动能

# 新质生产力也是改革命题

复旦大学哲学学院、马克思主义学院教授　陈学明

习近平总书记在深入推进长三角一体化发展座谈会上的重要讲话中强调，要推动长三角一体化发展取得新的重大突破，在中国式现代化中走在前列，更好发挥先行探路、引领示范、辐射带动作用。要实现这一目标，就要在更高起点上全面深化改革开放。从马克思主义基本原理关于生产力与生产关系的角度看，新质生产力是当前我国生产力发展的目标要求，新质生产力需要与之相适应的新质生产关系，因此，在更高起点上全面深化改革开放，要以改革不符合新质生产力发展的生产关系为着力点。

恩格斯在马克思墓前的演说中指出马克思一生主要有两大贡献。第一个贡献就是发现了历史发展的客观规律，这就是：生产关系一定要适应生产力的发展状况，上层建筑一定要适应经济基础的发展状况。

按照历史唯物主义的基本原理，所谓改革的含义说到底就是改变不符合生产力发展状况的生产关系和不符合经济基础发展状况的上层建筑。改革开放以来的几十年里，中国人民所做的主要事情就是在中国共产党领导下，改变不符合生产力发展状况的生产关系和不符合经济基础发展状况的上层建筑。改革开放所取得的巨大成就也是有赖于不断地改变不符合生产力发展状况的生产关系和不符合经济基础发展状况的上层建筑，从而推进了生产力的飞速发展。

习近平总书记在 2023 年 9 月 7 日召开的新时代推动东北全面振兴座谈会上提出"新质生产力"概念，为我国进一步解放和发展生产力指明

了方向。"新质生产力"带来的是发展命题,也是改革命题。当今在更高起点上深化改革,最重要的任务就是改变不符合"新质生产力"发展状况的生产关系。

新质生产力是马克思主义生产力理论的创新和发展,凝聚着中国共产党领导推动经济社会发展的深刻理论洞见和丰富实践经验。历史唯物主义认为,生产力是人类改造自然、征服自然的能力,生产力的发展是社会发展的根本动力和最终决定力量。作为同"新兴产业""未来产业"关联紧密、代表生产力演化能级跃迁的新质生产力,所涉及的是技术含量高、发展前景广阔、有利于创新驱动发展的新领域,是科技创新在物质生产中发挥主导作用的生产力。毫无疑问,新质生产力是当今社会发展的根本动力和最终决定力量。

新质生产力的出现,使劳动者、劳动资料、劳动对象这些生产力的基本要素出现了革命性的变革。随着新质生产力的出现,原有的生产关系必须随之进行相应的改变。要从速形成与新质生产力发展状况相适应的生产关系和上层建筑。新质生产力需要有新质生产关系与之相适应。当今全面深化改革,就是要不断调整生产关系以适应和引领先进生产力,特别是新质生产力的发展。

围绕新质生产力,要着重把握以下几个问题:

第一,形成新质生产力,就必须紧紧围绕实现高水平科技自立自强的战略要求,集聚跨学科、跨领域、跨机构、跨部门的优势力量进行原创性引领性科技攻关,就必须以国家大型科技项目和协同创新平台建设为牵引,兴建国家级科技创新培育基地,加快打造国家战略科技力量。在这种情况下,应当强化"举国体制",充分发挥党和国家强有力的统筹协调和组织动员能力。

第二，新质生产力中的"质"，体现的是生产力在信息化、数字化、智能化生产条件下因科技突破创新与产业转型升级而衍生的新形式新质态，并且这些新质态的"公共性"日益增加。在这种情况下，在生产资料所有制方面的公共性也应随之增加。

第三，如果说传统生产力主要是满足人们的基础型需要，那么新质生产力主要满足人们的发展型、享受型需要。前者推动要素组合的组织、技术复杂程度低，而后者显然复杂程度高得多。在这种情况下，在政府与市场关系问题上，除了强调稳定性之外，更应兼顾灵活性。

第四，数据是形成新质生产力的关键要素之一，重视数据要素在生产活动中的地位，建立规范的数据要素管理体系，对于发展和提升新质生产力有重要意义。在这种情况下，我们要加快培育发展数据要素市场，构建适应新质生产力发展的数据要素产权制度体系。

第五，新质生产力的形成需要拥有大量较高科技文化素质和智能水平、具备综合运用各类前沿技术能力、熟练掌握各种新型生产工具的新型人才。在这种情况下，我们要建立完善的教产融合育人机制，培养具备学科交叉能力和产业融合视野的多元化人才。

## 探路新质生产力

# 新质生产力的本质是先进生产力

复旦大学特聘教授、马克思主义经济学中国化研究中心主任
上海市习近平新时代中国特色社会主义思想研究中心特聘研究员    周文

**新质生产力具有高科技高效能高质量特征**

新质生产力是创新起主导作用，摆脱传统经济增长方式、生产力发展路径，具有高科技、高效能、高质量特征，符合新发展理念的先进生产力质态。它由技术革命性突破、生产要素创新性配置、产业深度转型升级而催生，以劳动者、劳动资料、劳动对象及其优化组合的跃升为基本内涵，以全要素生产率大幅提升为核心标志，特点是创新，关键在质优，本质是先进生产力。

高科技体现在新质生产力重视科技创新特别是原创性、颠覆性科技创新，并将科技创新成果融入生产的全过程。着眼于新质生产力从形成到发展的生命周期，科技创新是形成和发展新质生产力的核心要素。新质生产力的形成离不开科技创新的持续突破，新质生产力的发展仍要坚持以科技创新推动产业创新、以产业创新不断培育新质生产力的前进方向。着眼于具体的生产过程，原创性、颠覆性科技创新通过与劳动者、劳动资料、劳动对象的结合得以贯穿生产的全过程，主导和推动着新质生产力的发展。

高效能体现在生产要素配置效率之"高"、科研成果转化效率之"高"和生产效率之"高"。其一，基于生产要素配置方式的创新，各类优质生产要素能够以更高的效率流向关键核心技术领域，进一步加快原创性、颠覆性技术的资源配置效率和科技创新效率。其二，伴随着经济体制与

科技体制的深化改革，促成科技成果转化的体制机制逐渐成熟，原始创新到产业转化的时间周期将持续缩短，科技成果转化效率进一步提高。其三，原创性、颠覆性技术产业化的过程推动了劳动者、劳动资料和劳动对象等生产要素的变革，缩短了社会必要劳动时间，提高了劳动生产率。

高质量则体现在新质生产力区别于依靠大量资源投入、高度消耗资源能源的生产力发展方式，是摆脱了传统增长路径、更加符合新发展理念的生产力，是数字时代更具融合性、更体现新内涵的生产力，符合高质量发展的内在要求，在"质"和"量"两个方面实现对传统生产力的超越。

## 科技创新是发展新质生产力的核心要素

科技是生产力中最活跃、最具革命性的因素。马克思十分重视科学技术的发展及其在生产中的应用，强调"生产力中也包括科学"，将科学的发展视为"人的生产力的发展"的一个方面，并认为"劳动生产力是随着科学和技术的不断进步而不断发展的"，"科学力量的巨大发展"能够增大"已经生产出来的生产力和由这种生产力构成的新的生产的物质基础"。沿着马克思主义生产力理论强调科技创新促进生产力发展的逻辑进路，新质生产力被视为以科技创新为主导、实现关键性技术和颠覆性技术突破而产生的生产力。其内涵昭示着科技创新在发展新质生产力过程中的核心地位。

技术革命性突破是催生新质生产力的关键前提。回顾近代以来人类生产力发展的历史，可以发现生产力的跃升离不开科学技术的革命性突破：蒸汽动力领域的技术突破催生了第一次科技革命，人类进入蒸汽时代；电力领域的技术突破催生了第二次科技革命，人类进入电气时代；原子能、电子计算机、空间技术和生物工程的发明和应用催生了第三次科技革命，人类进入信息时代。历史经验表明，技术革命是产业革命和生产力飞跃的动力源泉。从这种意义上来说，新质生产力与技术的革命性突破相伴相生。

高质量发展是注重科技创新的发展，加快形成新质生产力引领更高质量的发展。之所以强调高质量发展要求的生产力必须是新质生产力，是因为新质生产力内含的关键性颠覆性技术突破能够促进传统产业转型升级以及战略性新兴产业、未来产业的形成和发展，突破技术"卡脖子"环节，补齐产业"短板"，从而提高生产效率，优化产品和服务质量，实现经济增长模式由"粗放式"向"集约式"的转变，顺应高质量发展的目标要求。基于此，应大力实施创新驱动发展战略，实现关键性颠覆性技术突破，推动科技创新和经济社会发展深度融合，使新质生产力成为高质量发展的强大引擎。

强调原创性、颠覆性科技创新是根据我国内部国情与外部环境变化所做出的正确选择。当前我国"发展不平衡不充分问题仍然突出，推进高质量发展还有许多卡点瓶颈，科技创新能力还不强"，特别是原始创新能力不够强，缺乏重大突破性、颠覆性技术创新。现在部分西方发达国家依托自身技术优势，采取战略上遏制、技术上脱钩、规则上打压等多种方式阻碍我国科技创新和产业发展，在关键核心技术领域对我国进行"卡脖子"。面对新一轮科技革命和产业变革、大国竞争加剧以及我国经济发展方式转型等重大挑战在当下形成的历史性交汇，只有大力推进原创性、颠覆性科技创新，才能打破我国在关键核心技术领域受制于人的局面，推动新质生产力加快发展，扎实推进高质量发展，以高质量发展助推中国式现代化。

**加快发展新质生产力的重要着力点**

新质生产力的核心是创新，载体是产业。经济发展从来不是靠一个产业"打天下"，而是百舸争流、千帆竞发，主导产业和支柱产业在持续迭代优化。光伏、新能源汽车、高端装备这些促进当前经济增长的重要引擎，都是从曾经的未来产业、战略性新兴产业发展而来。当前，要紧紧抓住新一轮科技革命和产业变革机遇，以科技创新为引领，加快传统产业高端化、智能化、绿色化升级改造，培育壮大战略性新兴产业，前瞻谋划未来产业，以产业升级和新兴产业发展为着力点，推进新质生产力加快发展。

推动传统产业深度转型升级。传统产业是基本盘、老家底。要通过传统产业的高端化、智能化、绿色化升级夯实现代化产业体系的基底，提升当前生产力的发展水平，推动新质生产力的形成。在产业高端化方面，要一手抓基础支撑，另一手抓产业高端装备引领，提升传统产业的技术密集程度，向价值链高端和产业链核心迈进。在智能化方面，要大力推进人工智能技术在传统产业领域的融合及应用，形成具有一定自治功能的智能生产和运行系统，打造智能工厂和智慧供应链。在绿色化方面，要加快实现绿色低碳技术重大突破，实施传统产业焕新工程，推进传统产业制造工艺革新和设备改造，提升产业绿色化发展水平。

培育壮大战略性新兴产业。战略性新兴产业科技创新能力的提升将催生更多的关键性颠覆性技术创新,形成新的经济主导产业和支柱产业,为新质生产力的生成提供创新内核,为新质生产力的发展提供产业载体:一是要发展壮大战略性新兴产业集群;二是要培育鼓励创新的市场环境;三是要健全战略性新兴产业人才保障机制。

前瞻性谋划未来产业。一方面,要优化未来产业的时空布局,聚焦国家整体战略规划和地方产业规划,根据技术成熟度、市场发育度变化与各地科教资源、产业基础的差异,分阶段分梯次开展产业培育,因地制宜布局产业发展。另一方面,通过制度设计和政策引导,推动风险投资、私募股权投资、产业引导资金支持未来产业企业创业和技术研发,营造良好的金融生态环境。通过上述举措,抢占未来产业发展的制高点,释放更多新质生产力,培育竞争新优势。

# 塑造与新质生产力相适应的新型生产关系

上海财经大学　徐飞　慕成双

发展新质生产力，必须充分把握发展新质生产力与构建新型生产关系的辩证统一性，通过全面深化改革，构建起适应新质生产力发展的新型生产关系，以新型生产关系赋能新质生产力。

建构与新质生产力相适应的新型生产关系，必须坚持问题导向，全面深化经济体制、科技体制等改革，着力打通束缚新质生产力发展的堵点卡点。

2024年1月，习近平总书记在主持中共中央政治局第十一次集体学习时指出："生产关系必须与生产力发展要求相适应。发展新质生产力，必须进一步全面深化改革，形成与之相适应的新型生产关系。"这深刻揭示了新质生产力发展的内在逻辑。发展新质生产力，必须充分把握发展新质生产力与构建新型生产关系的辩证统一性，通过全面深化改革，构建起适应新质生产力发展的新型生产关系，以新型生产关系赋能新质生产力。

## 新质生产力的要义在于以"新"促"质"

习近平总书记对新质生产力作了高度的理论概括："新质生产力是创新起主导作用，摆脱传统经济增长方式、生产力发展路径，具有高科技、高效能、高质量特征,符合新发展理念的先进生产力质态。"他进一步指出,

## 探路新质生产力
New / Quality / Productive / Forces

新质生产力"由技术革命性突破、生产要素创新性配置、产业深度转型升级而催生,以劳动者、劳动资料、劳动对象及其优化组合的跃升为基本内涵,以全要素生产率大幅提升为核心标志,特点是创新,关键在质优,本质是先进生产力"。新质生产力之"新"突出新要素、新技术、新产业、新模式、新领域和新动能,新质生产力之"质"则强调经济发展的质量、创新驱动的本质和生产生活的品质,其要义在于以"新"促"质",最终落脚到以科技创新为引领的生产力上。

生产关系必须与生产力发展要求相适应。随着社会生产力向数字化、绿色化、融合化迈进,生产关系的三大要素均发生深刻变化。

生产资料所有制方面,不仅所有制由"单一所有"发展为以公有制为主体、多种所有制经济共同发展的"混合所有",而且生产资料本身也新增了知识、技术、管理、数据等要素,其重要性也大大超越以前的土地、劳动、资本等。

劳动者在生产中的地位和相互关系方面,在鼓励创新、宽容失败的氛围下,积极性、主动性、创造性得以充分激发,知识、技术、人才的市场价值得以更好体现。劳动分工不断向伙伴关系、智能交互、平台协作等方向发展,相应的生产组织结构也由直线制、直线职能制、事业部制等传统模式,向团队组织、网络组织、虚拟组织、无边界组织、孵化组织、三叶草组织以及"人单合一"组织、前台—中台—后台型组织、阿米巴组织、平台型组织、自组织等新型组织形态发展。

劳动产品分配方式方面,在按劳分配的基础上不断健全要素参与收入分配机制。同时,秉持共同富裕理念,不断完善初次分配、再分配与第三次分配。这些变革也催生了与新质生产力相适应的新型生产关系。

## 新质生产力与新型生产关系的辩证统一

马克思主义政治经济学认为，生产力发展到一定阶段便与其现存的生产关系发生矛盾，当现有生产关系成为生产力发展的制约时，生产关系的变革成为必然，这种变革又反过来促进生产力的发展，二者的辩证统一推动社会进步。

新质生产力不仅决定新型生产关系的性质，还决定新型生产关系的变革。以科技创新为牵引的新质生产力，必然要求推动生产关系的深刻变革、引领生产关系的提质向新，从而形成新型生产关系。纵观历次科技革命和产业变革，社会治理规范与经济发展模式均随生产力的变化而演化，表现在社会生产、流通、交换和消费各个环节不断被冲击调整，人与人、人与物、物与物之间的相互关系也产生重要变化。解放发展生产力，促进社会全面进步，必然要求改革束缚生产力发展的旧观念旧体制，使生产关系适应生产力的发展，使上层建筑适应经济基础的发展。恰如新质生产力的出现是社会生产力发展的必然结果，构建与之相适应的新型生产关系则是新质生产力发展壮大的必然要求。

新型生产关系对新质生产力具有能动的反作用。当生产关系适合生产力发展的客观要求时，它对生产力发展起推动作用，适配的新型生产关系能够促进新质生产力的动态育强和发展壮大。厚植新质生产力，既是科技创新命题，也是社会组织制度与经济结构性改革命题。新型生产关系可以具象化为一系列与新质生产力相契合的经济制度组合，在促进新质生产力发展进程中既能够发挥助推器和放大器作用，又能够发挥稳定器和压舱石作用。作为助推器和放大器时，新型生产关系能够激扬科

## 探路新质生产力
New / Quality / Productive / Forces

技创新的源头活水，这表现在调动社会劳动者的科技创新积极性，促进更多社会劳动者想创新、能创新、敢创新，推动多方利益主体和社会力量共同参与；作为稳定器和压舱石时，新型生产关系能够保障社会秩序的有序运行，这表现在夯实基础制度体系建设，建设高标准市场体系，为新质生产力发展提供良好环境和有力保障。适配的新型生产关系能够确保科技创新成果产生并顺利转化为现实生产力，实现以科技创新促进产业创新。

**打通束缚新质生产力发展的堵点卡点**

建构与新质生产力相适应的新型生产关系，必须坚持问题导向，全面深化经济体制、科技体制等改革，着力打通束缚新质生产力发展的堵点卡点。

发挥多种所有制市场主体积极性，创新要素市场化配置，是赋能新质生产力的基础动力。为此，要坚持以公有制为主体，充分发挥国有经济战略支撑作用，促进民营经济发展壮大，有序推进混合所有制经济发展；要深化要素市场化改革，打破要素流动市场壁垒，激发数据、技术、知识、管理、资源环境等先进优质生产要素在建设统一开放、竞争有序市场体系中的活力，让各类先进优质生产要素向发展新质生产力顺畅流动。着力发挥数据对土地、劳动力、资本这些传统生产要素的价值倍增作用。

激发劳动者创造性、优化劳动分工，改革创新生产组织方式、构建开放创新生态，是赋能新质生产力的关键抓手。要健全人才培养、引进、使用、评价、合理流动机制，深化人类智能与人工智能双向赋能，构建平台经济时代和谐劳动关系。要健全新型举国体制，发挥政府在重大创新领域"卡脖子"问题上的资源动员优势，推动原创性、颠覆性科技创新；聚焦关键核心技术和重大应急攻关项目，建立"揭榜挂帅"机制；创新众包众筹、虚拟经营、大规模定制、柔性制造、智能制造、绿色制造等组织生产模式。完善大中小企业融通创新渠道，构建"政产学研"深度交流模式；推动建设全球离岸创新基地，打造世界级重大科技创新集群。

完善劳动产品分配机制，确保改革发展成果由全体人民共享，是赋能新质生产力的美好愿景。一要坚持按劳分配为主体、多种分配方式并存，构建初次分配、再分配、第三次分配协调配套的制度体系；二要健全要素参与收入分配机制，健全各类先进优质生产要素由市场评价贡献、按贡献决定报酬的机制，深化职务科技成果产权分配制度改革，以所有权改革统筹牵引使用权、处置权、收益权改革；三要建构数字劳动分配结构和数据价值分配机制，缩小数字劳动分配"鸿沟"；重视科学普及，提升全民科学素质；警惕人工智能等数字技术异化，践行全社会科技向善理念，夯实以新质生产力发展推进共同富裕的社会基础。

# 以科创中心引领新质生产力发展

上海全球城市研究院　**周振华　杨朝远**

以全球城市（区域）为空间载体，通过加强基础性前沿研究、打造科创平台、推进区域一体化、形成世界级新兴产业集群等路径方式，加快科技创新中心建设，引领新质生产力的形成与发展。

科技创新是新质生产力的本质特征与核心要素，其背后的逻辑在于：基础性研究→科技创新→诞生应用新场景→萌发新兴产业→产业高端化→形成新质生产力。在上述逻辑链条中，科技创新具有"赋能效应"，并渗透在社会化大生产的各个环节，从而引起生产力跨越式发展。赋能于生产领域，提升生产的效率，形成有效供给；赋能于分配领域，创新分配模式，构建高效激励机制；赋能于流通领域，削弱要素流动阻碍，促进要素充分涌流；赋能于消费领域，丰富产品的多样性，提升人民福祉。科技创新通过"赋能效应"最终作用于人，促使劳动者从掌握简单生产技能的劳动力转向掌握复杂生产技能的人力资本。以科技创新形成的新质生产力，还塑造着一个国家的国际竞争力和影响力，从而提升其国际话语权。

经济发展、要素流动在区域空间中呈现非均质特征，禀赋优越、要素集中的区域往往率先实现发展。科技创新中心的出现遵循着经济社会发展的非均质性规律，而非"遍地开花"。科技创新中心可通过科技上的"溢出效应"与空间上的"辐射效应"引领新质生产力的形成与发展。

科技创新中心的空间载体是什么？在科技大发展的当下，科创资源的布局正从"城市郊区"回归"都市中最都市"的地方。

以全球城市（区域）为平台载体建设科技创新中心引领新质生产力，是由其自身特征和内在发展需求所决定的。从其自身特征来看，全球城市（区域）集聚了丰富的金融资本、大量的高校和科研机构、高素质的国际化人才、高密度的跨国公司总部、高端的生产性服务业，以及面向国内和国际的广阔市场，这为科技创新中心建设提供了充足的创新要素和广泛的应用场景。从其内在发展需求来看，全球城市（区域）是全球化网络中连接地方和国际的"时空路口"，是价值规范的权威引领者。向科技创新要"发展红利"和"发展空间"是全球城市（区域）实现可持续发展的必然选择。

党的十八大以来，我国先后布局建设了北京、上海、粤港澳大湾区3个"国际科技创新中心"，成渝、武汉、西安3个"全国科技创新中心"，以及若干综合性国家科学中心，初步形成"3+3"不同层级的区域科技创新中心空间分布格局。上述城市或区域是典型的全球城市（区域），一方面这些城市具有丰富的科技创新资源要素，另一方面这些城市凭借其自身经济实力成为全球城市网络中的重要节点，具有显著的全球城市的属性特征，连接着国内与国际两个市场。我们应以全球城市（区域）为空间载体，通过加强基础性前沿研究、打造科创平台、推进区域一体化、形成世界级新兴产业集群等路径方式，加快科技创新中心建设，引领新质生产力的形成与发展。

加强基础性前沿研究，繁荣科技创新。习近平总书记在二十届中共中央政治局第三次集体学习时强调："加强基础研究，是实现高水平科技自立自强的迫切要求，是建设世界科技强国的必由之路。"全球城市（区域)作为"科创策源地",扮演着基础科学研究的布局者、深耕者的角色。应优化基础学科建设布局,推进学科交叉融合和跨学科研究,调动和激发科研主体的活力,提升"从0到1"的基础性研究能力。同时,广泛开展基础研究的国际合作,提升我国基础性研究的世界影响力。

打造科创基础平台,培育科创生态。拥有高铁站、港口和航空港的全球城市(区域),实现了跨区域及与世界市场的紧密联系。此外,加快全球城市(区域)治理的信息化和数字化,可为科创资源的融合带来新的创新空间、创新资源和市场。全球城市(区域)地方政府应重点关注科研政策落实"最后一公里",为基础研究和科技研发"清路子""搭台子"。探索"政府引导+市场主导"的第三方科创服务机构,并以此为纽带,为科创企业搭建应用场景推介平台、金融服务平台。

推进区域一体化,构建创新共同体。我国已形成以京津冀、长三角、粤港澳为代表的全球城市区域。区域一体化是科创共同体的基础,可有效削弱创新要素跨区域流动的障碍;与此同时,科创共同体可为区域一体化提供动力。建设区域协同创新产业体系,应以重大项目、重大平台、重大任务为引领,联合开展跨区域、跨学科、跨领域协同攻关。同时,探索全球城市区域科创示范区、高新园区的联动机制,共建区域科技成果转化高地。协同建设产业创新平台,推进区域科创基础设施建设,探索跨区域实验室建设制度,共建统一的区域性技术市场和科技资源共享平台,为产业创新提供多维支撑。此外,积极探索跨区域创新合作模式,如共建科创走廊、科创飞地和反向飞地、双创基地等。

加快形成世界级新兴产业集群,培育现代化产业体系。一方面,科技赋能传统产业。传统制造业是国家参与国际竞争的"压舱石",发力技术端，以数字化、绿色化、智能化推动传统制造业转型升级，促进传统制造业提质增效。另一方面，前瞻性布局产业新赛道。应抢抓新能源、生物医药、量子计算、人工智能等技术机遇窗口，加快人才链、资金链、创新链、产业链的区域一体化，催生应用新场景与商业新模式，形成从科技研发到产业生产再到市场的全生态发展优势，加速形成世界级新兴产业集群，从而在国际竞争中占据有利位置。

## 探路新质生产力

# 培育创新型企业是一条核心路径

华东理工大学中国式现代化研究院特聘研究员  姚磊

习近平总书记指出:"必须继续做好创新这篇大文章,推动新质生产力加快发展。"创新落脚到企业和生产一线维度,就是要聚焦创新型企业发展。创新型企业作为市场新增长点和应用技术创新的核心源泉,具有推动经济结构转型、激发经济活力与持续力、增强全球竞争力等作用,是实现高质量发展的重要路径。推动新质生产力发展,离不开培育创新型企业。

**深刻理解创新型企业与新质生产力的关系**

要以创新型企业培育推动新质生产力发展,就要深刻把握和理解创新型企业与新质生产力之间的关系。

创新型企业的核心要素是"创新",为新质生产力提供驱动引擎。从经济学角度来看,新质生产力是在社会生产过程中出现的新的、具有变革性和创新性的生产力要素或形态,是科学技术进步与生产方式、经济结构、社会制度创新相结合的具体体现。因此,科技创新也是发展新质生产力的核心要素,创新型企业能够通过合理布局科技创新、产业创新,进而催生新产业、新模式和新动能,为新质生产力发展提供内在驱动力。

创新型企业的必然要求是"高质量",与新质生产力共担发展要求。新质生产力的核心内涵包括技术创新性、高效性、可持续性等特点,能显著提高生产效率、提升效能并引发产能结构性变革,这些都是高质量发展的显著要求。对于创新型企业而言,它们大多拥有自主知识产权和知名品牌，具有较强国际竞争力，依靠技术创新获取市场竞争优势。这些特征能够保障其实现高质量的可持续发展路径。

创新型企业的落脚点是"生产力"，为传统生产力质的跃迁提供载体。新质生产力对于生产力三大要素在形式、时空、需求等方面产生了新的要求。新质生产力是生产力质的跃迁，摆脱了传统增长路径，也是数字时代更具融合性、更体现新内涵的生产力。

**精准把握培育新质生产力面临的问题**

新质生产力已经在实践中形成并展示出对高质量发展的强劲推动力、支撑力。同时，新质生产力发展也面临一些问题，如技术创新与市场需求不匹配、创新资源配置不均衡、市场与政策环境不断变化等，掣肘创新型企业的成长发展。

首先，技术创新与市场需求不匹配。许多创新型企业致力于研发前沿技术，不一定能和市场的实际需求完全对接，可能导致产品市场适应性差、投资回报率低、创新资源浪费等问题，需要在充分调研市场之后再进行研发和生产。此外，应当引领消费者的需求往前沿化、智能化、绿色化方向发展。

其次，创新资源配置不均衡。一是地区间的不均衡。目前，创新资源如资金、人才和技术等主要集中在市中心和核心园区，限制了创新活力在整个城市范围内的均衡发展。二是行业间的不均衡。高科技和新兴产业往往由于关注度较高而吸引更多资源，传统产业在创新方面获取的支持则相对较少，这种倾斜很可能导致某些重点行业的创新潜力无法得到充分发掘。三是企业规模间的不均衡。大型企业和知名企业因其规模和品牌优势，更容易获取政策支持和资金资源，中小型企业和初创企业则不得不面临更大挑战。

最后，市场与政策环境的不断变化。第一，市场需求的快速变化。全球化背景下，消费者偏好和技术创新趋势不断演进，消费新趋势、新动向、新偏好、新时尚不断迭代，这为新质生产力的发展和创新型企业的运营增加了适应性压力。第二，政策环境的不确定性。虽然政府在推动创新型企业发展方面制定了诸多支持政策，但政策的调整和实施往往需要时间，企业在适应新政策的过程中可能会面临资金链断裂、市场定位不清晰、科技创新与法规脱节等问题。第三，国际贸易环境和资金融通的波动性。国内许多创新型企业在全球范围内开展业务，国际贸易环境的波动可能影响其出口业务和全球供应链。而且，在全球经济环境波动的背景下，金融市场的不稳定性可能会影响到企业的融资成本和融资渠道，尤其是那些依赖外部融资的初创企业。

**把抽象化指标落实到具象化操作**

创新型企业应当成为新质生产力的主要载体和推动者。作为中国的经济和创新高地，北京、上海、深圳等城市拥有得天独厚的条件来培育创新型企业，进一步推动新质生产力发展。探究新质生产力发展的核心路径，落脚点便是创新型企业的培育。

首先，聚焦智能化、绿色化、融合化。智能化是创新型企业培育的核心工具。传统制造业在智能化推动下正在实现自动化、数字化、网络化的转变，进而提升生产效率和产品质量。绿色化是创新型企业培育的必然要求。面对全球气候变化和环境保护的挑战，推动绿色产业的发展，不仅包括传统产业的绿色改造，还包括新能源、环保技术等新兴产业的培育。融合化是创新型企业培育的发展趋势。需要推动产业间的深度融合，特别是制造业与服务业、高新技术产业的融合。这种跨界融合不仅拓宽了产业发展的空间，还促进了产业链的延伸和升级。

其次，孵化为主，催化为助。孵化器是促进创新型企业成长发展的主要窗口，也是创新型企业贡献新质生产力的主要环境。要把握好创新型企业聚集的科创园区及大学科技园等重点孵化器。从孵化路径来看，需要聚焦孵化的科技供给侧、产业需求侧、打通供需鸿沟三个维度，进而营造全过程创新、全要素集聚、全链条加速的创新环境。除了聚焦主体培育问题的孵化路径，还需要聚焦为创新型企业加速及赋能的催化路径，可以从区域催化、产学研融合的创新催化、强化资金支持的金融催化、良好营商环境的市场催化四个方面展开。

最后，把握三大先导产业的引领作用。集成电路产业是创新型企业的技术基础。集成电路产业是现代信息技术的核心，其发展水平直接影响着经济和社会的各个方面，不仅能够推动电子信息、智能制造等相关产业的发展，还直接关乎新质生产力的基础建构。生物医药产业是创新型企业的核心领域。通过加强生物医药产业发展，不仅能推动本地经济结构的优化和升级，还能成长为新质生产力的增长极。最后，人工智能产业是创新型企业的前沿和未来。通过建设人工智能创新中心，提升人工智能产业的研发和应用水平，不仅能推动智能制造、智慧城市的智能化转型，还能为新质生产力构建可持续发展的未来。

总的来看，创新型企业与新质生产力的关系丝丝相扣，在面临的发展问题和挑战上也十分类似。因此，把推动新质生产力发展落脚到创新型企业培育是一条核心路径，也是把抽象化指标落实到具象化操作的重要抓手。

探路新质生产力
New / Quality / Productive / Forces

# 从"五个维度"
# 提升体育高等教育向"新"力

上海体育大学校长、教授  **毛丽娟**

高校作为科技攻关、人才培养、创新创造的"高地",是助推新质生产力发展的重要力量。体育高等教育能够在促进新质生产力发展的劳动者、劳动资料、劳动对象的形成中提供强大支撑,为新质生产力发展增动力、激活力、提效力。而这从根本上也是对体育高等教育各方面体制机制的改革与创新。因此,面向优化学科布局、突出创新驱动、加速成果转化、创新人才培育、扩大对外开放五个维度,进行高位谋划、系统布局、整体推进,可以更好提升体育高等教育治理能力和水平,为加快发展新质生产力蓄势助力。

**优化学科布局**

相较于传统生产力,新质生产力更加智能化、更具融合性、更富新内涵,更为强调运用聚焦前沿、学科交叉、融通创新的新理论、新思想、新方法指导生产实践。体育高等教育要下好学科布局"先手棋",推动学科专业调整、优化、创新,以学科建设为基础,提升科技创新、人才培养与新质生产力的适配度。

体育高等教育首先要推动传统学科转型升级,更加积极主动对接社会需求,整合技术元素,革新专业知识,突破发展桎梏,以充分释放潜能。更重要的是,要深入挖掘学科增长点,大力培育交叉学科,开辟体育高等教育新领域新赛道。比如，积极贯彻落实国家教育数字化战略行动，建设智慧体育工程学科方向，前瞻性布局智能体育工程及智慧体育新兴学科专业建设等。同时，面向世界科技前沿和人民生命健康，推进体育学科与心理学、脑科学的交叉融合，建设运动脑认知专业，大力培育体育交叉学科。

**突出创新驱动**

新质生产力是以科技创新为核心要素的先进生产力。体育高等教育须进一步强化创新驱动，以"四个面向"为引领，向体育科学技术广度和深度进军，培育发展新质生产力的新动能。首先，要深化体育科技基础研究。伴随学科交叉融合的深入、新兴学科知识的涌现、生产要素配置的创新，基础研究的内容、方法、范畴等正逐渐从本质上发生着变化，因此体育高等教育要深化运动生理学、运动心理学、运动营养学等基础研究，解决好体育重大科技攻关的关键基础性问题，为新质生产力发展夯实基础。其次，要加强体育科技原创性、颠覆性研究。立足"体育+""运动健康促进与康复""体育大模型"等新方向、新生态、新场景，积极推进原创性、引领性、颠覆性体育科技创新成果涌现，催生新质生产力的新动能。

**加速成果转化**

促进新质生产力发展应强化科研成果转化运用，对于体育高等教育而言，产学研用的结合要以"用"为出发点和落脚点。这意味着高校体育科研工作不仅要重视"从0到1"的原始创新，也要强调"从1到10"乃至"从10到100"的成果转化。

体育高等教育需要充分利用大数据、人工智能等前沿技术，改善体育科研治理体系，提高体育科研成果的产出率、转化率，让更多的体育科研成果高效率、高标准、高水平地完成从科学研究到实验开发再到推广应用的"三级跳"。比如，聚焦"体育数字化转型"研究领域，积极发展智能化科学健身指导、智能健身"云竞赛"等大数据服务，带动多元化的运动健康服务应用；加快构建基于智能化数据分析的全民健身信息服务平台，助力全民健身公共服务精准化供给。

**创新人才培育**

以体育高等教育助力新质生产力发展，要坚持"教育、科技、人才"一体统筹推进，在构建人才自主培养体系、深化拔尖创新人才培养方面进行改革和创新。一方面，要加快构建体育人才自主培养体系，围绕新质生产力发展，优化学科专业设置，培养各方面、各领域、各环节急需人才。同时，改革人才培养机制，通过产教融合、科教融汇，协同科研机构、企业等各方力量创新人才培育生态。另一方面，要革新人才评价标准，营造鼓励创新、宽容失败的良好氛围，实现"教育、科技、人才"良性循环畅通，为新质生产力发展提供坚实人才支撑。

**扩大对外开放**

习近平总书记指出："要扩大高水平对外开放，为发展新质生产力营造良好国际环境。"推进体育高等教育对外开放，既要求立足中国，以开放的胸怀借鉴和吸收世界一流教育资源和创新要素，更要求积极走向世界，以更加主动的姿态融入与适应全球教育环境。

其一，要加快体育高等教育国际化办学。体育高等教育应以"体育"这一全人类"通用语言"为突破口和切入点，积极推动国际化办学，发出中国教育的体育声音，提升中国体育教育的国际话语权和影响力。比如，上海体育大学先试先行，在加拿大维多利亚建立首家武术学院海外分院，努力打造中国体育高等教育特色化对外交流与传播新平台，为形成体育国际化办学新模式做出新探索。其二，要建设体育文化国际传播平台。体育高等教育可借助数字化、智能化、云计算等传播技术的革新，强化与世界各国的交流合作，线上线下共发力，内力外力齐融合，打造具有强大传播力、引导力、影响力、公信力的体育文化国际传播平台，弘扬中华体育精神，让世界人民以"体育"为媒，认识中国文化、理解中国观念、认同中国价值。

## 探路新质生产力
New / Quality / Productive / Forces

### 学术圆桌

# 新质生产力释放
# 高质量发展新动能

## 以科技创新引领产业振兴，以产业升级构建新竞争优势

主持人：刘　迪　文汇报记者
嘉　宾：张占斌　中央党校（国家行政学院）中国式现代化研究中心主任、一级教授
　　　　殷德生　华东师范大学特聘教授、经济与管理学院院长
　　　　刘志阳　上海财经大学商学院讲席教授、创业学院执行副院长

**编者按** 新质生产力，是2023年9月习近平总书记在黑龙江考察调研期间首次提到的新概念。习近平总书记指出，整合科技创新资源，引领发展战略性新兴产业和未来产业，加快形成新质生产力。在9月7日召开的新时代推动东北全面振兴座谈会上，习近平总书记再次指出，积极培育新能源、新材料、先进制造、电子信息等战略性新兴产业，积极培育未来产业，加快形成新质生产力，增强发展新动能。新质生产力不仅为新时代推动东北全面振兴指明了方向，对全国其他地区同样具有重大指导意义。我们如何理解新质生产力？如何加快形成新质生产力？文汇报约请三位学者进行研讨交流。

**主持人**：2023年9月，习近平总书记在东北考察时提出了一个全新的概念"新质生产力"。我们如何理解这一概念的深刻内涵？

**张占斌**：新质生产力具有丰富的内涵，代表生产力演化过程中的一种能级跃升，是科技创新发挥主导作用的生产力，以高效能、高质量为

基本要求，以高新技术应用为主要特征、以新产业新业态为主要支撑、正在创造新的社会生产时代的生产力。

新质生产力中的"新"，指的是新技术、新模式、新产业、新领域、新动能；新质生产力中的"质"，指的是物质、质量、本质、品质；新质生产力中的"生产力"是推动社会进步的最活跃的要素，社会主义的根本任务就是解放和发展社会生产力。

新质生产力是生产力要素全新质态的生产力。一是新劳动者，高技能人才、大学生、研究生成为新劳动者的主体。二是新劳动对象，即以新材料、新物质和数据资源等成为关键劳动对象。三是新劳动资料（劳动工具），随着人工智能等数字技术加快发展，传统劳动资料与数智化劳动资料融合升级，工业化和信息化融合发展，实现数智化升级，促进了生产的线上线下有机结合、数字经济与实体经济有机融合，产供销、服务和消费一体化发展，极大提高生产效能和效益。

新质生产力不仅为东北全面振兴提供了解决方案，而且释放了驱动高质量发展的新动能，为全国创新发展进一步明晰了行动方向。从国际环境来看，科技创新已成为国际战略博弈的主要战场，全球经济和创新版图正在重构。如此情况下，加快形成新质生产力，积极培育未来产业发展战略性新兴产业，是统筹发展和安全的重要保障，是新时代我国在激烈的全球竞争中取得优势的关键，是我国实现高水平科技自立自强，是抢占未来发展制高点、构筑大国竞争新优势的突破口和支撑点。

马克思主义政治经济学认为，物质生产是社会历史发展的决定性因素，但生产关系也可以反作用于生产力，上层建筑也可以反作用于经济基础，因此生产力发展与生产关系调整之间是相互促进、相互推动的关系。新质生产力的发展必然推动包括政府监管管理效率与水平在内的生产关系的调整，生产关系与新质生产力的发展要求相适配，就能够有力推动新质生产力的发展。

**殷德生**：无论是生产力人的因素，还是生产力物的因素，它们都与科学技术密切相关，马克思就指出，"生产力中也包括科学"，邓小平同志强调，"科学技术是生产力，而且是第一生产力"。生产力的要素随着科学技术的发展而不断跃升。当新的科学技术实现突破、发生质变，必然引发生产力要素的变革，从而产生新质生产力。因此，新质生产力就是以先进技术为主要投入要素，以战略性新兴产业和未来产业为核心载体，以新技术、新服务、新产业为主要内涵，符合高质量发展要求的生产力。从驱动力来看，传统生产力的驱动力主要依赖于劳动、资本、土地要素，新质生产力的驱动力是先进技术和数据要素。从表现结果来看，传统生产力以产值来衡量，而新质生产力以产业创新以及能否构筑新的竞争优势为尺度。新质生产力的提出，指明了我国经济高质量发展的着力点，丰富和发展了马克思主义生产力理论。

**刘志阳**：新质生产力更加强调科技创新驱动，是一种低消耗、低污染、高效能、高融合且可持续的生产力方式。当下正处于第三次技术革命向第四次技术革命的交棒期，这个阶段恰恰是新质生产力的最佳孕育时期。新质生产力目标是增强发展新动能。纵观世界经济中心的几度迁移，很重要的因素是创新这个主轴在旋转、在发力，支撑着经济发展，引导着社会走向。培育新质生产力，其根本是以新引擎催化新动能，服务新产业。新质生产力必须嵌入生产关系的变迁进程中。生产力是生产关系形成的前提和基础，生产关系也会反作用于生产力。每次技术革命都会形成与之相适应的"技术-经济-治理"新范式。新质生产力的发展也会形成一套通用的技术、资本和治理原则，构成一种最优的经济社会发展形式。

**主持人：** 基于新质生产力的本质特征，结合习近平总书记相关重要论述并联系我国经济发展实际，当前新质生产力的表现形式主要有哪些？

**张占斌：** 从行业属性来看，一切利用新技术提升生产力水平的细分领域，都属于新质生产力的应用范畴，战略性新兴产业、未来产业，成为生成和发展新质生产力的主阵地。新质生产力被定义为大量运用大数据、人工智能、互联网、云计算等新技术与高素质劳动力、现代金融等要素紧密结合进而催生新产业、新产品和新业态的生产力。因此要加快推进5G基础设施、大数据中心、人工智能和工业互联网、特高压、新能源汽车充电桩等新型基础设施建设，承托新质生产力发展的"硬件"需求。

**刘志阳：** 战略性新兴产业、未来产业这二者都是由重大技术突破或重要社会需求带动的新质生产力，但在时间维度和重要性的角度有所区别。战略性新兴产业侧重的是对经济社会全局和长远发展具有重大引领带动作用的产业。未来产业的技术突破更为前沿，产业发展更处于早期萌芽阶段，产业成长的不确定性更大。类脑智能、量子信息、基因技术、未来网络、深海空天开发、氢能与储能等是未来产业的代表。目前，我

## 探路新质生产力
New / Quality / Productive / Forces

国在云计算、AI、大数据、智能网联汽车、工业互联网等新产业领域已达到国际领先水平。作为新质生产力的代表,这些新产业持续带动我国经济社会的高质量发展。

**殷德生:** 新质生产力主要依靠科技创新尤其是前沿颠覆性技术及其应用为重要驱动力,表现出来的就是经济新产业、新模式、新业态,占据未来产业制高点,其中新技术和数据要素日益成为最主要的投入。

我国正在按照"十四五"规划和2035年远景目标,聚焦发展新一代信息技术、生物技术、新能源、新材料、先进制造、高端装备、新能源汽车、绿色环保以及航空航天、海洋装备等战略性新兴产业,积极培育未来产业,加快形成新质生产力,增强发展新动能。于今的现代化企业车间,代替生产线上工人的是数百上千的机器人在有条不紊地运转。智能制造呈现的一端是数据,另一端就是新产品,中间就是人工智能,使人与人、人与机器、机器与机器、服务与服务之间形成互联和集成。

**主持人:** 加快形成新质生产力对实现中国式现代化和高质量发展有何重大意义?如何抓住新科技革命历史性机遇,实现我国生产力迭代升级、跨越发展?

**张占斌:** 发展理念是对发展的本质性认识,对发展实践起着根本性的指导作用。党的十八大以来,从"经济新常态""新发展理念"到"高质量发展""新质生产力",整个过程是一脉相承的科学推进。"经济新常态"构成了我国经济发展的基本语境,"高质量发展"提出了塑造我国未来前途的大逻辑,"新质生产力"则释放了驱动高质量发展的新动力。新质生产力的提出，意味着党中央将以更大决心推动以科技创新引领产业全面振兴，以产业升级构筑新竞争优势、赢得发展主动权。

当下，我国经济发展面临复杂的内外部环境，世界百年未有之大变局加速演进，新一轮科技革命和产业变革与我国加快转变经济发展方式形成历史性交汇。在这个历史的当口，总书记提出新质生产力，给了全社会一个重要的标识性的概念，时刻提醒、督促我们把注意力放在科技创新上面。

中国人不会忘记"落后挨打"的深刻教训，我们深谙"打铁还需自身硬"的道理。抓住新一轮科技革命和产业变革的机遇，走好科技创新的先手棋，我们才能取得竞争和发展的主动权，才能赢得更大的空间和动力支撑我们不断前行，从经济发展的"后来者"努力转身成为"引领者"。

新质生产力的形成过程要求充分整合科技创新资源和现有产业基础，推动要素质量提升和资源配置效率改善，是先进生产力替代传统生产力，更高质量、更有效率、更可持续发展模式加速形成的过程。现代化产业体系是新质生产力居于主导地位的生产力系统，新质生产力是现代化产业体系的本质。构建新发展格局、推动高质量发展必须加快建设现代化产业体系。

**刘志阳**：习近平总书记强调："整合科技创新资源，引领发展战略性新兴产业和未来产业，加快形成新质生产力。"整合科创资源是培育新质生产力的基本前提。必须充分释放各类科创平台的创新活力，发挥各类型研究机构和平台的体系化互补优势，汇聚集体创造力量，加强前沿技术多路径探索和颠覆性技术源头供给。必须充分发挥行业顶尖科技人才的创造活力。制定推动行业顶尖科技人才流动的新政策，推动建设更加开放包容的企业研发新生态，为科技人才提供一个稳定且可预期的科研环境。此外，要加快新兴产业和未来产业培育，推动新质生产力的产业化应用，有效压缩从基础科学到产业应用的时间，大力促进"科学—技术—商业化应用"的大循环。

**殷德生：**新质生产力的提出为实现高质量发展提供了理论指导和主攻方向。新一代信息技术与制造业、服务业深度融合，正在引发影响深远的产业变革，形成新的生产方式、产业形态、商业模式和经济增长点。各国都在加大科技创新力度，推动移动互联网、云计算、大数据、区块链、人工智能的应用，正在重塑产业的全球价值链。新质生产力是推动高质量发展的新动能，是实现中国式现代化的重要保障。我国在人工智能、云计算、大数据、区块链、量子信息等新兴技术领域跻身全球第一梯队，数字经济规模稳居世界第二。加快形成新质生产力的着力点就是瞄准新一轮科技革命和产业变革的突破方向，布局新领域、开辟新赛道、增强新动能、塑造新优势、抢占未来产业制高点。依靠原创性、前沿性和颠覆性新技术创造新产业，进而占据全球产业链的高端位置，这是新质生产力促进高质量发展的基本运行规律。生产关系要适应生产力的发展，为加快形成新质生产力，必须排除阻碍技术创新的障碍，调整生产关系。加快形成新质生产力，既是发展方向，也是改革使命。战略性新兴产业和未来产业是新质生产力的主要载体，其需要高新技术研发，还要强调前沿性基础研究，注重科技自立自强，也需要开放式创新和国际科技合作，需要科技专利和论文，更要看重科技成果的转化与产业化。国家正在全面实施深化科技体制改革，不断激发科技创新潜能，从技术创新到产业创新都在朝着高精尖新方向勇毅前行。

**主持人：** 恩格斯认为，从本源看，生产力是具有劳动能力的人和生产资料相结合而形成的改造自然的能力。党的二十大报告提出，"必须坚持科技是第一生产力、人才是第一资源、创新是第一动力"。厚植新质生产力对创新人才培养提出怎样的要求？

**张占斌：** 人是新质生产力的创造者和使用者，是生产力生成中最活跃、最具决定意义的能动主体，没有人力资本跃升就没有新质生产力，新型人才是新质生产力生成的决定因素。当代科技应用，推动生产形态向信息化数智化绿色化转变，只有拥有较高的科技文化素质和智能水平，才能熟练掌握各种新质生产工具，构建信息化数智化条件下的新质生产体系。

当前，我国传统数量型"人口红利"逐渐减少，"人才红利"正在形成。产业转型升级要求深入实施科教兴国、人才强国战略。大力发展普惠托育服务，保持适度生育率和人口规模。大力发展基础教育，加快建设高质量教育体系，深化职普融通、产教融合、科教融汇，提升全民特别是年轻人受教育水平，提高人口素质。优化创新产业环境，加强人力资源开发利用，实施更加积极、更加开放、更加有效的人才政策。打造更多创业创新平台引才、聚才、育才，加快建设全国重要人才中心和创新高地，全方位培育、引进、留住、用好各类优秀人才，厚植人才创业沃土，充分释放创新活力。

努力把人文科教优势转化为产业优势、发展优势和竞争优势，打好关键核心技术攻坚战，在新材料、新能源、精细化工、智能装备制造等领域，攻克一批"卡脖子"技术，进而实现高水平科技自立自强，抢占未来发展制高点、构筑大国竞争新优势。

**刘志阳：**创新人才是推动科技创新转化为现实新质生产力的主体力量，必须从战略角度予以高度重视。首先，应该加快顶尖科技人才培育。以战略性新兴产业和未来产业为代表的新质生产力具有高创新性和知识密集性的特征，对人才资源的依赖性较强。新质生产力的率先突破，有赖于原创性、引领性的科技攻关，最终取决于顶尖科技人才资源的储备。其次，应该加强复合型人才培养。在数字革命和产业变革的背景下，人类面临的科学挑战与问题所涉及的面与复杂度都超过某个单一学科所能处理的范围。应该鼓励高校设立前沿技术学院和未来产业学院等教育新载体，创建产教融合的复合型人才培养新方式，在不同学科之间建立以问题为导向的学域新枢纽，促进各类复合型创新人才的培养。最后，发挥创新创业教育在创新人才培养过程中的基础性作用。创新创业教育作为高等教育的综合改革突破口，是创新人才培养的底座和推进器。创新创业教育不是单纯的培育项目，更重要是在为不确定性的未来塑造一群敢于冒险勇于创造的新人。当下，应该努力通过专创融合、科教融汇和校企合作等有效路径，推进创新创业教育现代化，努力培育创新人才，为新质生产力形成贡献教育力量。

**殷德生：**新质生产力物的因素主要表现为新技术、新服务、新产业，而人的因素就是人才资源，新质生产力归根到底还是要依赖于人才的创新能力。我国是人力资源大国，研发人员总量稳居世界首位，研发经费投入强度超过欧盟国家平均水平；全球创新指数排名升至第 11 位；北京、上海、粤港澳大湾区三大国际科技创新中心跻身全球科技创新集群前10位。面对世界科技和人才的激烈竞争格局，党的二十大报告提出"教育、科技、人才是全面建设社会主义现代化国家的基础性、战略性支撑"，显然，这也是新质生产力的基础性、战略性驱动力。到2035年我国要建成教育强国、科技强国、人才强国，核心问题是创新型人才培养，以教育理念、体系、制度、内容、方法、治理现代化为基本路径，全面构建创新型人才培养体系。在基础教育阶段，就要培养学生探索性、创新性思维品质。当然，创新型人才培养重点在高等教育，我国正在着力发展支撑引领国家战略实施的高等教育，在全面提高人才自主培养质量、造就拔尖创新人才上先行先试，瞄准世界科技前沿，提升基础学科、新兴学科以及交叉学科能级，推进科研组织和模式创新，激发前沿性创新、原始性创新和颠覆性创新能力。

图书在版编目（CIP）数据

探路新质生产力 / 文汇报社编著. -- 上海：文汇出版社, 2024.8. -- ISBN 978-7-5496-4289-2
Ⅰ.F120.2
中国国家版本馆CIP数据核字第2024TG4701号

# 探路新质生产力

编　　著 / 文汇报社
责任编辑 / 陈　屹
装帧设计 / 张　晋

出 版 人 / 周伯军

出版发行 / 文匯出版社
　　　　　　上海市威海路755号　（邮政编码 200041）
经　　销 / 全国新华书店
印刷装订 / 上海巅辉印刷厂有限公司
版　　次 / 2024年8月第1版
印　　次 / 2024年8月第1次印刷
开　　本 / 720×1000　1/16
字　　数 / 150千
印　　张 / 17.75

ISBN 978-7-5496-4289-2

定　　价 / 80.00元